도덕의 기초에 관하여

ÜBER DIE GRUNDLAGE DER MORAL

책세상문고·고전의 세계

도덕의 기초에 관하여
ÜBER DIE GRUNDLAGE DER MORAL

아르투어 쇼펜하우어 지음

·

김미영 옮김

책세상

일러두기

1. 이 책은 쇼펜하우어Arthur Schopenhauer의 논문 〈도덕의 기초에 관하여Über die Grundlage der Moral〉(1840)를 온전히 옮긴 것이다.

2. 휩셔Arthur Huebscher가 편집한 《쇼펜하우어 전집Arthur Schopenhauer. Sämtliche Werke》(Leipzig : Brockhaus, 1938) 제4권을 번역 대본으로 삼았고, 뢰네이젠 Wolfgang Frhr. von Loehneysen이 편집한 《쇼펜하우어 전집Arthur Schopenhauer. Sämtliche Werke》(Frankfurt am Main : Suhrkamp, 1986)을 참고했다.

3. 칸트 인용문의 경우, 원문에 나와 있는 출처 표시 외에 학술원판 《칸트 전집Kants gesammelte Schriften》(Berlin : Walter de Gruyter & Co., 1900~)의 쪽수를 [ ] 안에 첨가해주었다.

4. 원문의 이탤릭 표기 부분은 고딕체로 처리했다. 원문에서 강조한 인용문과 독일어 이외의 언어로 되어 있는 부분은 이탤릭체로 처리했다.

5. 쇼펜하우어의 주는 (저자주)로, 옮긴이의 주는 (옮긴이주)로 표시했다.

6. 맞춤법과 외래어 표기는 1989년 3월 1일부터 시행된 〈한글 맞춤법 규정〉과 《문교부 편수자료》를 따랐다.

도덕의 기초에 관하여 ㅣ 차례

들어가는 말 ㅣ 김미영 7

도덕의 기초에 관하여 13

제1장 입문 17

　　　1. 문제에 관하여 19

　　　2. 일반적 회고 26

제2장 칸트 윤리학의 기초에 대한 비판 35

　　　3. 개요 37

　　　4. 칸트 윤리학의 명령적 형식에 대해 41

　　　5. 우리 자신을 위한 의무의 가정에 대해 50

　　　6. 칸트 윤리학의 기초에 대해 54

　　　주해 88

　　　7. 칸트 윤리학의 최고 원리에 대해 92

　　　8. 칸트 윤리학의 최고 원리에서 파생된 형식들에 대해 102

　　　9. 칸트의 양심론 115

　　　10. 예지적 특성과 경험적 특성에 대한 칸트의 학설—자유의 이론 123

　　　주해 129

　　　11. 칸트의 오류에 대한 확대경으로서의 피히테의 윤리학 131

제3장 윤리학의 근거 137

　　　12. 요구 사항 139

13. 회의적 견해 140

14. 반도덕적 동인 155

15. 도덕적 가치를 지니는 행위들의 기준 165

16. 참된 도덕적 동인과 그에 대한 증명 168

17. 정의의 덕 179

18. 인간애의 덕 200

19. 도덕의 기초에 대한 증명 208

20. 성격들의 윤리적 차이에 대해 234

제4장 윤리적 근원 현상에 대한 형이상학적 설명 249

21. 이 장의 첨가에 대하여 251

22. 형이상학적 기초 257

판정 272

해제 — 이것은 너다 | 김미영 275

1. 쇼펜하우어의 삶 277

2. 시대적 배경 282

3. 칸트 윤리학에 대한 비판 285

4. 쇼펜하우어 윤리학의 근거 288

5. 학술원 판정에 대한 반박 292

6. 쇼펜하우어 윤리학의 현대적 의미 296

주 299
더 읽어야 할 자료들 312
옮긴이에 대하여 319

　이 책은 쇼펜하우어의 논문 〈도덕의 기초에 관하여Über die Grundlage der Moral〉를 옮긴 것이다. 쇼펜하우어는 이 논문을 1840년 1월에 덴마크 왕립 학술원이 제시한 "도덕의 근원과 기초를 의식에 놓여 있는 도덕성의 이념과 이로부터 나오는 도덕적 기본 개념들을 분석하는 데서 찾을 것인가? 아니면 어떤 다른 인식 근거에서 찾을 것인가?"라는 현상 과제에 대한 답변으로 제출했다. 다음 해에 그는 이 논문을 1839년에 노르웨이 왕립 학술원에서 수상한 논문 〈인간 의지의 자유에 관하여Über die Freiheit des Willens〉와 함께 묶어 《윤리학의 두 가지 근본 문제Die beiden Grundprobleme der Ethik》라는 책으로 출판했다. 이 책의 개정판은 1860년에 나왔다. 1873년에 《쇼펜하우어 전집Arthur Schopenhauer. Sämtliche Werke》이 프라우엔슈테트Julius Frauenstaedt의 편집으로 처음 출판되었다. 그리고 1938년에 휩셔Arthur Huebscher가 편집한 《쇼펜하우어 전집Arthur Schopenhauer. Sämtliche Werke》이 브로크하우스

출판사에서 발행되었다. 이 책은 휩셔가 편집한 총 7권의 전집 가운데 제4권에 실린 글을 대본으로 삼았다.

이 논문은 쇼펜하우어의 후기 저술에 속한다. 쇼펜하우어는 물物자체에 대한 초기 저술에서의 주장을 끝까지 견지하지 않는다. 초기의 주저에서 그는 물자체의 세계를 의지의 영역으로 보았고, 이것은 직접적으로 인식될 수 있다고 주장했다. 그러나 후기 저술에서는 의지는 물자체의 한 측면일 뿐이고, 다른 측면들은 의지를 부정한 현자나 금욕주의자들의 의식에서 나타나는 것이라고 주장한다. 이 책에도 쇼펜하우어의 달라진 관점이 반영되어, 의지에 대한 언급은 나타나 있지 않다. 마지막 장에서 그는 도덕의 기초인 동정심이 일어나는 근거를 형이상학적으로 해명하는데, 산스크리트에서 빌려와 "이것은 너다tat-tvam asi"라고 표현한다. 흔히 쇼펜하우어의 초기 저술에 이미 그의 모든 사상이 표현되어 있다고 주장된다. 그러나 이와 같은 통념은 사실과 일치하지 않는다. 물자체에 대한 관점의 변화에서 나타나듯이 동양적 사고의 영향이 반영된 후기 저술에서 더욱 완성된 사유가 제시되고 있는 것이다. 이 점이 이 책의 독서를 의미 있게 하는 한 가지 이유다.

또한 쇼펜하우어는 이 책에서 어떤 권위에도 굴복하지 않는 진리 탐구자의 모습으로 칸트 윤리학의 기초 개념과 원리를 분석하고, 그것이 지탱하고 있는 근거들을 드러낸다. "도덕을 가르치는 것은 쉽지만, 증명하는 것은 어렵다"라는 그의 모토가 말해주듯, 그는 강의실이나 종교에서 가르치고 있는 도덕론들이 근거하는 선입견적 전제들을 밝혀낸다. 그는 철저한 분석과 독창적 사유 과정을 통해 인간의 본성에 내재된 무한한 이기심과 그것을 감추려는 교묘한 노력들을 폭로한다. 그는 도덕의 모습으로 나타나는 인간의 행동이 사실은 이기적 근거에서 나온다는 것을 지치지 않고 설파한다. 인간에게는 어떤 선천적 도덕 원칙도 보편적 도덕감도 없으며, 종교적 가르침도 진정한 도덕적 행위를 일으킬 수 없다는 증명이 가져올 결과를 그는 개의치 않는다. 그는 어떤 공허한 미사여구에도 현혹되지 않고, 어떤 비난도 두려워하지 않는 자유인의 모습으로, 진리만을 따르는 진정한 철학자의 모습으로 인간 행동의 내면에 숨은 동인을 적나라하게 들추어낸다.

이와 같은 폭로의 목적은 부정과 체념이 아니라 인간에게 있는 참된 도덕적 동인을 드러내는 것이다. 거짓된 근거를 드러낸다면 참된 근거도 쉽게 드러날 것이기 때문이다. 이 책에서 쇼펜하우어는 경탄할 만한 지적 성실성으로 도덕의 기초에 관해 우리가 생각할 수 있는 모든 것을 제시한다. 그는 윤리학의 한 체계를 상세하고 엄격하게 보여주고 있다. 그는 인간의 실제적 행위 가운데 진정한 도덕적 행위가 있는지를 검토하고 나서, 그 행위를 분석하여 참된 근거를 찾아낸다. 따라서 이 책의 논의는 대부분 인간의 실제적 행위에 대한 경험적 분석에 머문다. 마지막 장에 부록으로 첨가된 동정심에 대한 형이상학적 해명이 물자체 영역에 대한 유일한 언급이다.

이와 같은 기술 방식은 초기의 주저에서 사용된 방식과 확연히 구분되는 방식으로, 그의 생각을 좀더 쉽게 드러내준다. 물자체와 현상의 영역을 함께 다루고 있는 주저에서 쇼펜하우어의 사상은 무척 복잡하게 표현된다. 반면에 이 책에서 쇼펜하우어는 물자체의 영역에 따로 한 부분을 할애해 독립적으로 언급하고 있다. 따라서 이 책에 기술된 쇼펜하우어의 논리를 파악하는 것은 어려운 일이 아닐 것이다. 이 책에서 그의 주장은 명백하고 질서 있게 제시되고, 그의 윤리학의 원리는 많은 예시와 함께 상세히 설명되고 단계적으로 증명되므로, 누구나 이 책을 통해 그의 윤리학적 입장을 쉽게 이해할 수 있을 것이다. 아울러 이 책은 그의 난해한 주저를 이해하기 위한 입문서로도 쓰일 수 있을 것이다.

그러나 미숙한 번역으로 인해 이 책의 이와 같은 장점들이 쉽게 드러나지 않을까 염려된다. 그의 생각을 더욱 생생하게 전달해주는, 쇼펜하우어의 재기발랄한 문학적 표현을 우리말로 적절히 표현하지 못한 듯한 아쉬움도 남는다. 그러나 옮긴이는 과도한 욕심은 접어두고, 능력이 닿는 대로 무엇보다 원문에 충실한 번역을 하기 위해 노력했다. 긴 문장을 짧게 나눈 것 외에는 대부분 그대로 옮겼다. 어색한 표현도 많을 것이다. 부족한 부분은 점차 고쳐나가도록 하겠다.

옮긴이 김미영

도덕의 기초에 관하여

코펜하겐의 덴마크 왕립 학술원에 응모했으나 수상하지 못함

1840년 1월 30일

모토

도덕을 가르치는 것은 쉽지만, 증명하는 것은 어렵다.

—쇼펜하우어,《자연에서의 의지에 관하여*Über den Willen in der Natur*》,

128쪽

왕립 학술원이 서문과 함께 제시한 과제는 다음과 같다.

도덕성의 근원적 이념이나 최고 도덕 법칙의 주요 개념은, 논리적 필연성은 결코 아니지만 고유한 필연성을 갖는 도덕적 인식을 설명하려는 학문에서뿐만 아니라 실제의 삶에서도 나타난다. 실제의 삶에서 이 이념은 한편으로 우리 자신의 행위에 대한 양심의 판단에서 드러나고, 다른 한편으로 다른 이의 행위에 대한 우리의 도덕적 평가에서 드러난다. 나아가 이 이념에서 분리될 수 없고 여기서 유래하는 주요한 도덕적 개념들, 예를 들어 의무의 개념과 책임 부가의 개념들이 마찬가지의 필연성을 갖고 같은 범위에 적용된다──또한 우리 시대의 철학적 탐구가 추구하는 길에서, 이들을 다시 연구 대상으로 삼는 것이 무척 중요해 보인다──이와 같은 이유에서 학술원에서는 다음의 과제를 신중히 숙고하고 논의하기를 바란다.

도덕의 근원과 기초를 의식에 (혹은 양심에) 직접적으로 놓여 있는 도덕성의 이념과 이 이념에서 나오는 도덕적 기본 개념들을 분석하는 데서 찾을 것인가? 아니면 다른 어떤 인식 근거에서 찾을 것인가?[1]

제1장

입문

1. 문제에 관하여

네덜란드 왕립 학술원이 1810년에 하를렘에서 제시했고, 요한 크리스티안 프리드리히 마이스터Johann Christian Friedrich Meister가 해결한 현상 과제 "왜 철학자들은 도덕의 제1법칙에 대해서는 대단히 상이한 견해를 가지면서도, 그 법칙에서 도출되는 결과와 의무에 관해서는 일치된 의견을 보이는가?"── 는 이번 과제와 비교하면 무척 쉬운 것이었다. 왜냐하면

1. 왕립 학술원의 이번 과제는 바로 도덕의 참된 객관적 기초에 관한 것이고, 따라서 또한 도덕성의 기초에 관한 것이기 때문이다. 학술원은 물음을 던지는 곳이다. 따라서 학술원은, 실천적 목적을 위해 합법성과 미덕을 강조하는 어떤 훈계도 원하지 않는다. 그런 훈계는, 마치 대중 연설에서와 같이, 그럴듯한 부분은 강조되고 약점은 감추어지는 근거들

에 의존하는 것이다. 학술원은 실천적 목적이 아니라 이론적 목적만을 이해하기 때문에, 도덕적으로 훌륭한 처신의 궁극적 근거에 대해 순수 철학적인, 다시 말해 무조건적 규정과 증명되지 않은 전제, 그리고 형이상학적이거나 신비적인 가설에 의존하지 않는 객관적이고 은폐되지 않은 명백한 설명을 요구한다.── 그러나 이것은 그 엄청난 어려움으로 인해, 동서고금을 막론하고 모든 철학자들이 끝까지 해결하지 못한 문제다. 뿐만 아니라 동서양의 신들도 이 문제의 어려움 덕으로 여전히 현존하고 있다. 그래서 이 문제가 이번 기회에 해결된다면, 왕립 학술원은 그들의 금상을 잘못 수여하지 않게 될 것이다.

2. 더욱이 도덕의 기초에 대한 이론적 연구는 고유한 약점을 갖는다. 말하자면 이 연구가 도덕의 기초를 침식하여 도덕의 건물 자체를 붕괴시킬 것으로 여겨지기 쉽다는 것이다. 왜냐하면 이 연구에서 실천적 관심은 이론적 관심에 너무 가까이 놓여 있어서, 그 선의의 열정에서 나오는 때 아닌 간섭이 쉽게 저지될 수 없기 때문이다. 누구나 모든 관심에서 멀리 떨어진, 심지어 도덕적·실천적 관심에서도 소외된, 객관적 진리를 향한 순수한 이론적 연구를, 신성시된 신념에 대한 경솔한 공격과 명백히 구별할 수 있는 것은 아니다. 그래서 여기에서 일에 착수하는 사람이 힘을 내기 위해서는, 깊은 고요 속으로 물러난 학술원의 신성함이 항상 생생히 유

지되어야 한다. 학술원은 장터의 혼잡과 소음은 물론 인간의 행동 일체에서 가장 멀리 떨어져 있어야 한다. 학술원에는 어떤 외부의 소란도 침투할 수 없으며, 여기에서는 숭고하고 명백한 진리 이외의 다른 어떤 신도 숭상될 수 없다.

이 두 전제에서 비롯되는 결론은, 나에게 모든 것을 의심할 권리와 함께 완전한 의사 표현의 자유가 허용되어야 한다는 것이다. 그리고 내가 표현의 자유를 누리면서 이 문제에서 어떤 한 가지만 실제로 수행한다면—— 그래도 많은 것이 행해진 것이다.

그러나 나를 가로막는 또 다른 어려움이 있다. 왕립 학술원에서 요구하는 것은, 윤리학의 기초를 원래의 형이상학과 같은 철학의 전체 체계와 갖는 관련성에서 분리하여 그것만 따로 짧게 설명하는 것이다. 이것은 연구를 어렵게 할 뿐만 아니라, 심지어는 불완전하게 만들고야 만다. 이미 크리스티안 볼프[2]는 "형이상학의 빛이 없다면, 실천 철학에서의 암흑은 사라지지 않을 것이다"(《실천 철학*Philosophia practica*》, 제2부, 28절)라고 말했고, 칸트도 "형이상학이 먼저여야 한다. 형이상학 없이는 어떤 도덕 철학도 있을 수 없다"(《도덕 형이상학을 위한 기초 놓기*Grundlegung zur Metaphysik der Sitten*》, 서문)라고 말했다. 왜냐하면 지구상의 모든 종교가 그렇듯, 종교가 도덕성을 가르칠 때, 그것을 도덕성 자체에서 도출하는 것이 아니라 교리에 근거하도록 하기 때문이다. 교리의 주된 목적은 바로 이것이다. 따라서 철학에서도 윤리학적 기초는 그것이 무엇이든 다시 어떤 한 형이상학, 즉 세계와 현존재 일반에 관한 주어진 설명에 근거하고 의지해야 한다. 왜냐하면 사물 전체의 내적 본질에 관한 최종적이고 참된 해명은 인간 행위의 도덕적 의미에 관한 해명과 필연적으로 밀접하게 연관될 수밖에 없기 때문이다. 그리고 어쨌든 도덕성의 기초로 제시되는 것은, 그것이 실제 세계에 발판을 두지 않고 공중에서 자유로이 흔들리는 단순히 추상적인 원칙이어서는 안 된다면, 객관적 세계나 인간 의식에 놓인 어떤 사실이어야 할 것인데, 이 사실은 그 같은 사실로 인해 현상일 수밖에 없으므로, 세계의 모든 현상들이 그렇듯, 결국 더 나아간 설명을 요구하는데, 그렇다면 이것은 형이상학을 필요로 하기 때문이다. 아무튼 철학은 다른 나머지를 제외한 채 그중 어떤 부분만을 철저히 기술하는 것이 불가능할 정도로 연관된 하나의 전체다. 그래서 플라톤이 *"너는 세계 전체의 본성을 알지 못한 채, 영혼의 본성을 올바로 인식하는 것이 가능하다고 생각하느냐?"*(《파이드로스Phaidros》, 270C)라고 말한 것은 전적으로 옳다. 자연의 형이상학, 도덕의 형이상학, 그리고 미의 형이상학은 서로가 서로를 전제하며, 서로의 관련성 속에서 비로소 사물과 현존재 일반의 본질에 관한 해명을 완성한다. 그래서 누군가 이 셋 중 하나를 그것의 최종 근거에 이르기까지 탐구한다면, 동시에 다른 것들도 그 설명에 끌어들여야 할 것이다. 이것은 마치 누군가 어떤 한 사물에 대해 빠짐없이, 최종 근거에 이르기까지 명백하게 이해했다면, 다른 세계에 대해서도 완전히 이해한 것이나 마찬가지라는 것과 같다.

참인 것으로 받아들여진 기존의 형이상학에서 윤리학의 기초에 이르는 방법은 종합적 방법이다. 이 방법을 통해 이 기초 자체가 아래에서부터 세워지게 될 것이며, 결국 윤리학이 견고한 바탕을 가진 것으로 나타나게 될 것이다. 반면에 이 과제에서는 윤리학이 모든 형이상학에서 반드시 분리되어야 하므로, 결국 외적 경험의 사실이나 의식의 사실에서 출발하는 분석적 방법만이 남게 된다. 이 방법은 비록 인간 심성의 마지막 근거에까지 거슬러 올라갈 수 있지만, 이 심성은 더 이상 다른 어떤 것에 소급되지 않고 근본 사실, 근원 현상으로 머물러야 하는데, 그럴 경우에 이 모든 설명은 단순히 심리학적인 것으로 남게 될 것이다. 아니면 고작 어떤 일반적인 형이상학적 근본 의도와의 관련성이 더 암시될 수 있을 뿐이다. 반면에 형이상학을 먼저 다룬 후 그것에서 종합적으로 나아가 윤리학을 도출할 수 있다면, 앞의 근본 사실, 윤리적 근원 현상 자체가 다시 증명될 수 있을 것이다. 그러나 이것은 완성된 철학의 체계를 세울 것을 요구하여, 제시된 물음의 영역을 훨씬 넘어서게 될 것이다. 따라서 나는 이 물음을, 학술원이 그것을 세분해 제한한 영역 내에서 답변해야 한다.

그러면 이제 내가 제시하는 윤리학도 그 기초가 무척 빈약해질 것이다. 그래서 합법적이고 허용되며 칭송받을 가치가 있는 많은 인간 행위 중에서 오직 작은 부분만 순수한 도덕적 행위 근거에서 나오는 것으로 증명되고, 더 큰 나머지 부분은 다른 종류의 동기에 귀속될 것이다. 이는 만족스럽지 않고, 무엇을 해야 하는지 그대로 두어야 하는지를 자신에게 다시 명령하기 위해 언제나 대기하는 정언 명령만큼이나 눈에 띄지 않는다. 다른 물질적 도덕 증명을 전혀 언급하지 않는다 해도. 그래서 내게 남은 것은, "두 주먹을 노고와 허영으로 채우는 것보다 한 손을 고요함으로 채우는 것이 낫다"라는 콜레트Koheleth[3]의 격언(4, 6)을 상기하는 일뿐이다. 모든 인식에 있어서 순수하고, 표준적이고, 파괴되지 않는 것은 언제나 적다. 마치 원석 속에 금이 조금밖에 없듯이. 그러나 사람들이 실제로 나처럼 확실한 소유를 많은 소유보다 더 좋아할 것인지, 그리고 도가니 속에 남아 있는 적은 양의 금을 힘들게 가져온 늘어난 양의 금보다 더 좋아할 것인지—— 혹은 내가, 합법적이고 칭찬할 만한 인간 행위에 대해, 그것들이 때로는 전혀 도덕적이지 않고, 대부분은 오직 작은 부분만이 순수한 도덕적 내용을 갖고, 나머지는 결국 행위자의 이기주의로 소급되는 동기에 근거하는 것이라고 증명함으로써, 도덕에 기초를 제시하기보다 제거했다고,

사람들이 오히려 나를 질책할 것인지──이 모든 물음을 나는 그대로 둘 수밖에 없다. 걱정하지 않는 게 아니라 체념하는 것이다. 왜냐하면 나는 이미 오래 전부터 "좋은 판사보다 더 드문 것은 세상에 없다는 것을 가슴속 깊이 죽을 때까지 명심하라"(《고독에 대하여 *Über die Einsamkeit Teil*》, 제1부, 제3장, 93쪽)라는 치머만[4]의 말에 동의하고 있기 때문이다. 심지어 그것들이 어디에서 발견되든, 순수하고 자발적인 모든 옳은 행위, 모든 인간애, 모든 고결한 마음을 위해 내 설명이 빈약한 근거만을 제시한다는 것을 나는 이미 알고 있다. 내 경쟁자들은 광범위하고 어떤 책임이든 질 수 있는 도덕의 기초를 확신을 갖고 설명한다. 그래서 그들은 그들이 제시한 도덕의 기초를 의심하는 모든 이에게 그 의심자의 도덕성을 의심하는 눈길을 보냄으로써, 그의 양심에 이 기초를 밀어 넣는다──나의 설명은 그 옆에, 마치 리어 왕 앞에 서 있는 코델리아와 같이, 의무에 따르는 자신의 심성을 짧은 말로 보증하며 빈약하고 기운 없이 서 있다. 그 옆에는 수다스러운 언니들의 맹세가 넘친다.── 여기에서 "*위대한 것은 진리의 힘이고, 그것이 승리를 얻는다*"와 같은 학문적 상투어로 심장을 단련할 필요가 있다.── 그러나 이것은 삶을 살고 수행해온 이에게 더 이상 큰 격려가 되어주지 못한다. 그러면 나는 한번 진리와 함께 설명을 감행하겠다. 나를 만나는 것은 진리도 함께 만날 것이기 때문이다.

2. 일반적 회고

일반 대중에게 도덕은 신학을 통해 신의 특별한 의지로 증명된다. 반면에 철학자들은 대체로 이와 같은 증명의 방법을 배제하려고 세심히 노력하는 것을 우리는 본다. 심지어 그들은 신학적 방법을 피하기 위해 차라리 회의적 근거들로 도피한다. 이런 대립은 어디에서 오는가? 도덕을 위해 신학보다 더 효과적인 토대 설정은 생각할 수 없다는 것이 분명하다. 누가 감히 전지전능한 신의 의지에 대항하겠는가? 분명히 아무도 없다. 그것이 온전히 신뢰할 만하고 어떤 의심도 허용하지 않는, 말하자면 공식적인 방법으로 공언되기만 한다면. 그러나 이 조건은 충족될 수 없다. 오히려 사람들은 거꾸로 신의 의지라고 공언된 법칙을, 그것이 우리의 다른 통찰들, 즉 자연적이고 도덕적인 통찰과 일치한다는 것을 통해 증명하려 한다. 따라서 그들은 직접적이고 확실한 이 통찰들에 호소한다. 또한 단순히 벌로 위협하고 보상을 약속함으로써 이루어진 도덕적 행위는 진리보다는 허상에 더 따른 것이라는 인식이 있다. 왜냐하면 그런 행위는 근본적으로 이기주의에서 유래할 것이기 때문이다. 그리고 거기에서 최종적으로 결정하는 것은 크고 작은 경솔함이다. 사람들이 근거가 충분하지 않은데도 어떤 것을 믿는 것은 경솔함 때문이다. 그러나 칸트가 당시까지 확고한 것으로 여겨지던 사변 신학의 기초를 무너뜨린 이래로, 그래서 지금까지 윤리학을 지탱하고 있던 신학이 이제 거꾸로 관념적인 현존만이라도 창출해내고자 윤리학에 의존하게 된 이래로, 이제 신학에서 윤리학의 근거를 찾는 이는 드물다. 이제 사람들은 둘 중에 어떤 것이 버팀목이고 어떤 것이 짐이어야 하는지를 더 이상 알지 못하고, 결국 순환 논증circulus vitiosus에 빠지게 되었기 때문이다.

지난 50년 동안 유럽 학자들의 철학적 근본 신념에 변화가 일어났다고 말할 수 있다. 이것을 가능하게 한 것은 우선 칸트 철학과 자연과학 전체에서 일어난 유례없는 발전이다. 이 발전은 이전의 모든 시대를 유년기로 보이게 한다. 이 변화는 가장 오래되고 널리 유포된 종교들인 산스크리트교의 문학, 브라만교 그리고 불교와의 교류를 통해 일어났다. 이 종교들은 모든 시대를 통틀어 인류의 가장 탁월한 종교들로, 알다시피 아시아적 혈통을 갖는 우리 자신의 고향 같은 근원 종교들이다. 이 근원 종교들은 낯선 고향인 유럽에서 이제야 다시 고객을 얻었다. 아마 많은 이들이 이 변화를 인정하기를 주저할 것이나, 그래도 부정할 수는 없을 것이다. 그 결과로 윤리학의 오래된 버팀목도 썩어버렸다. 그래도 윤리학 자체는 결코 사라질 수 없다는 확신은 남아 있어서, 이것에서부터 시대의 발전된 통찰들에 적합한, 지금까지의 것과는 다른 버팀목들이 윤리학을 위해 반드시 있다는 신념이 일어난다. 더욱더 많이 느끼게 되는 이와 같은 필요에 대한 인식이, 왕립 학술원으로 하여금 여기 주어진 의미 있는 과제를 제기하도록 한 것은 의심할 여지가 없다.

어느 시대에나 여러 가지 좋은 도덕을 가르쳤다. 그러나 그 도덕들에 대한 증명 상황은 언제나 좋지 않았다. 윤리적 지침들이 논리적으로 도출되는 어떤 객관적 진리를 찾아내려는 것이 대체로 눈에 띄는 시도다. 이 진리를 사람들은 사물의 본성이나 인간의 본성에서 찾았다. 그러나 이것은 헛된 노력이었다. 언제나 인간의 의지가 오직 자신의 편안함으로 향한다는 것만이 드러났다. 편안함의 총체는 행복Glückseligkeit이라 불린다. 이 지향은 인간을 도덕이 지시하려는 것과 전혀 다른 길로 인도한다. 그래서 사람들은 행복을, 때로는 덕Tugend과 동일한 것으로, 때로는 덕의 결과와 작용으로 설명하려고 했다. 궤변들까지 동원되었지만, 이 두 시도는 늘 실패했다. 그 다음에 사람들은 도덕을, 후천적으로나 선천적으로 발견된 순수 객관적이고 추상적인 명제로써 증명하고자 했으며, 여기서 도덕적으로 옳은 행위가 도출될 것이라고 보았다. 그러나 이와 같은 명제들은 인간 본성에 기반을 두지 않는다. 이 기반에 의해 우리는 우리의 이기적 성향에 저항할 힘을 갖는 것이다. 도덕에 대한 전래의 기초들을 모두 나열하고 비판함으로써 이 모든 것을 여기에서 증명하는 것은 불필요한 일로 보인다. 그것은 내가 "*인간이 어떤 생각을*

하는지가 아니라, 진리가 무엇인지가 중요하다"라고 본 아우구스티누스의 생각에 동의하기 때문만은 아니다. 그것은 한편 "*부엉이를 아테네로 가져가는 것*"[5]을 의미하기 때문이다. 왜냐하면 윤리학의 기초를 놓으려는 이전의 시도들이 왕립학술원에 충분히 알려져 있고, 따라서 학술원도 현상 과제를 통해 스스로, 그 시도들의 불충분함을 확신하고 있음을 알리고 있기 때문이다. 학식이 부족한 독자는 가르베Christian Garve의 《윤리학의 탁월한 원칙들에 관하여*Übersicht der vornehm-sten Prinzipien der Sittenlehre*》[6]와 슈토이들린Carl Friedrich Stäudlin의 《도덕 철학사*Geschichte der Moralphilosophie*》, 그리고 유사한 책들에서, 지금까지의 시도들에 관해 비록 완전하지는 않지만, 그래도 핵심에 있어서는 충분한 개요를 얻을 것이다.——낙심할 일은 물론 삶과 직접 관련된 학문인 윤리학이 혼란한 형이상학보다 더 나을 것이 없고, 소크라테스가 그 토대를 마련한 이래로 끝없이 찾아왔으나, 아직도 그 제1원칙을 찾고 있다는 것이다. 그러나 반면 윤리학에서도 그 핵심이 다른 어떤 학문에서보다 훨씬 더 제1의 원칙에 함축되어 있다. 왜냐하면 윤리학에서 추론은 쉬워서 저절로 되므로 누구나 할 수 있지만, 판단은 소수에게만 가능한 일이기 때문이다. 따라서 그야말로 도덕에 관한 긴 교과서와 강연은 전혀 필요하지 않다. 그런데 내가 윤리학에 관한 이전의 모든 기초들을 알려진 것이라고 전제해도 되는 것은, 나에게 편리

한 일이다. 왜냐하면 고대의 철학자들뿐만 아니라 근대의 철학자들이(중세에는 교회 신앙으로 충분했다) 일반적으로 인정된 도덕을 결론내리기 위해 증명될 수 있는 기초를 제공하려고 얼마나 다양한 논증들, 게다가 놀랄 만한 논증들을 사용했는지, 그럼에도 불구하고 어떻게 명백히 나쁜 결과가 초래되었는지 통찰하는 이라면——그는 문제의 어려움을 가늠할 것이고, 그래서 나의 성과를 평가할 것이기 때문이다. 그리고 지금까지 받아들여진 모든 방법들이 목적지로 이끌지 못했다는 것을 본 사람이라면, 기꺼이 나와 함께 전혀 다른 길로 들어설 것이다. 이 길은 지금까지 아무도 보지 못했거나, 보았지만 무시하여 방치해둔 길이다. 아마 그것이 가장 자연스러운 길이었기 때문일 것이다.[7] 사실상 나의 문제 해결 방식은 많은 이들로 하여금 콜럼버스의 달걀을 생각나게 할 것이다.

윤리학을 정초하려는 최근의 시도, 즉 칸트의 시도에 대해서만 나는 전적으로 유일하게 비판적으로 검토해볼 것이다. 게다가 아주 상세히 고찰해볼 것이다. 칸트의 시도를 고찰하는 이유는 우선, 칸트의 위대한 도덕 혁명이 이전의 것에 비해 실질적인 장점을 갖는 토대를 이 학문에 제공했기 때문이다. 그것은 또한 칸트의 도덕 혁명이 윤리학에서 일어난 것 가운데 여전히 의미 있는 가장 최근의 것이기 때문이다. 따라서 윤리학을 위한 칸트의 근거는, 비록 서술과 표현에서 몇

몇 변화들을 통해 다르게 치장했더라도, 오늘날에도 보편 타당한 것으로서 일반적으로 가르쳐진다. 그것은 우리가 다른 길을 택하기 전에 제거해야 하는 최근 60년간의 윤리학이다. 게다가 이것에 대한 검토는 나에게 대부분의 윤리학적 기초 개념들을 연구하고 해명하는 계기를 줄 것이고, 그 결과를 나중에 전제할 수 있게 할 것이다. 특히 칸트의 도덕 근거에 대한 비판은, 그것을 통해 대립 관계들이 설명되므로, 나의 근거를 위한 최상의 준비와 안내이며, 심지어 가장 가까운 길일 것이다. 나의 근거는 가장 본질적인 논점에서 칸트의 근거와 극단적으로 대립하기 때문이다. 그러므로 다음에 이어지는 칸트 비판을 뛰어넘어, 내 서술의 긍정적 부분으로 곧장 가려 한다면, 내 서술은 반절만 이해될 수 있을 것이고, 그 순서는 마구 뒤바뀌게 될 것이다.

어쨌든 이제 윤리학을 한번 진지하게 심문할 시간이 실제로 되었다. 반세기도 더 전부터 윤리학은 실천이성의 정언 명령이라는 칸트가 깔아놓은 푹신한 베개 위에 누워 있다. 그러나 우리 시대에 정언 명령은 대부분 '도덕 법칙'이라는 덜 화려하지만 더 원만하고 더 잘 통용되는 칭호로 소개된다. 이 칭호로 인해 정언 명령의 오류는 이성과 경험에 의해 발견되지 않은 채, 그대로 남는다. 그런데 정언 명령이 일단 받아들여지면, 더 자세히 설명되지도 않은 채 명령과 지휘에는 끝이 없게 된다.——칸트가 그곳에서 휴식을 취한 것은 옳고 당연한 일이었다. 그는 정언 명령의 발명자로서 조야한 오류들을 몰아냈기 때문이다. 그러나 이제 직시해야 할 것은, 칸트가 깔아놓은 이후로 계속 더 장황하게 늘어난 푹신한 베개에서, 이제는 심지어 당나귀도 뒹굴고 있다는 것이다.——그것은 가혹하다. 나는 무지에서 오는 태연한 확신으로 윤리학을 증명했다고 생각하는 일상적인 편람 기술가技術家에 대해 말하고 있다. 그들은 우리의 이성에 내재한다는 이른바 그 '도덕 법칙'을 끌어들이고, 그러고 나서 거기에 그 장황하고 혼란스러운 미사여구들을 태연하게 덧붙인다. 이것으로 그들이 이해하는 유일한 것은, 가장 명백하고 간단한 삶의 관계들을 이해할 수 없게 만드는 그런 것이다.——그 같은 작업에서 도대체 그 같은 '도덕 법칙'이 도덕의 편안한 규약으로 어떻게 우리의 머리, 가슴 혹은 마음에 씌어 있는지 단 한 번도 정말로 진지하게 묻지 않은 채 말이다. 따라서 나는 내가 지금 도덕에서 넓고 푹신한 베개를 떼어내려고 하는 것에 특별한 즐거움을 느끼고 있음을 고백한다. 또한 칸트의 실천 이성과 정언 명령이 전적으로 부당한, 근거도 없이 꾸며낸 가정들이라는 것을 증명하려는 내 의도를 숨기지 않고 표명한다. 이것은 칸트의 윤리학에도 견고한 기초가 없음을 제시하여, 도덕을 다시 그 오래된 전적인 당혹스러움에 빠뜨리기 위해서다. 우리의 본성에 놓여 있는, 의심할 여지 없이 효력 있는 참된 도덕 원칙을 제시하려는 나의 작업이 시작되기 전에, 도덕은 이 당혹스러움에 처해 있어야 한다. 왜냐하면 나의 도덕 원칙은 칸트의 푹신한 베개같이 넓은 기초를 제공하지 않으므로, 칸트의 푹신한 베개에 편안히 익숙해진 이들은, 그가 서 있는 바닥에 나 있는 깊은 구멍을 명백히 인식하기 전에는, 그들의 오래된 휴식처를 떠나지 않을 것이기 때문이다.

제2장

칸트 윤리학의
기초에 대한 비판

3. 개요

칸트는 윤리학에 커다란 공헌을 했다. 윤리학을 행복주의에서 벗어나게 한 것이다. 고대의 윤리학은 행복에 관한 학설이었다. 근대의 윤리학은 대부분 구원에 관한 학설이다. 고대 철학자들은 덕과 행복을 동일한 것으로 증명하려고 했다. 그러나 이것은 어떻게 놓더라도 결코 일치될 수 없는 두 가지였다. 근대 철학자들은 동일률에 따르지 않고 이유율에 따라[8], 그래서 행복을 덕의 결과로 만듦으로써 이 둘을 결합하려 했다. 그러나 여기에서 그들은 인식될 수 있는 세계와는 다른 세계나 궤변들의 도움을 받아들여야 했다. 고대 철학자 중에서 플라톤만이 예외다. 그의 윤리학은 행복주의가 아니다. 대신 신비적이다. 반면에 견유 학파와 스토아 학파조차 특별한 형태의 행복주의일 뿐이다. 이것을 증명할 근거와 자료가 내게 부족한 것은 아니지만, 그러나 현재 내 의

도와 관련하여 지면이 부족하다.[9] 따라서 플라톤만을 제외한 고대와 근대의 철학자들에게 덕은 오직 목적을 위한 수단이었다. 물론, 엄밀히 해석한다면, 칸트도 윤리학에서 행복주의를 겉으로만 추방한 것이다. 왜냐하면 그는 최고선에 관한 그의 이론에 덕과 행복 사이의 신비로운 연결을 여전히 남겨두었기 때문이다. 공식적으로 덕은 행복에 대해 전혀 낯선 체하지만, 그들은 기이하고 어두운 이 최고선의 장에서 함께 만난다. 이것을 제외하면 칸트에게 윤리적 원칙은 경험과 경험의 가르침에서 전적으로 독립적인, 선험적이거나 혹은 형이상학적인 것으로 나타난다. 그는 인간의 행위 방식이 경험의 모든 가능성을 넘어서는 어떤 의미를 갖는다는 것을 인정한다. 그 의미는, 그가 예지계, '가상체의 세계mundum noumenon', 물자체의 세계라고 부르는 것으로 연결되는 고유한 다리다.

  칸트의 윤리학이 획득한 명성은 조금 전에 언급한 장점들 외에 그 결론의 도덕적 순수성과 숭고함에 기인한다. 대다수의 사람들은 칸트의 증명을 다루지도 않고 이 순수성과 숭고함에 의지했다. 그의 윤리학은 무척 복합적이고 추상적이며, 극도로 정교한 형식으로 묘사된 것이다. 칸트는 이 형식에 안정된 모습을 부여하기 위해 그의 모든 예리함과 종합 능력을 사용해야 했다. 다행히 칸트는 그의 윤리학의 기초에 관한 서술을 위해 그의 윤리학에서 분리하여 《도덕 형이상학을 위한 기초 놓기》라는 저술을 내놓았다. 이 작품의 주제는 우리의 현상 과제의 주제와 정확히 일치한다. 왜냐하면 그는 이 책 서문의 XIII쪽[392쪽]에서 다음과 같이 말하기 때문이다. "현재의 정초는 도덕성의 최상 원칙을 찾아 확정하는 것이다. 이것이 정초가 의도하는 전부이고, 다른 모든 도덕적 탐구와 다른 점이다."[10] 우리는 이 책에서 그의 윤리학의 기초, 즉 핵심이, 다른 어떤 책에서도 볼 수 없을 만큼 엄격하게 체계적이고 간결하고 예리하게 묘사되었음을 발견한다. 게다가 이 책은 도덕에 관한 칸트의 저술 중에서 가장 오래된 것으로, 《순수이성 비판Kritik der reinen Vernunft》보다 단지 4년 뒤에 나왔고, 그래서 그가 이미 61세나 되었지만 그의 정신에 미치는 나이의 불리한 영향이 아직 현저하지 않았던 시기의 작품이라는 중요한 장점을 갖는다. 반면에 1788년에 출판된 《실천이성 비판Kritik der praktiscben Vernunft》에서는 나이의 영향이 명백히 감지된다. 이 시기는 《순수이성 비판》의 불행한 재판 수정판이 나온 다음 해에 해당한다. 칸트는 이 수정판에서 그의 불후의 주저主著를 명백하게 망쳐버렸다. 이 문제에 대한 분석은 로젠크란츠Rosenkranz가 발행한 최신판 서문에 실렸다. 내가 검토해본 결과, 나는 그의 분석에 동의할 수밖에 없다.[11] 《실천이성 비판》은 핵심에 있어서는 위에 언급한 《도덕 형이상학을 위한 기초 놓기》와 같은 것을 함축한다. 다만 여기에서는 핵심이 간결하고 엄격한 형식으로 제시된 반면,《실천이성 비판》에서는 장황하게 상술되고, 주제에서 벗어나 중단되기도 하고, 또한 강렬한 인상을 주기 위해 몇몇 도덕적 열변들을 통해 지지되기도 한다. 칸트는《실천이성 비판》을 썼을 때, 늦었지만 받아 마땅한 명성을 마침내 얻었다. 그래서 그는 독자들의 무한한 관심을 확신했고, 늙은이의 수다스러움에 많은 활동 영역을 허용했다.《실천이성 비판》의 특징으로는 다음과 같은 것을 제시할 수 있다. 첫째, 분명히 이전에 작성된 것으로서 아무리 칭찬해도 지나치지 않은, 자유와 필연성의 관계에 관한 서술이다 (제4판 169~179쪽 ; 로젠크란츠판 224~231쪽)[94~100쪽]. 이것은 그가《순수이성 비판》에서(제4판 560~586쪽 ; 로젠크란츠판 438쪽 이하)[378~381쪽] 제시하는 것과 완전히 일치한다. 둘째, 도덕 신학이다. 사람들은 점점 더 이것을 칸트가 원래 의도했던 것으로 인식하게 된다. 마지막으로 그의 터무니없는《법론Rechtslehre》의 보충서로서 1797년에 출판된《덕론의 형이상학적 기초Metaphysischen Anfangsgründen der Tugendlehre》에는 노쇠함의 영향이 압도적으로 드러난다. 이 모든 이유로 나는 현재의 비판에서 제일 먼저 언급된《도덕 형이상학을 위한 기초 놓기》를 나의 지침으로 삼는다. 따라서 내가 별도의 첨부 없이 제시하는 모든 쪽수는 이 작품에 해당하는 것이다. 그러나 다른 두 작품도 보조적·부가적으로 참작할 것이다. 칸트 윤리학의 가장 깊은 토대를 약화시킬 이 비판을 이해하기 위해서는, 독자가 이 비판과 우선적으로 관련돼 있는 칸트의《도덕 형이상학을 위한 기초 놓기》를 먼저 주의 깊게 다시 읽어서 그 내용을 다시 완전히 떠올리는 것이 무엇보다 필요할 것이다. 이 책은 서문 14쪽에 본문 128쪽(로젠크란츠 판에서는 전부 100쪽)밖에 되지 않는다. 나는 이《도덕 형이상학을 위한 기초 놓기》를 1792년 제3판에 따라 인용하고, 로젠크란츠의 새 전집 판 쪽수에는 앞에 R.를 첨가하겠다.

4. 칸트 윤리학의 명령적 형식에 대해

칸트의 첫 번째 오류는 윤리학 자체에 대한 그의 개념에 있다. 이것은 62쪽(R. 54쪽)[427쪽]에 명백히 진술되어 있다. "실천 철학에서 문제되는 것은 어떤 일이 발생하는 근거를 제시하는 것이 아니라, 한 번도 발생한 적이 없다고 해도 발생해야만 하는 일에 대한 법칙을 제시하는 것이다."──이것은 이미 명백한 선결 문제 요구의 오류petitio principii다. 우리의 행위가 복종해야 하는 법칙들이 있다고 누가 그대에게 말하는가? 한 번도 발생한 적이 없는 일이 일어나야만 한다고 누가 그대에게 말하는가? 발생해야만 하는 일이 있음을 미리 받아들이고, 법칙 수립적-명령적 형식의 윤리학을 유일하게 가능한 것으로 우리에게 즉시 강요할 권리를 그대에게 주는 것은 무엇인가? 칸트와 반대로 나는 다음과 같이 주장한다. 윤리학자는, 철학자가 일반적으로 그렇듯이, 주어진 것, 즉 실제로 존재하고 일어난 것에 관해 설명하고 해석하여, 그에 관한 이해에 이르는 것에 만족해야 한다. 이것만으로도 그가 해야 할 일은 지난 1,000년 이후 지금까지 행해진 것보다 훨씬 더 많다. 앞서 말한 칸트의 선결 문제 요구의 오류에 따라, 전적으로 문제의 핵심에 속하는 서문에서 연구가 시작되기도 전에, 곧바로 순수한 도덕적 법칙들이 있다는 것이 받아들여진다. 이 가정은 그 후 계속 남아 전체 체계에서 가장 밑바닥의 기초가 된다. 그러나 우리는 먼저 법칙 개념을 고찰하겠다. 그것의 고유하고 근원적인 의미는, 인간의 의지에서 유래하는 인간적 관습인 민법에 한정된다. 법칙 개념은 자연에 적용됨으로써 제2의 추론된, 비유적인 의미를 갖는다. 일부는 선천적으로 일부는 경험적으로 인식되는, 항상 동일하게 유지되는 자연의 운행 방식을 우리는 비유적으로 자연법칙이라 부른다. 이 자연법칙의 매우 작은 부분만이 선천적으로 알 수 있는 것으로, 그것은 칸트가 예리하고 탁월하게 골라내어 자연 형이상학이라는 이름으로 짜맞춘 것을 형성한다. 인간은 자연에 속하므로, 인간의 의지에도 물론 법칙이 있다. 더욱이 이 법칙은 엄격히 증명 가능한, 범할 수 없는, 예외 없는, 바위같이 단단히 서 있는 것으로, 정언 명령과 같이, 어느 정도로만*vel quasi*이 아니라, 사실상의 필연성을 갖고 있는 것이다. 그것은 동기의 법칙으로서 인과 법칙의 한 형태, 즉 인식을 통해 매개되는 인과성이다. 이것은 인간의 의지에 대해 증명 가능한 유일한 법칙으로, 의지 자체는 이 법칙에 종속되어 있다. 이 법칙이 말하는 것은, 모든 행위는 충분한 동기의 결과로서만 나타날 수 있다는 것이다. 그것은 일반적인 인과 법칙과 같이 자연법칙이다. 반면에 도덕 법칙은, 증명 없이는 인간의 규약, 국가 제도 혹은 종교의 교리로부터 독립적으로 존재하는 것으로 받아들여지지 않는다. 따라서 칸트는 순수한 도덕 법칙이 있다는 가정을 통해 선결 문제 요구의 오류에 빠진다. 이 오류는 그가 서문 VI쪽에서 곧바로 도덕 법칙은 '절대적 필연성'을 가져야 한다고 첨가할 때 더 분명하게 드러난다. 절대적 필연성의 특징은 그 결과가 항상 반드시 일어난다는 것이다. 그런데 어떻게 이른바 이 도덕적 법칙――칸트는 그것의 예로 "거짓말하지 마라"를 제시하는데――에서 절대적 필연성이 언급될 수 있을까? 알다시피, 그리고 칸트 스스로도 인정하듯이, 이 법칙들에는 대부분, 심지어 일반적으로, 결과가 따르지 않기 때문이다. 체계적인 윤리학에서 동기의 법칙 이외에 근원적이면서 인간의 규정으로부터 독립적인 또 다른 의지의 법칙을 받아들이기 위해서는, 그 법칙의 온전한 존재가 증명되고 도출되어야 한다. 윤리학에서 정직은 단순히 권고되는 것일 뿐만 아니라, 또한 실행되어야 하는 것이기 때문이다. 이 증명이 실행될 때까지, 나는 윤리학에 법칙, 지침, 당위의 개념을 도입할 어떤 근원도 인정하지 않는다. 철학에 생소한 모세의 십계명만이 그 개념들의 근원으로 인정될 수 있지만, 이 근원은 단순하다. 이 사실은, 위에 칸트가 제시한 "너는 해야 한다du sollt"라는 도덕 법칙의 처음 예에서 드러난다. 이런 단순한 근원만을 제시하는 개념은 다른 근거 없이는 철학적 윤리학에 들어올 수 없고, 정당한 증거를 통해 증명되고 소개될 때까지 그곳에서 추방된다. 우리는 칸트의 경우 이 개념들에서 최초의 선결 문제 요구의 오류를 본다. 이것은 심각한 것이다.

그러면 칸트는 어떻게 그것을 통해 서문에서 다른 어떤 증명도 없이 도덕 법칙의 개념을 주어진 것으로서, 그리고 의심할 여지 없이 존재하는 것으로서 받아들였는가. 마찬가지로 그는 8쪽(R. 16쪽)[397쪽]에서 그 개념과 긴밀히 관련된 의무의 개념도, 달리 검토하지 않은 채 윤리학에 속하는 것으로 도입한다. 나는 여기에서 다시 한번 이의를 제기할 수밖에 없다. 의무의 개념은, 그것과 관련된 다른 모든 개념, 말하자면 법칙, 명령, 당위 등등의 개념들과 같이 무조건적 의미에서는 신학적 도덕에 근거한다. 따라서 그것은 인간 본성이나 객관적 세계의 특징으로부터 하나의 타당한 증명이 제시될 때까지, 철학적 도덕에서는 이방인으로 머무른다. 그때까지 나는 이 개념과 그것의 관련 개념들을 위해 모세의 십계명 이외의 어떤 다른 근원도 인식하지 않는다. 대체로 기독교의 세기에 철학적 윤리학은 그 형식을 신학적 윤리학에서 무의식적으로 가져왔다. 그런데 신학적 윤리학은 본질적으로 명령적인 것이므로, 철학적 윤리학도 지침과 의무론의 형식으로 나타났다. 그들은 순진하게 이것을 위해 우선 다른 방식의 권능이 요구되는 것을 알지 못하고, 오히려 이것이 바로 그들의 고유하고 자연적인 모습이라고 잘못 생각했다. 인간 행위의 형이상학적 중요성, 다시 말해 현상적 존재를 넘어 펼쳐지고 영원성과 접촉하는, 인간 행위의 윤리적 중요성이 모든 민족, 모든 시대와 교리, 또한 모든 철학자들로부터(영국의 유물론자들을 제외하고) 부정할 수 없는 것으로 인정받는 만큼, 요청과 복종, 법칙과 의무의 형식으로 표현되는 것이 그것의 본질은 아니다. 이 개념들은, 그것들이 도출된 신학적 전제들에서 분리된다면, 참으로 모든 의미를 잃게 될 것이다. 그래서 칸트와 같이 그 개념들을 절대적 당위와 무조건적 의무를 언급하는 것으로 대체하려 한다면, 그것은 독자를 말로 속이는 것, 심지어 형용 모순contradictio in adjecto을 이해하라고 요구하는 것이 된다. 모든 당위는 전적으로 징벌의 위협이나 보상의 약속과 관련해서만 의미를 갖는다. 따라서 칸트가 생각해내기 훨씬 이전에 이미 로크도 말한다. "왜냐하면 인간의 자유로운 행위들을 이끄는 규범을 받아들이는 것은, 그 행위들을 그의 의지를 결정하는 선과 악을 통해 강화하는 것과 결합하지 않는다면, 반드시 헛된 일이 될 것이다. 우리가 법칙을 받아들인다면, 그 법칙과 결부된 보상이나 징벌을 또한 받아들여야 한다"(《인간 오성론On understanding》, 제2권, 제33장, 6절). 따라서 모든 당위는 반드시 벌이나 상에 좌우된다. 그래서 칸트의 언어로 말하자면, 그것은 본질적으로 그리고 불가피하게 가언적이고, 그가 주장하듯이 결코 정언적이지 않다. 그러나 앞의 조건들을 없는 것으로 생각한다면, 당위의 개념은 공허한 개념이 된다. 따라서 절대적 당위는 물론 형용 모순이다. 그것이 내부에서 오든 외부에서 오든, 명령하는 음성이 위협이나 약속 이외의 것으로 여겨지는 것은 절대 불가능하다. 그렇다면 이에 대한 복종은, 때에 따라 현명하거나 멍청한 것일 수는 있지만, 언제나 이기적인 것이 되고, 따라서 도덕적 가치는 없게 될 것이다. 칸트 윤리학의 기초에 놓여 있는 무조건적 당위성 개념의 모순성과 허구성은, 칸트 철학의 전 체계에서 후기 작품에 해당하는《실천이성 비판》에서 드러난다. 마치 발각된 독이 생물체에 머무를 수 없고, 결국 분출되어 공기로 변해야 하듯이. 다시 말해서 그와 같은 무조건적 당위는 적어도 하나의 조건을 요구하고, 나아가 하나 이상의 조건을 요구한다. 말하자면 그것은 보상을 요구하는데, 여기에는 보상받는 이의 불멸성과 보상하는 이의 존재가 요구된다. 물론 이것은 의무와 당위를 윤리학의 기초 개념으로 삼은 이상 당연하다. 왜냐하면 이 개념들은 본질적으로 상대적인 것으로서, 벌의 위협이나 보상의 약속을 통해서만 의미를 갖기 때문이다. 이 보상은 겉으로만 무상으로 봉사한 덕을 위해 나중에 요청되지만, 점잖게 가면을 쓰고 최고선이라는 이름으로 등장한다. 이것은 덕과 행복이 합치된 것이다. 그러나 이것은 근본적으로 행복을 얻기 위한 도덕, 따라서 자기 이익에 근거한 도덕, 혹은 행복주의와 다르지 않다. 행복주의는, 칸트가 타율성에 근거하는 것이라고 그의 체계 밖으로 엄숙하게 던져버린 것이지만, 이제 최고선이라는 이름으로 다시 뒷문으로 몰래 들어온다. 모순을 은폐하는 무조건적·절대적 당위라는 전제에서 은폐된 모순은 이렇게 드러난다. 다른 한편 조건적 당위는 물론 윤리적 기초 개념일 수 없다. 왜냐하면 보상이나 벌에 관련하여 일어나는 모든 것은 당연히 이기적 행위이고, 따라서 순수한 도덕적 가치를 지니지 않기 때문이다.── 이 모든 것을 통해 알 수 있는 것은, 윤리학에 대한 더 광대하고 공정한 이해가 요구된다는 것이다. 인간 행위에 대해 현상을 넘어서는 영원한 의미를 실제로 규명하는 일이 진지하게 받아들여진다면 말이다.

　모든 당위가 전적으로 어떤 조건에 결부되어 있듯이, 모든 의무도 그렇다. 왜냐하면 이 두 개념은 무척 비슷하고 거의 같기 때문이다. 그들 간의 유일한 차이는 당위 일반이 단순히 강요에 기인할 수 있는 반면에, 의무는 책임, 즉 의무를 떠맡음을 전제한다는 것이다. 이와 같은 의무는 주인과 노예, 상관과 부하, 정부와 신하 사이에서 일어난다. 누구도 의무를 무상으로 떠맡지 않는다는 바로 그 이유에서, 각각의 의무에는 또한 권리도 부여된다. 노예에게는 권리가 없으므로, 어떤 의무도 없다. 그러나 그에게는 당위가 있고, 이것은 단순한 강요에 기인한다. 다음에서 나는 의무 개념이 윤리학에서 지니는 유일한 의미를 제시하겠다.

윤리학을 의무론으로서 명령적 형식 안에서 파악하는 것과 인간 행위의 도덕적 가치나 무가치를 의무의 수행이나 침해로 생각하는 것은, 당위와 더불어 단지 신학적 도덕, 바로 모세의 십계명에서 유래하는 것임을 부인할 수 없다. 그에 따라 이 이해는 본질적으로 인간의 다른 존재에 대한 의존성, 즉 그에게 명령하고 보상이나 벌을 예고하는 의지에 대한 의존성이라는 전제에 근거하고 있으며, 여기서 분리될 수 없다. 신학에서는 그 같은 전제가 그렇게 확실할지라도, 철학적 도덕에서는 다른 증거 없이 그런 전제가 암묵적으로 도입될 수 없다. 그렇다고 해서 철학적 도덕에서 명령적 형식과 명령, 법칙, 의무의 수립이 저절로 이해되고, 그것에 본질적인 것이라고 미리 전제될 수도 없다. 또한 그런 개념들에 본질적으로 수반되는 외적 조건을 '절대적' 혹은 '정언적'이라는 단어들로 대체하는 것은 좋지 않은 임시 변통이다. 언급했듯이 거기에서는 형용 모순이 일어난다.

그러나 칸트가 윤리학의 이 명령적 형식을 신학적 도덕에서 암묵적으로 주저 없이 빌려온 후, 도덕에서 다시 하나의 신학을, 즉 그 잘 알려진 도덕 신학을 서술의 끝에 전개하는 것은 그에게는 쉬운 일이었다. 왜냐하면 신학은 신학적 도덕의 토대에 그 전제로서, 사실상 그것에 유일하게 의미를 부여하는 것으로서, 분리될 수 없이 그 안에 본래적으로 포함되어 있기 때문이다. 따라서 여기에서 그가 해야 하는 것은 오직, 당위를 통해 함축적으로 설정된, 그의 도덕의 토대에 숨어 있는 개념들을 표면으로 끄집어내고, 그러고 나서 그것들을 실천이성의 요청들로서 명시적으로 제시하는 것뿐이다. 그 결과 세계의 거대한 교화를 위해 단순히 도덕에 근거하는, 심지어 도덕으로부터 발생하는 신학이 나타났다. 그러나 이와 같은 사실은 이 도덕 자체가 그것에 숨어 있는 신학적 전제들에 기인하고 있다는 데서 유래하게 되었다. 나는 풍자적인 우화를 의도하려는 것이 아니다. 그러나 형식에 있어서 이 문제는, 마술사가 미리 감쪽같이 집어넣은 것을 우리에게 찾아내게 함으로써 주는 놀라움과 비슷하다.━━ 추상적으로 말해서 칸트의 방법은 원칙 혹은 전제여야 하는 것(신학)을 결론으로 만들고, 결론으로 도출해야 하는 것(명령)을 전제로 받아들이는 것이다. 그러나 그가 이제 그렇게 해서 문제를 뒤바꾼 후에, 아무도, 심지어 그 자신조차 그것이 바로 그것이었다는 것을, 즉 그 낡은 유명한 신학적 도덕이었다는 것을 알아채지 못했다. 이 예술품의 완성을 우리는

6절과 7절에서 고찰할 것이다.

물론 이미 칸트 이전에 도덕을 명령적 형식과 의무론으로 파악하는 것이 철학에서도 자주 있었다. 다만 거기에서는 도덕 자체도 이미 다른 식으로 증명된 신의 의지에 근거했으므로 일관성이 유지되었다. 그러나 칸트와 같이 이것으로부터 독립적인 증명을 시도하고, 윤리학을 형이상학적 전제 없이 확정지으려 한다면, 앞의 명령적 형식, "너는 해야 한다Du sollst"와 "그것은 너의 의무다Es ist deine Pflicht"를 그 밖의 추론 없이 토대에 두는 것 또한 더 이상 정당하지 않다.

5. 우리 자신을 위한 의무의 가정에 대해

칸트는 그가 매우 환영해 마지않았던 의무론의 이 틀을 그대로 유지하여, 그의 선행자들과 같이 타인에 대한 의무들 외에 우리 자신에 대한 의무들도 제시했다. 나는 이 전제를 정면으로 거부하므로, 그에 대한 나의 설명을 여기에서 부가적으로 끼워 넣겠다. 전체적 관련 하에 볼 때, 여기에서 그것을 설명하는 것이 가장 적절할 것이다.

우리 자신에 대한 의무들은 모든 의무들과 같이 정의의 의무이거나 사랑의 의무여야 한다. 우리 자신에 대한 정의의 의무는 "그것을 원하는 이에게 불의는 발생하지 않는다Volenti *non fit injuria*"라는 자명한 원칙 때문에 불가능하다. 다시 말해서 내가 행하는 것이 항상 내가 원하는 것이므로, 나에게는 나 자신에 의해 항상 내가 원하는 것만 일어나고, 따라서 결코 불의는 일어나지 않는다. 그러나 우리 자신에 대한 사랑의 의무와 관련해서, 도덕은 그의 일이 이미 수행되었음을 발견하게 되고 너무 늦게 온다. 자기애의 의무를 위반하는 것이 불가능하다는 것은 이미 기독교 도덕의 최상 명령에서 전제되었다. "네 이웃을 너 자신과 같이 사랑하라." 이에 따르면, 누구나 자신에 대한 사랑이 다른 모든 사랑의 최대치이자 조건으로 미리 전제되고, 결코 "너 자신을 네 이웃과 같이 사랑하라"라고 부연되지 않는다. 여기에서는 너무 약하게 요구되었다고 누구나 느낄 것이다. 또한 이것은 "요구를 넘어서는 수행opus supererogationis"이 일상화될 유일한 의무일 것이다. 칸트 자신도 《덕론의 형이상학적 기초》 13쪽(R. 230쪽) [386쪽]에서 "누구나 불가피하게 이미 스스로 원하는 것은 의무의 개념에 속하지 않는다"라고 말한다. 따라서 우리 자신에 대한 의무라는 이 개념은 아직도 항상 존중받고 있고, 일반적으로 특별한 총애를 받는다. 이것은 놀랄 일이 아니다. 그러나 이 개념은, 사람들이 자신을 위해 염려하기 시작하고, 자기 보존의 의무에 대해 참으로 심각하게 논의하는 경우에는 재미있는 결과를 가져온다. 두려움이 그들을 미리 재촉해서, 거기에 어떤 도덕의 명령이 첨가될 필요가 없다는

것이 명백해지기 때문이다.

　일상적으로 사람들이 우리 자신에 대한 의무라고 제시하는 것은 무엇보다 자살에 반대하는 추론이다. 이 추론은 선입견에 강렬히 사로잡혀 있고 피상적 근거들에서 도출된 것이다. 자연은 오직 인간에게만 자신의 삶을 마음대로 끝낼 수 있는, 따라서 동물이 당연히 그렇듯이 살 수 있는 만큼 사는 것이 아니라 살고자 할 때에만 살아도 되는 특권을 부여한다. 이 특권은 인간이 다른 동물과 달리, 단지 육체적이고 현재에 제한된 고통뿐만 아니라 훨씬 더 큰, 미래와 과거에서 빌린 정신적 고통에도 내맡겨진 대가로 받은 것이다. 이제 그가 윤리적 근거에서 이 특권을 다시 포기해야 하는지는, 적어도 통용되는 피상적 논증으로는 결정될 수 없는 어려운 물음이다. 또한 칸트가 53쪽(R. 48쪽)[422쪽]과 67쪽(R. 57쪽)[429쪽]에 거부감 없이 제시한, 자살에 반대하는 근거들을 나는 솔직히 답변할 가치도 없는 군색한 것이라고 부를 수밖에 없다. 그와 같은 성찰들이 카토[12], 클레오파트라, 코게이우스 네르바[13](타키투스, 《연대기*Annalen*》, 제6권, 26장), 혹은 파이투스와 아리아[14](플리니우스, 《서간집*Epistulae*》, 제3권, 16장)의 손에서 비수를 빼앗았을 것이라고 생각한다면, 비웃음을 사고야 말 것이다. 자살에 반대하는 참된 도덕적 동기들이 실제로 있다면, 그것은 어쨌든 무척 깊숙이 놓여 있는 것으로서, 일상적 도덕의 잣대로 젤 만한 것이 아니다. 더군

다나 그것은 이 논문의 견지에 적합한 관찰 방법보다 더 고도의 방법에 속한다.[15]

그 밖에 자기 의무라는 제목으로 흔히 제시되는 것은 처세술이거나 섭생법 수준의 지침들로서, 이들 모두 본래적 도덕에 속하지 않는다. 결국 여기에서도 사람들은 비자연적 쾌락, 즉 수음, 소년 동성애, 야수성에 대한 금지를 도출해낸다. 그런데 이중에서 수음은 주로 유년기의 악습으로서, 이것을 물리치는 것은 윤리학의 문제라기보다 섭생법의 문제다. 따라서 그것에 반대하는 책들도 윤리학자가 아니라 의사들(티소[16] 등과 같은)에 의해 출판되었다. 식이요법과 위생학이 이 문제에서 자기 업무를 수행하고, 물리칠 수 없는 근거들로 문제를 해결한 후, 이제 도덕이 그것을 다루려고 한다면, 이미 문제가 잘 해결되었으며 자신에게 남겨진 일이 그다지 없다는 것을 발견할 것이다.── 또한 야수성은 매우 드물게 나타나는 전적으로 비정상적인 범행으로서 참으로 예외적인 것이다. 그것은 어떤 이성 근거들이 할 수 있는 것보다 더 심하게 자신에 대해 적대적으로 말하고 위협할 정도로 고도로 혐오스럽고 인간성에 대립적이다. 그 밖에 이것은 인간성을 격하시키는 것으로서, 전적으로 고유하게 추상적인 인류 자체에 대립하는 범행이지, 인간 개인에 대한 것은 아니다.── 언급된 이 세 가지 성 범죄 중에서 오직 소년 동성애만이 윤리학에 속하여, 바로 정의에 대한 논의에서 자연스럽게 그의 자리를 찾는다. 다시 말해 정의가 그 행위를 통해 손상되어서, 이에 대해 *"그것을 원하는 이에게 불의는 발생하지 않는다"*라는 원칙이 타당하지 않게 될 수 있다. 왜냐하면 그것을 통해 신체적·도 덕적으로 타락하게 될, 어리고 경험 없는 관련 당사자를 유혹 하는 것에서 불의가 발생하기 때문이다.

6. 칸트 윤리학의 기초에 대해

4절에서 선결 문제 요구의 오류로 증명된 윤리학의 명령적 형식에 칸트가 좋아하는 표상이 직접적으로 연결된다. 이것 은 이해될 수는 있지만, 받아들여질 수는 없는 것이다.── 우 리는, 뛰어난 효과를 보이는 약품을 사용한 후, 거의 모든 병 에 같은 약을 처방하는 의사를 때때로 본다. 그 같은 의사를 나는 칸트와 비교한다. 칸트는 인간의 인식에서 선천적인 것 과 후천적인 것을 구분했다. 이 구분은 형이상학이 할 수 있 는 가장 탁월하고 영향력 있는 발견이다. 그가 이제 이 방법 과 구분을 모든 곳에 적용하려는 것은 얼마나 놀라운가? 윤리 학도 순수한, 즉 선천적으로 인식되는 부분과 경험적인 부분 으로 구성된다. 칸트는 경험적인 부분을 윤리학의 정초를 위 해 허용되지 않는 것으로서 거부한다. 선천적인 부분을 찾아 내고, 구분하여 묘사하는 것이《도덕 형이상학을 위한 기초 놓기》에서 칸트가 시도한 바다. 이것은 이에 상응하여 칸트가 제시한 《자연과학의 형이상학적 기초*Metaphysischen Anfangsgründe der Naturwissenschaft*》와 같은 의미로 순수하게 선천적 학문이어야 한다. 그래서 윤리학에서 선천적으로 인식되는 부분은 어떤 권한도 없고 추론이나 증거도 없이, 존재하는 것으로 미리 전제되는 도덕 법칙으로서, 더욱이 선천적으로 인식될 수 있는 것으로서, 모든 내적·외적 경험으로부터 독립적인, "오직 순수이성의 개념에서 유래하는 것으로서, 선천적 종합 명제여야 한다"(《실천이성 비판》, 제4판, 56쪽 ; R. 142쪽)[31쪽]. 이것과 전적으로 관련된 것은, 그 법칙이 선천적으로 인식된 모든 것과 같이 단순히 형식적이어야 한다는 것, 그래서 단순히 행위의 형식에 관련하고, 내용에는 관련하지 않는다는 것이다.── 이것이 말하려는 바를 생각해보라!── 칸트는 그것을 "인간 본성에서도(주관적인 것) 세계의 상황에서도(객관적인 것) 찾을 수 없고"(《도덕 형이상학을 위한 기초 놓기》, 서문, VI쪽)R. 5쪽)[389쪽], 또한 "아무리 작은 것이라도 인간에 대한 지식, 즉 인간학에서 얻을 수 없다"(같은 책, 7쪽 ; R. 6쪽)라고 분명히 덧붙인다. 그는 또한 "사람들은 그들의 도덕 원칙의 실재성을 인간 본성의 특별한 성질에서 도출하려고 하면 안 되"(59쪽 ; R. 52쪽)[452쪽]며, 마찬가지로 "인간성의 특별한 자연 성향에서, 특정한 느낌과 성향에서, 심지어 어쩌면 인간 본성에 고유하고 모든 이성적 존재의 의지에 반드시 적용되지는

않는 특수한 성향에서 도출되는 모든 것은"(60쪽 ; R. 52쪽) 도
덕 법칙을 위한 기초를 제시할 수 없다고 반복한다. 이것은,
그가 최근의 사이비 철학자들이 주장하는 것과는 달리, 이른
바 도덕 법칙을 의식의 사실이 아닌 것으로, 경험적으로 증명
가능한 것이 아닌 것으로 제시함을 항변의 여지 없이 입증한
다.―― 그는 도덕의 모든 경험적 기초를 배척함으로써, 모든
내적 경험과 외적 경험을 단호하게 거부한다. 그래서 그는 도
덕 원칙의 근거를 내적 성질과 같이 증명 가능한 어떤 의식의
사실에도―― 외부 세계에서의 사물의 객관적 관계에도 두지
않는다. 그렇지 않으면 그것은 경험적 기초가 될 것이다. 오히
려 순수 선천적 개념들, 즉 어떤 내용도 외적 경험이나 내적 경
험에서 가져오지 않는, 그래서 알맹이가 없는 순수한 껍질이
도덕의 기초여야 한다. 이것이 얼마나 많은 것을 말해주는지
검토해보자. 인간의 의식뿐만 아니라 전체 외부 세계는, 그 안
에 있는 모든 경험과 사실을 합쳐서 우리의 발아래에서 없어
질 것이다. 우리는 서 있을 곳을 잃게 될 것이다. 그렇다면 우
리는 어디에 의지해야 할 것인가? 한 쌍의 완전히 추상적인,
그리고 완전히 공중에서 흔들리는 온통 텅 빈 개념들에? 이
개념들에서, 심지어 원래는 이 개념들의 단순한 결합 형식에
서 하나의 법칙이 성립해야 한다. 그 법칙은 이른바 절대적 필
연성을 갖고 욕망의 충동과 열정의 폭풍과 이기주의의 거대
함에 고삐와 재갈을 물릴 힘을 갖는 것이어야 한다. 이 법칙

을 우리는 그래도 보고자 한다.

　도덕의 기초를 위해 절대적으로 필요한 선천성이라는, 그리고 경험적인 모든 것으로부터의 순수성이라는 이 선입견에 칸트가 두 번째로 애호하는 생각이 밀접하게 결합되어 있다. 말하자면 그것은, 제시되어야 할 도덕 원칙이 단순히 형식적 내용에 대한 선천적 종합 명제로서 전적으로 순수이성의 문제여야 하고, 그렇기 때문에 그 자체로서 인간에게만 타당한 것이 아니라, 가능한 모든 이성적 존재에게, 그래서 "바로 그로 인해", 즉 부가적이고 우연적으로 인간에게도 타당한 것이어야 한다는 것이다. 왜냐하면 도덕 원칙은 이를 위해 순수이성(그 자신과 모순율만을 아는)을 바탕으로 하지, 어떤 감정에 근거하지 않기 때문이다. 따라서 이 순수이성은, 그것이 인간의 인식 능력일 뿐인데도, 인간의 인식 능력으로 받아들여지지 않고, 좋지 않은 예와 과정을 통해 자격 없이, 그 스스로 성립하는 어떤 것으로 실체화된다. 이런 실체를 입증하는 것은 철학적으로 빈약한 이 시대에 이바지할 수 있다. 그런데 인간 자체를 위한 도덕이 아니라 모든 이성적 존재 자체를 위한 도덕을 설정하는 것은 칸트에게 중요한 일이자 그가 애호하는 생각이어서, 그는 이것을 기회 있을 때마다 지치지 않고 반복한다. 이에 대해 내가 주장하는 것은, 누구도 결코 유일하게 우리 종에게만 주어진 특성을 제시할 권한을 갖지 않는다는 것이다. 이 유일한 종에

게서 끌어낸 것 외에 결코 어떤 것도 그 종의 개념으로 제
시될 수 없을 것이며, 따라서 인간의 특성에 대해 이야기된
것은 언제나 그 유일한 종과 관련해서만 이해될 수 있을 것
이다. 반면에 사람들은 특성을 구성하기 위해 권한도 없이,
이 종에 속하는 것을 없는 것으로 생각할 수 있다. 그럼으로
써 그들은 특성으로서 실체화된 남은 성질들이 성립할 바
로 그 조건까지도 없앨 것이다. 우리가 지성 일반을 전적으
로 오직 동물적 존재의 한 성질로만 알고 있기 때문에 그 성
질이 동물적 본성 밖에 독립적으로 존재한다고 생각하는 것
은 결코 정당화되지 않는다. 마찬가지로 우리가 이성을 인
간에게 유일한 성질로 알고 있으므로, 그것을 인간 밖에 존
재하는 것으로 생각하고, 그 특성을 갖는 유일한 종인 '인간'
과 구분되는 '이성적 존재'를 제시할 권한이란 우리에게 전
혀 없다. 더욱이 그런 상상 속의 추상적인 이성적 존재를 위
해 법칙을 제시할 수는 없다. 인간 밖의 이성적 존재에 대해
말하는 것은, 물체 밖의 무게 있는 존재에 대해 말하려는 것
에 지나지 않는다. 우리는 칸트가 여기에서 어느 정도는 사
랑스러운 작은 천사를 생각했거나, 독자에게 확신을 불어넣
기 위해 적어도 그것의 도움을 계산했을 것이라고 의심하
지 않을 수 없다. 어쨌든 여기에는 *이성적 영혼*anima rationalis
이라는 암묵적 전제가 놓여 있다. 이것은 *감각적 영혼*anima
sensitiva이나 식물적 영혼anima vegetativa과는 전혀 달리 죽은

후에도 존속할 것이다. 그렇다면 그것은 바로 오직 이성일 것이다. 그러나 완전히 초월적인 이 가설에 대해 그는 스스로 《순수이성 비판》에서 분명하고 자세하게 종지부를 찍었다. 그런데 칸트의 윤리학, 특히 《실천이성 비판》의 배후에 언제나 떠다니는 생각은, 인간의 내적이고 영원한 존재는 이성에 있다는 것이다. 이곳에서 이 문제는 단지 부가적으로만 언급될 뿐이다. 따라서 나는, 이성이 인식 능력 일반과 같이 이차적이고 현상에 속하고 심지어 생물체에 제한된 것이며, 인간의 의지만이 유일하게 형이상학적이고 파괴되지 않는 본래적인 핵심이라는 단순한 반대 진술로 만족해야 한다.

따라서 칸트는 이론 철학에 그렇게도 운 좋게 적용했던 방법을 실천 철학에 다시 한번 적용함으로써 실천 철학에서도 순수한 선천적 인식을 후천적인 경험적 인식에서 분리하려고 했다. 그래서 그는, 공간, 시간, 그리고 인과율이 선천적으로 인식되듯이, 그와 유사한 방식으로 우리의 행위를 위한 도덕적 지침도 모든 경험 이전에 주어져서, 정언적 명령, 절대적 당위의 형태로 나타난다고 전제했다. 그러나 선천적인 이론적 인식과 선천적인 이른바 도덕 법칙의 차이는 얼마나 엄청난 것인가. 선천적인 이론적 인식은, 그것이 우리 지성의 단순한 형식들, 즉 기능을 표현하는 것에 의해 가능하다. 이 형식들을 통해서만 우리는 객관적 세계를 파악할 수 있고, 그러므로 세계는 이 형식 안에서 스스로를 묘사해야 한다. 그러므로 형식들은 세계를 위해 법칙을 절대적으로 부여하는 것이어서, 모든 경험은 항상 형식들에 그대로 대응해야한다. 이것은 마치 내가 푸른 안경을 통해 보는 모든 것이 푸르게 나타나야 하는 것과 같다.── 그런데 선천적인 이른바 도덕 법칙은 경험이 항상 무시하는 것으로서, 심지어 칸트 자신도, 경험이 단 한 번이라도 실제로 도덕 법칙을 따랐는지를 의심스러운 것으로 남겨두었다. 완전히 이질적인 이 두 가지가 여기에서 선천성이라는 개념 아래에 나란히 서 있다! 더욱이 칸트가 간과한 것은, 이론 철학에서 그 자신의 이론에 따르면, 경험으로부터 독립적인 인식의 바로 그 선천성이, 경험을 단지 현상으로, 즉 우리 머릿속의 세계상으로 제한하고, 사물의 본질 자체의 타당성을, 즉 우리의 인식에서 독립적으로 존재하는 것과 관련된 모든 타당성을 경험으로부터 완전히 앗아간다는 것이다. 여기에 대응하여 실천 철학에서도 그의 이른바 도덕 법칙이 선천적으로 우리의 머릿속에서 성립한다면, 그 법칙은 마찬가지로 현상의 형식에 지나지 않을 것이며, 사물의 본질 자체는 건드리지도 못할 것이다. 이 결론이 이미, 문제 자체뿐만 아니라, 그것에 대한 칸트의 생각과도 심한 모순에 빠진다. 왜냐하면 그는 대체로 (예를 들어《실천이성 비판》, 175쪽 ; R. 228쪽[97쪽]에서) 우리 안에 있는 도덕적인 것을 사물의 참된 본질 자체와 가장 밀접한 관계에서, 심지어 그 본질과 직접적으로 마주치는 것으로서 묘사하기 때문이다. 그것은 비밀스러운 물자체가 어느 정도 더욱 분명히 여기저기에서 등장하는 《순수이성 비판》에서도, 우리 안에 있는 도덕적인 것으로, 의지로 빈번하게 암시된다.── 그러나 그는 이것을 무시했다.

나는 4절에서 칸트가 윤리학의 명령적 형식, 즉 당위, 법칙 그리고 의무 개념을 다른 증거 없이 신학적 도덕에서 받아들여야 했다는 것을 지적했다. 그러나 이 개념들에 유일하게 힘과 의미를 부여하는 것[17]은 그래도 받아들이지 않았다. 이제 이 개념들을 증명하기 위해 칸트는, 의무의 개념 자체가 의무를 수행하는 근거, 따라서 의무를 지우는 것이라고 요구하기에 이르렀다. 그는 말하기를(11쪽 ; R. 18쪽)[398쪽], 행위는 그것을 향한 어떤 성향도 없이 오직 의무로부터, 그리고 단지 의무를 위해 일어날 때, 그때 비로소 참된 도덕적 가치를 갖는다고 한다. 성격의 진가는, 누군가 타인의 고통에 대해 마음에서 우러나오는 동정심 없이 차갑고 무심하게, 그리고 원래 박애주의자로 태어나서가 아니라 단지 귀찮은 의무 때문에 선을 행할 때 비로소 드러난다는 것이다. 참된 도덕감을 격분시키는 이 주장, 사랑을 가장 중요한 것으로 내세우고, 사랑이 없는 어떤 것도 허용하지 않는 기독교적 덕론(〈고린도전서〉, 13장 3절)에 정면으로 대립하는, 불친절함에 대한 찬양과 이 서투른 도덕적 현학을 실러는 두 편의 에피그램에서 적절하게 풍자했다. 그 시는 '고뇌'와 '결단'이라 불렸다. 이 풍자를 가장 직접적으로 유발한 것은, 전적으로 이 풍자에 해당되는 《실천이성 비판》의 몇몇 구절인 것 같다. 예를 들어 같은 책 150쪽 ; R. 211쪽[84쪽]에, "도덕 법칙을 따르도록 인간을 속박하는 심성이 그것을 의무에서 준수하게끔 하는 것이지, 임의적인 애호에 의해서, 혹은 경우에 따라서는 명령받지 않고도 스스로 기꺼이 하고 싶어 애쓰는 데서 그것을 준수하는 것이 아니다"라고 씌어 있다.── 명령을 받아야 하다니! 얼마나 지독한 노예의 도덕인가! 그리고 (《실천이성 비판》, 213쪽 ; R. 257쪽[118쪽]에는) "동정심이나 다정다감한 공감은 올바르게 생각하는 사람들 자신에게도 짐이 되고, 그들의 숙고를 거친 준칙들을 혼란에 빠뜨리는 것이며, 그래서 그런 것들에서 벗어나 오직 법칙 수립적 이성에 복종하려는 소망을 불러일으키는 것이다"라고 씌어 있다. 나는 다음과 같이 확신을 갖고 주장한다. 앞의 (11쪽 ; R. 18쪽에 묘사된) 불친절하고 타인의 고통에 무관심한 자선가로 하여금 손을 열도록 하는 것은 (그에게 다른 의도가 없다면), 악령에 대한 노예의 두려움 외에 결코 다른 것일 수 없다. 그의 우상이 "정언 명령"이라 불리든 비츨리푸츨리Vitzliputzli[18]라 불리든 상관없이. 두려움 이외의 다른 무엇이 그 냉정한 마음을 움직일 것인가?

위의 생각들에 상응하여 (13쪽 ; R. 19쪽에 따르면) 행위의 도덕적 가치는 그 행위가 일어나는 의도에 있지 않고 행위자가 따르는 준칙에 있다. 반대로 내가 주장하는 것은, 의도만이 유일하게 행위의 도덕적 가치나 무가치에 대해 결정하므로, 동일한 행위가 그 의도에 따라 비난받거나 칭찬받을 가치를 가질 수 있다는 것이다. 그래서 흔히 사람들 사이에서 도덕적으로 중요한 행위가 논의될 때마다 누구나 의도를 연구하고, 의도에 따라서만 그 행위가 판단된다. 다른 한편 누구나 자신의 행위가 오해받았거나 불리한 결과를 가져온 것에 대해 사과할 때, 의도만으로 자신을 정당화한다.

14쪽 ; R. 20쪽에서 우리는 드디어 칸트 윤리학 전체의 기본 개념인 의무에 대한 정의를 얻는다. 그것은 "법칙에 대한 존경에서 나오는 행위의 필연성"이다.── 그러나 필연적인 것은 어김없이 일어나는 것이다. 이에 반해 순수한 의무에서 촉발된 행위들은 대부분 일어나지 않을 뿐만 아니라, 심지어 칸트 자신도, 인간이 심성으로부터, 즉 순수한 의무에서 행했다는 것이 확실한 경우는 전혀 없다는 것을 인정한다(25쪽 ; R. 28쪽)[406쪽].── 또한 그는 "의무에 맞는 행위가 오직 의무이기 때문에 행해진 것이라고, 어떤 유일한 행위에 대해 경험적으로 확실히 결정하는 것은 절대로 불가능하다"(26쪽 ; R. 29쪽)라고 말한다. (28쪽 ; R. 30쪽, 49~50쪽[408쪽, 423쪽]에서도 마찬가지로 말한다). 그렇다면 어떤 의미에서 그 같은 행위에 필연성이 부여될 수 있을 것인가? 저자를 항상 유리한 쪽으로 해석하는 것이 공정하므로, 그가 주장하는 것은, 의무에 적합한 행위는 객관적으로 필연적이지만, 주관적으로는 우연적이라는 것이라고 해보자. 그러나 바로 이것이 말하는 것같이 그렇게 쉽게 생각되지 않는다. 도대체 어디에 이 객관적 필연성의 객관이 있단 말인가? 그것의 결과가 객관적 실재성에서 거의, 아마 결코 일어나지 않는 것이라면 말이다. 아무리 공정하게 설명한다 해도, 나는 '행위의 필연성'이라는 정의가 인위적으로 은폐되고 무척 부자연스러운, '당위'라는 단어의 우회적인 표현에 지나지 않는다고 말할 수밖에 없다. 이 의도는, 복종을 의미하는 곳에서 존경이라는 단어가 같은 의미로 사용된 것을 우리가 알아챈다면 더 분명히 드러난다. 즉 16쪽 ; R. 21쪽[401쪽]의 주에는 "존경Achtung은 다만 나의 의지가 어떤 법칙 아래 종속되어 있음을 의미한다. 법칙을 통해 의지를 직접적으로 결정하는 것, 그리고 그것을 의식하는 것이 존경이라 불린다"라고 씌어 있다.── 이게 무슨 말인가? 여기에 제시된 것은 우리말로 '복종Gehorsam'이라 불린다. 그러나 '존경'이라는 단어는 근거 없이 그렇게 부적절하게 '복종'이라는 단어의 자리에 놓일 수 없다. 그래서 그것은 아마 어떤 의도를 위한 것임에 틀림없고, 그 의도는 명백히 명령적 형식과 의무 개념이 신학적 도덕에서 유래하는 것임을 감추려는 것이다. 우리가 앞에서 보았듯이, 행위의 필연성이라는 표현이 '당위'가 쓰일 위치에 그렇게도 부자연스럽고 서투르게 쓰인 것은, 오직 '당위'가 바로 십계명의 언어

이기 때문이다. 따라서 "의무는 법칙에 대한 존경에서 나오는 행위의 필연성"이라는 위의 정의는, 자연스럽고 은폐되지 않은 언어로 표현하자면, 즉 가면을 쓰지 않는다면 다음과 같다. "의무는 법칙에 대한 복종에서 일어나야 하는 행위다."── 이것이 "문제의 본질"이다.

그러나 이제 법칙, 칸트 윤리학의 이 마지막 초석! 그것의 내용은 무엇인가? 그리고 어디에 그것이 씌어 있는가? 이것이 핵심적인 물음이다. 나는 우선, 그것이 두 가지 물음이라는 것을 짧게 언급하겠다. 하나는 윤리학의 원칙Prinzip에 관련된 것이고, 다른 하나는 윤리학의 기초Fundament에 관련된 것으로서── 전혀 다른 두 개의 물음이다. 그렇지만 이 두 물음은 거의 혼동되고, 때로는 의도적으로 뒤섞인다.

윤리학의 원칙 혹은 최상의 원리는, 윤리학이 지시하는 행위 방법, 혹은 그것이 어떤 명령적 형식도 갖지 않는다면, 윤리학이 본래적인 도덕적 가치를 승인하는 행위 방법에 대한 가장 짧고 간결한 표현이다. 따라서 이것은 하나의 명제로 표현된, 덕 일반에 대한 윤리학의 지침, 따라서 덕의 사실이다.── 반면에 윤리학의 기초는 덕의 이유로서, 의무, 혹은 권고, 혹은 칭송의 근거다. 그렇다면 이것은 인간의 본성이나 외적 세계의 관계들, 혹은 다른 곳에서 찾을 수 있다. 모든 학문에서와 같이 윤리학에서도 사실과 이유는 명백히 구분되어야 한다. 그러나 대부분의 윤리학자들은 이 구분을 고의적으로 없앤다. 아마 사실은 제시하기 쉬운 반면, 이유는 무척 어렵기 때문일 것이다. 그래서 사람들은 한편의 빈곤을 기꺼이 다른 한편의 풍요로 보상하고, 이 둘을 하나의 명제에 결합함으로써 빈곤과 풍요의 행복한 결혼을 성립시키려고 한다. 대부분 이것은, 누구에게나 잘 알려진 *사실*이 그것의 단순성으로 표현되지 않고 인위적인 형식에 억지로 밀어 넣어짐으로써 성립된다. 여기에서 사실은 주어진 전제들의 결론으로 비로소 추론되어야 한다. 그래서 독자는 자신이 단지 사실만이 아니라, 사실의 이유도 경험한 것으로 느끼게 된다. 이것은 모두에게 알려진 대부분의 도덕 원칙들에서 쉽게 증명된다. 그러나 이제 나는 다음 절에서 그 같은 인위적인 것을 시도하지 않고 정직하게 처리하여, 윤리학의 원칙을 동시에 그것의 기초로서 정당화하지 않고, 그 둘을 명백히 구분할 생각이다. 그래서 나는 앞의 사실, 즉 원칙, 윤리학자들이 그것을 아무리 다양한 형식으로 치장한다고 해도 내용에 있어서는 모두 본래적으로 동의하는 원리를 내가 가장 단순하고 순수하다고 생각하는 표현인, *"누구도 해치지 말라. 오히려 네가 할 수 있는 한, 모든 이를 도우라!"*라는 표현으로 소급하려 한다. 이 표현을 나는 가장 단순하고 순수한 것으로 생각한다. 이것이 모든 윤리학자들이 증명하려고 노력하는 원래의 명제로서, 그 다양한 추론들의 공통 결론이다. 그것은 그 이유가 여전히 찾아질 사실, 그 이유가 요구되는 결과로서, 따라서 그 자체로 자료에 지나지 않는다. 그것의 이유에 대한 물음이 모든 윤리학의 문제다. 또한 그것은 제시된 현상 과제이기도 하다. 이 문제에 대한 해답은 윤리학의 고유한 기초가 제공할 것이다. 이것은 현자의 돌과 같이 1,000년 동안 찾아온 것이다. 그러나 자료, 사실, 원칙이 실제로 그것의 가장 순수한 표현을 위의 형식에서 갖는다는 것은, 다른 모든 도덕 원칙에 대해 이 형식이 전제들에 대한 결론으로서, 즉 사람들이 원래 나아가고자 하는 방향으로서의 상황에 처한다는 점에서 알 수 있다. 그래서 다른 모든 도덕 원칙은 앞의 단순한 명제에 대한 우회적 표현, 간접적 혹은 완곡한 표현으로 볼 수 있다. 심지어, 예를 들면 "*남이 네게 행하는 것을 원하지 않는다면, 너도 그것을 남에게 행하지 마라*"[19]와 같이 단순하게 여겨지는 평범한 원칙도 그렇다. 이 원칙이 법 의무를 표현할 뿐, 덕 의무를 표현하지 않는다는 결점은 '*않는non*'과 '*마라ne*'를 삭제하고 반복하면 쉽게 제거될 수 있다. 그렇다면 이 원칙 역시 원래 말하려는 바가 "*누구도 해치지 마라. 오히려 네가 할 수 있는 한, 모든 이를 도와라*"이지만, 우회로를 통해 마치 그것이 실제 근거를, 즉 앞의 지침의 이유를 제시한 것처럼 보이기 때문이다. 그러나 그렇지 않다. 왜냐하면 어떤 것이 나에게 일어나기를 바라지 않는다는 것이 곧 내가 그것을 다른 이에게 행하지 않아야 함을 도출하는 것은 아니기 때문이다. 이것이 지금까지 제시된 도덕 원칙 혹은 도덕의 최고 원리에도 적용된다.

우리가 이제, "그것을 따르는 것이 의무라고 칸트가 주장하는 그 법칙은 도대체 무엇인가? 그리고 그것은 어디에 근거하는가?"라는 위에서 제기한 물음으로 돌아간다면―― 우리는, 칸트도 도덕 원칙을 매우 인위적인 방식으로 도덕의 기초와 밀접하게 결합시켰다는 것을 발견하게 된다. 나는 이제 이미 시작 부분에서 언급했던 칸트의 요구를 상기시키겠다. 그것은 도덕 원칙이 순수하게 선천적이고 형식적이고, 심지어 선천적인 종합 명제여야 한다는 것이다. 그래서 그것이 어떤 느낌, 경향, 충동에 관한 것이라 해도, 그것은 어떤 물질적 내용도 갖지 않고, 경험적인 어떤 것, 즉 외부 세계의 어떤 객관에도 의식 속의 어떤 주관에도 기인할 수 없다는 것이다. 칸트 스스로도 이 과제의 어려움을 명백히 알고 있었다. 왜냐하면 그는 "여기에서 우리는, 철학이 사실상 곤란한 입장에 놓였음을 발견한다. 이것은 하늘에서나 땅에서도 매달리거나 의지할 것이 없음에도 불구하고 확고해야 한다"(60쪽 ; R. 53쪽)[425쪽]라고 말하기 때문이다. 그럴수록 우리는, 칸트 자신이 설정한 과제가 해결되기를 기대해야 한다. 말하자면 어떻게 어떤 것이 무無에서 생기는지, 즉 어떻게 순수하게 선천적인 개념들에서 경험적이고 물질적인 내용 없이 물질적인 인간 행위의 법칙이 합생合生되는지를 우리는 간절히 고대해야 한다.―― 이것은 마치 보이지 않는 세 가지 가스(질소, 수소, 염소)에서, 즉 텅 빈 공간으로 보이는 곳에서 고체의 염화암모늄이 발생하는 화학적인 과정과도 같다.—— 그러나 나는 칸트가 이 어려운 과제를 해결하는 그 과정을, 그가 하려고 했던 것, 혹은 할 수 있었던 것보다 더 명백하게 설명하려고 한다. 이 작업은 칸트의 해결 과정이 좀처럼 제대로 이해되지 못하므로 더욱 필요할 것이다. 왜냐하면 거의 모든 칸트주의자들은 칸트가 정언 명령을 직접적인 의식의 사실로 제시한다는 오류에 빠져 있기 때문이다. 그러나 그렇다면 그것은 비록 내적일지라도 인간학적인 것, 경험을 통한 것으로서, 따라서 경험적으로 증명될 것이다. 이것은 칸트의 생각과 정면으로 대립하는 것으로, 그는 거듭 거부할 것이다. 따라서 그는 "도대체 그와 같은 정언 명령이 있는지는 경험적으로 밝혀지는 것이 아니다"(48쪽 ; R. 44쪽)[419쪽]라고, 또한 마찬가지로 "정언 명령의 현실성이 경험에 주어졌다는 장점을 우리는 갖지 않기 때문에, 정언 명령의 가능성은 전적으로 선천적으로 탐구되는 것이다"(49쪽 ; R. 45쪽)라고 말한다. 그러나 이미 그의 첫 번째 제자 라인홀트는 다음과 같이 말함으로써 그 오류에 빠졌다. 그는 《19세기 초 철학의 조망을 위한 기고*Beiträgen zur Übersicht der Philosophie am Anfange des 19. Jahrhunderts*》 제2호 21쪽에서 "칸트는 도덕 법칙을 직접적으로 확실한 사실로서, 도덕적 의식의 근원적 사실로서 받아들인다"라고 말한다. 그러나 칸트가 정언 명령을 의식의 사실로서, 그래서 경험적으로 근거지우려 했다면, 그것을 적어도 그런 것으로 증명하기에 부족함은 없었을 것이다. 그러나 어디에서도 그 같은 것을 찾을 수 없다. 내가 아는 바로 정언 명령이 최초로 출현한 것은 《순수이성 비판》(초판의 802쪽과 5판의 830쪽)[521쪽]에서다. 여기에서 그것은 난데없이 앞의 명제와 전혀 맞지 않게 "따라서"로 연결되어 완전히 즉흥적으로 등장한다. 그것이 최초로 정식으로 도입되는 것은, 우리가 여기에서 특별히 고찰하고 있는 《도덕 형이상학을 위한 기초 놓기》[20]에서다. 더욱이 정언 명령은 여기에서 완전히 선천적인 방식으로 개념으로부터의 연역을 통해 도입된다. 이에 반해 비판 철학을 위해 그렇게도 중요한, 방금 언급한 라인홀트의 학술지 제5호에 실린 〈비판주의의 일치된 형식〉 122쪽에는 심지어 다음의 명제도 제시되어 있다. "우리는 도덕적 자기의식을 경험과 구분한다. 어떤 앎도 능가하지 못하는 근원적 사실인 도덕적 자기의식은 인간 의식 안에서 경험과 결합되어 있다. 우리는 도덕적 자기의식을 의무에 대한 직접적 의식으로 이해한다. 다시 말해 이것은 쾌와 불쾌함으로부터 독립적인 의지의 법칙성을 의지 작용의 원동력과 지침으로 받아들여야 하는 필연성에 대한 직접적 의식이다."── 여기서 우리는 물론 "그것이 무엇을 설정하든, 하나의 충분한 명제를"(실러) 갖고 있을지도 모른다. 그러나 진지하게 따져보면, 우리는 여기에서 칸트의 도덕 법칙이 어떤 터무니없는 선결 문제 요구의 오류에 유착되어 있는 것을 보게 되는 것이다! 그의 말이 참이라면, 윤리학은 물론 비교할 수 없이 견고한 기초를 가질 것이고, 그 기초를 찾으라고 격려하는 어떤 현상 과제도 필요하지 않을 것이다. 그러나 그렇다면 사람들이 도덕의 기초를 1,000년 동안 내내 열렬히 힘들게 찾았음에도 불구하고 그와 같은 의식의 사실을 그렇게 늦게 발견했다는 것은 최고의 기적일 것이다. 그러나 어떻게 해서 칸트 자신이 앞에서 비판받은 오류의 빌미를 제공했는지를 나는 아래에 제시할 것이다. 그럼에도 불구하고 칸트주의자들 사이에서 그 같은 근본적 오류가 논쟁의 여지 없이 받아들여지는 것은 놀랄 만한 일이다. 자신들이 칸트 철학에 대해 수많은 책을 쓰는 동안, 《순수이성 비판》이 재판에서 일관성 없는 자기 모순적인 책이 되어버린 것을 그들은 단 한 번도 눈치 채지 못했다. 이것은 이제야 드러나, 내 생각으로는 칸트 전집 제2권 로젠크란츠의 서문에서 완벽하게 올바로 해명된다. 많은 학자들이 강단에서, 그리고 저술을 통해 끊임없이 가르치느라 그들 스스로는 철저히 배울 시간이 그다지 많지 않다는 것을 우리는 염두에 두어야 한다. "가르침으로써 나는 배운다*docendo disco*"라는 말이 반드시 옳은 것은 아니다. 오히려 사람들은 때때로 "*끊임없는 가르침으로 인해 배우지 못한다semper docendo nihil disco*"라며 그것을 조롱하고 싶어 한다. 더욱이 디드로가 라모의 조카에게 다음과 같이 말하게 한 것은 근거 없는 일이 아니다. "이 교수들,

너희는 그들이 가르치는 학문을 과연 그들 스스로 이해할 것이라고 믿느냐? 이런 망할, 사랑하는 선생님, 이런 망할. 그들이 가르칠 만큼 충분하게 지식을 가졌다면, 그들은 그것을 가르치지 않았을 것이다."──"왜?"──"그들은 그것을 연구하는 데 그들의 삶을 썼을 것이기 때문이다"(괴테 옮김[21], 104쪽)── 리히텐베르크[22]도 "나는 전문가들이 때때로 가장 좋은 것을 알지 못한다는 것을 이미 많이 알아차렸다"[23]라고 말한다. 그러나 (칸트의 도덕으로 다시 돌아가서) 대부분의 독자들은 그 결과가 그들의 도덕감과 어울리기만 하면, 그것을 즉시 받아들인다. 그리고 추론을 통해 그것은 곧 정당성을 갖게 된다. 그 추론이 어려워 보이면, 그들은 그것을 깊이 다루지 않고 그것의 '전문가들'에게 일임할 것이다.

따라서 칸트의 도덕 법칙의 근거는 결코 의식의 사실에 대한 경험적 증명도, 도덕감에의 호소도, '절대적 요청'이라는 유행하는 고상한 명칭에 있는 선결 문제 요구의 오류도 아니다. 그것은 매우 미묘한 사고 과정이다. 칸트는 그 과정을 두 번(17쪽, 51쪽 ; R. 22쪽, 46쪽)[402쪽, 420쪽] 보여준다. 다음은 이에 관한 자세한 설명이다.

칸트는 의지의 모든 경험적 동인을 거부함으로써, 어떤 법칙이 설 수 있는 객관과 주관도 모두 경험적인 것이라며 미리 제거했다. 따라서 이 법칙의 재료로 남은 것은 그 자신의 형식밖에 없다. 그런데 이 형식은 바로 그 합법성일 뿐이다.

그러나 합법성은 모든 것에 대한 타당성, 즉 보편성에서 성립한다. 그러므로 이 보편성이 법칙의 재료가 된다. 따라서 법칙의 내용은 그것의 보편성 자체 외의 다른 어떤 것이 아니다. 그에 따라 그 법칙은 다음과 같다. "그것이 모든 이성 존재를 위한 보편적 법칙이 될 것을 네가 동시에 원할 수 있는 준칙에 따라 행위하라."── 따라서 이것이 그렇게도 널리 오해를 받은 칸트의 도덕 원칙에 대한 본래적 근거, 따라서 그의 전체 윤리학의 기초다.──《실천이성 비판》, 61쪽 ; R. 147쪽, 주 1번[34쪽]의 마지막 부분과 비교해보라.──칸트가 곡예하듯 재주 부린 그 위대한 예지에 나는 솔직히 경탄한다. 그렇지만 나는 진리의 기준을 찾는 나의 첫 번째 시험을 계속하겠다. 나는 오직 나중에 재검토할 목적으로 이성이, 방금 제시된 특별한 반성을 수행함으로써, 그리고 그런 한에 있어서만 실천이성이라는 이름을 획득한다는 것을 거듭 언급한다. 그러나 실천이성의 정언 명령은 제시된 사고 과정에서 결과로 도출된 법칙이다. 따라서 실천이성은 결코, 대다수의 사람들과 피히테 역시 이미 생각한 것과 같이, 더 이상 환원될 수 없는 특별한 능력이나 숨겨진 *어떤 성질*, 혹은 허치슨[24]의 "도덕감*moral sense*"과 비슷한 일종의 도덕성의 본능이 아니다. 그것은 (칸트도 서문 XII쪽 ; R. 8쪽[391쪽]을 비롯한 여러 곳에서 자주 말하듯) 이론이성과 하나이자 동일한 것으로, 말하자면 그것이 제시된 사고 과정을 완성하는 한, 이론이성 자체다. 말하자면 피히테는 칸트의 정언 명령을 절대적 요청(《전체 지식론의 기초*Grundlage der gesamten Wissenschaftslehre*》(Tübingen, 1802), 240쪽, 주)으로 명명한다. 이것은 선결 문제 요구의 오류를 미화하기 위해 새로이 유행하고 있는 표현이다. 피히테 자신도 정언 명령을 통속적으로 받아들였고, 그래서 앞에서 비판한 오류에 빠진다.

　칸트가 도덕에 부여한 기초가 우선적으로, 그리고 직접적으로 부딪치게 되는 반론은, 우리 안에 있는 도덕 법칙의 이 근원이 불가능하다는 것이다. 왜냐하면 그 근원은, 인간이 자신의 의지가 복종하고 따를 의지의 법칙을 찾아 알아내려는 생각을 스스로 한다고 전제하기 때문이다. 그러나 이것은 인간에게 저절로 떠오를 수 없는 생각이다. 그것은 기껏 이미 적극적으로 작용하는 다른 어떤 것, 즉 실재적이고, 그 자체로서 저절로 나타나며, 호명되지 않고 작용하는, 심지어 밀어닥치는 도덕적 동인이 최초의 자극과 계기를 주었을 때에나 가능한 일이다. 그러나 그와 같은 것은 위의 사고 과정 자체가 모든 도덕적 개념의 근원, 즉 도덕성의 핵심이라는 칸트의 전제와 모순될 것이다. 만약 제시된 사고 과정 이외의 다른 어떤 도덕적 동인이 주어지는 경우가 아니라면, 인간 행위의 지침으로 유일하게 남는 것은, 동기의 법칙에 이끌리는 이기주의다. 말하자면 항상 전적으로 경험적이고 이기적인 동기가 모든 개별 경우에 유일하게 그리고 방해받지 않고 인간 행위를 규정한다. 이와 같은 전제 하에서는 이기주의를 위한 요구도 없고, 인간의 의지를 제한하여 복종시킬 어떤 법칙을 찾아야 할 이유도 없다. 하물며 어떻게 인간이 위의 반성과 같은 특별한 사고 과정에 처음으로 처하게 되는지를 탐구하고 심사숙고할 이유는 없다. 여기서 칸트의 반성 과정에 어느 정도의 명백성을 부여할 것인지, 그것을 단지 어렴풋이 감지된 숙고라고 깎아내릴 것인지는 중요한 일이 아니다. 왜냐하면 여기서의 어떤 변화도, 무에서는 아무것도 나오지 않는다는 것, 즉 결과는 원인을 요구한다는 근본 진리를 거스르지 않기 때문이다. 도덕적 동인은 의지를 움직이는 모든 동기와 같이 반드시 저절로 나타나는 어떤 것이어야 한다. 따라서 그것은 구체적으로 작용하는 것이므로 실재하는 것이어야 한다. 그리고 인간에게 도덕적 동인은 사실상 경험적인 것이어야 한다. 경험적인 것만이, 경험적으로 존재하는 것으로 전제된 것만이 실재성을 갖기 때문이다. 도덕적 동인은 부름 받지 않은 채 스스로 우리에게 나타나고, 그에 대한 우리의 요구를 기다리지 않고, 그에 대립하는 강력한 이기적 동기를 가능한 한 극복할 수 있는 힘을 지닌 채 저절로 우리에게 들이닥쳐야 한다. 왜냐하면 도덕은 사실상의 인간 행위와 관련 있는 것이지, 그 결과에 누구도 진지하고 절박한 관심을 보이지 않을 선천적 카드집 짓기[25]와는 상관없기 때문이다. 따라서 열정의 폭풍을 도덕으로 제어하려 하는 것은 큰 화재를 관장기灌腸器로 끄려 하는 것과 같을 것이다. 나는 이미 위에서 칸트가 자신의 도덕 법칙의 위대한 성과라고 여기는 것이 오직 추상적·선천적 순수 개념들에만, 결국 순수 이성에만 근거하여, 인간만이 아니라 모든 이성 존재에게 그 자체로 타당하다는 것을 언급했다. 그럴수록 우리는, 순수한 추상적·선천적 개념들이 실제적 내용과 경험적 기초 없이는, 다른 이성 존재는 몰라도 적어도 인간을 결코 움직이게 할 수 없다는 것을 유감으로 생각해야 한다. 따라서 도덕성의 기초에 있어서 칸트의 두 번째 오류는, 그것이 실제적 내용을 갖지 않는다는 것이다. 이것은 지금까지 주목받지 못했다. 왜냐하면 위에서 명백히 제시된 칸트의 도덕의 본래적 기초에 대해 요란하게 찬사를 보내고 선전한 것들 중, 근본적으로 명백해진 것은 극소수뿐이기 때문이다. 따라서 두 번째 오류는, 도덕성의 기초가 실재성을 전혀 갖지 않는다는 것과, 그로 인해 실효성도 갖지 않는다는 것이다. 그 기초는 내용 없는 개념들의 가느다란 거미줄로서, 공중에 떠다니고 어떤 것에도 근거하지 않아, 어떤 것도 떠받치거나 움직이게 하지 않는다. 그럼에도 칸트는 그것에 무한히 무거운 짐, 즉 의지의 자유라는 전제를 부과했다. 칸트는, 자유가 인간의 행위에서는 절대로 일어날 수 없고, 이론적으로는 그 가능성조차 엿볼 수 없으며(《실천이성 비판》, 168쪽 ; R. 223쪽)[94쪽], 인간의 특성과 그에게 작용하는 모든 동기들에 대한 온전한 지식이 주어진다면 인간의 행위가 월식과도 같이 확실하고 상세히 계산될 것이라고(177쪽 ; R. 230쪽) 반복하여 주장했다. 그럼에도 불구하고 "너는 할 수 있다. 왜냐하면 너는 해야 하기 때문이다"[26]라는 유명한 추론을 통해, 관념적이고 요청Postulat일 뿐이지만, 그렇게 공중에 떠다니는 도덕의 기초라는 보장에 의해서만 자유는 받아들여진다. 그러나 어떤 것이 있지 않고 또 있을 수도 없다는 것이 한 번이라도 명백히 인식되었다면, 그 모든 요청이 무슨 소용이 있겠는가? 거기에서는 오히려 요청이 근거하고 있는 것이 내던져질 것이다. 왜냐하면 "가능하지 않은 것은, 현실적이지도 않다"는 규칙에 따르면 그것은 불가능한 전제이기 때문이다. 그리고 그것은 여기에서 정언 명령을 무산시킬 간접 논증을 따른다 해도 불가능한 전제다. 그러나 여기에서는 간접 논증 대신에 잘못된 학설이 다른 잘못된 학설 위에 세워진다.

　한 쌍의 추상적이고 내용 없는 개념들에서만 이루어지는 도덕의 기초가 불충분하다는 것을 칸트 자신도 의식했음에 틀림없다. 왜냐하면 그가 이미 언급한바, 대체로 그다지 엄격하지 않고 방법적으로 기술한 《실천이성 비판》에서 윤리학의 기초가 점차 그 본성을 변화시켰기 때문이다. 그동안 이룬 명성을 통해 더 대담해진 칸트는 《실천이성 비판》에서 자신의 윤리학의 기초가 단순히 추상적 개념들로 짜낸 직물에 지나지 않는다는 것을 거의 잊고, 그것이 실질적인 것이라고 주장하려는 것 같다. 그래서 예를 들어 "도덕 법칙은 동시에 순수이성의 사실이다"《실천이성 비판》, 81쪽 ; R. 163쪽)[47쪽]라고 쓰고 있다. 이 기이한 표현에서 무엇을 생각해야 하는가? 사실적인 것은 보통 대체로 순수이성으로 인식하는 것과 대립된다.── 마찬가지로 "의지를 직접적으로 규정하는 이성"《실천이성 비판》, 83쪽 ; R. 164쪽)[48쪽]에 대해서도 언급한다.── 여기에서 사람들은 칸트가 모든 인간학적 정초, 즉 의식의 사실로서의 정언 명령에 대한 모든 증명을, 그것이 경험적이 될 것이므로,《도덕 형이상학을 위한 기초 놓기》에서 명백하게 반복적으로 거부했다는 것을 기억할 것이다.── 그러나 이와 같은 부가적 진술을 통해 대담해진 칸트의 후계자들은 그 길에서 훨씬 더 나아간다. 피히테는, "우리는 의무를 갖는다는 의식을 더 자세히 설명하고 의식 밖의 근거들에서 도출하려는 미혹에 빠지지 말아야 한다. 이것은 법칙의 위엄과 절대성을 해치기 때문이다"《덕론의 체계System der Sittenlehre》[27], 49쪽)라고 단도직입적으로 경고한다. 대단한 변명이다!── 또한 그는 "도덕의 원칙은 지성의 절대적 활동에 대한 지적 직관에 근거하는 사유로서, 이 사유는 자신에 대한 순수 지성의 직접적 개념이다"(66쪽)라고 주장한다. 이 같은 허풍선이가 어떤 미사여구로 자신의 당혹함을 숨기는지 보라!── 어떻게 칸트주의자들이 도덕 법칙에 대한 칸트의 본래적 근거와 도출을 점차 잊어버리고 무시했는지 확인하고 싶은 이는,

라인홀트의 《19세기 초 철학의 조망을 위한 기고》(1801년, 제
2호)를 참조하라. 라인홀트는 "칸트 철학에서 자율성(정언 명
령과 동일한)은 직접적 의식을 통해 나타나므로, 의식의 사실
이며 어떤 것으로도 소급되지 않는다"(105쪽, 106쪽)고 주장
한다.── 그렇다면 그것은 인간학적일 것이고, 그래서 경험
적으로 증명될 것이다. 이것은 칸트가 분명하게 반복하여 설
명한 것에 대립하는 것이다.── 그럼에도 불구하고 라인홀
트는 다음과 같이 주장한다. "비판주의의 실천 철학뿐만 아니
라, 총체적이고 순수한 혹은 상위의 선험 철학에서 자율성은
자신을 통해 증명된 것이면서 동시에 증명하는 것이며, 더 이
상 증명할 능력도 없고 그럴 필요도 없으며, 전적으로 근원적
인 것, 스스로 참이고 확실한 것으로서, 원초적 진리, 그중에
서도 특히 최초의 것, 절대적 원칙이다.── 따라서 누군가 이
자율성 밖에서 그것의 근거를 추측하고, 요구하거나 찾는다
면, 그에 대해 칸트 학파는 도덕적 의식이 결여되었거나,[28] 혹
은 틀린 기본 개념들을 바탕으로 한 사변으로 인해 그것을 오
해했다고 믿을 수밖에 없다. 피히테-셸링 학파는, 그가 우둔
함에 사로잡혀 있다고 설명한다. 이 우둔함은 철학적 능력을
없애고, 경건하지 않은 천민과 게으른 짐승, 혹은 셸링이 관대
하게 표현하듯이, 비천한 천민과 야비한 불량배의 특성을 만
든다"(108쪽). 이와 같은 계략을 통해 얻으려는 학설의 진실
성이 어떤 것일지는 누구나 짐작할 것이다. 그래도 우리는 이

학설이 불러일으킨 존경심으로부터, 칸트 추종자들로 하여금 정언 명령을 받아들이고 나아가 그것을 확실한 것으로 취급하게 한, 참으로 어린애 같은 경건함을 설명해야 한다. 왜냐하면 이론적 주장에 대한 논박은 여기에서 도덕적 극악무도함으로 쉽게 바뀔 수 있었기 때문이다. 그래서 누구나, 그 역시 정언 명령에 대해 그 자신의 의식 속에서 그다지 확신하지 못했을지라도, 그것이 다른 이에게는 아마 더 강하게 나타나고 더 명백히 드러날 것이라고 남몰래 믿었으므로, 차라리 떠들지 않고 그대로 두었다. 그 누구도 자신의 양심의 내면을 밖으로 드러내는 것을 흔쾌히 여기지 않기 때문이다.

그래서 칸트학파에서는 실천이성이 정언 명령과 함께 점점 더 초자연적 사실로서, 인간 심성 안에 있는 델포이 신전으로서 나타난다. 그 희미한 성전에서 신탁은, 유감스럽게도 무엇이 일어날 것인지는 아니지만, 그래도 무엇이 일어나야 하는지를 확실하게 선언한다. 실천이성의 직접성은 한번 받아들여진 후에, 혹은 슬쩍 손에 넣어진 후에 유감스럽게도 이론이성에게로 옮겨졌다. 왜냐하면 특히 칸트 자신이, 이 둘은 하나이고 같은 이성이라고 자주 말했기 때문이다(예, 서문 XII쪽 ; R. 8쪽). 실천적인 것과 관련하여 예언자의 자리에서 명령하는 이성이 있다고 한번 인정된 후에는, 그것의 자매에게, 심지어 원래는 공동 실체인 이론이성에게 같은 우월성을 인정하고 이론이성을 실천이성과 마찬가지로 황제 직속의 것으로 설명하는 것은 무척 쉬운 일이었기 때문이다. 이것의 장점은 무궁무진할 뿐만 아니라 명백히 드러나는 것이었다. 이제 모든 사이비 철학자와 몽상가들은 무신론 고발자 야코비 Friedrich Heinrich Jacobi를 우두머리로 하여, 그들에게 돌연히 열린 이 문을 향해 몰려들었다. 그들의 자질구레한 물건들을 장에 내놓거나, 칸트의 학설이 부수려고 위협하는 오래된 유산들 중에서 최소한 가장 아끼는 것만이라도 구하기 위해서였다.―― 개인의 삶에서 유년기의 잘못된 한 걸음이 전 생애를 망치는 경우가 빈번한 것처럼, 완전히 초험적인 신임장을 갖고 최고의 항소 법원과 같이 '근거 없이' 결정하는 실천이성이라는 칸트의 그 유일하게 잘못된 전제는, 엄격하고 냉정한 비판 철학에서 이질적인 학설이 나오는 결과를 초래했다. 그것은 '초감각적'인 것을 단지 희미하게 '예감하는', 그리고 나서 이제 명백히 '인지하는', 심지어 결국 생생히 '지적으로 직관하는' 이성에 대한 학설이다. 이성의 '절대적' 언명, 즉 예언자의 언명과 계시 대신에 이제 몽상가들 누구나 그 환상을 제공할 수 있었다. 이 새로운 특권은 쉽게 사용되었다. 여기에 칸트의 학설 이후에 바로 나타난 철학적 방법의 근원이 놓여 있다. 이것은 신비화, 위풍당당함, 기만, 눈에 모래 뿌리기와 허풍 떨기 등의 방법으로서 후일 철학사는 그 시대를 '불성실의 시대'라는 제목으로 소개할 것이다. 왜냐하면 과거 철학자들의 저서에 있는, 독자와의 공동 연구라는 성실함이 여기에서 사라졌기 때문이다. 이 시대의 사이비 철학자들은 독자를 가르치지 않고 현혹하려 한다. 이것은 모든 곳에서 증명된다. 이 시대의 영웅으로서 피히테와 셸링, 그리고 전혀 영웅답지 않은, 이 재주꾼들보다 훨씬 더 저급한, 교양 없고 우둔한 협잡꾼 헤겔이 눈에 띈다. 온갖 종류의 철학 교수들이 합창을 해댔다. 이들은 진지한 몸짓으로 무한한 것, 절대적인 것과 그들이 절대로 알 수 없는 다른 많은 것들에 대해 그들의 청중이 믿도록 꾸며 말했다.

심지어 보잘것없는 유머도 이성의 예언 신앙으로 가는 한 단계로 쓰인다. 즉 '이성Vernunft'이라는 단어가 '청취Verneh-men'에서 유래하므로, 이성이 곧 앞의 이른바 "초감각적인 것"(공상의 나라)을 듣는 능력임을 말한다는 것이다. 이 생각은 무한한 찬사를 받았고, 독일에서 30년 동안 형언하기 어려울 정도로 충분히 반복되면서, 철학적 학문 체계의 초석이 되었다.── 그것은 말할 나위 없이 '이성'이 '청취'에서 유래하는 것이 밝혀졌기 때문이다. 그러나 그것은 오직 이성이 인간에게 단지 듣는 것이 아니라, 들어서 아는, 짐승에 대한 우월성을 부여하기 때문이다. 그럼에도 그것은 공상의 나라에서 일어나는 것이 아니라, 한 이성적 인간이 다른 이성적 인간에게 말하는 것이다. 이것은 다른 이에 의해 인지되며, 이 능력이 이성이라 불린다. 그래서 모든 민족, 모든 시대, 모든 언어는 이성의 개념을, 즉 일반적·추상적 표상, 낱말들을 통해 표시되고 기록되는 개념이라 불리는 비직관적 표상의 능력으로 파악했다. 인간은 오직 이 능력에 한해서 동물보다 실제로 우월하다. 왜냐하면 이 추상적 표상, 개념, 즉 많은 개별자의 총괄 개념이 언어를 야기하고, 그것을 통해 본래적인 사유가 발생하며, 그것을 통해 의식이, 짐승들도 갖는 현재에 대한 의식만이 아니라 과거와 미래에 대한 의식이 일어나고, 그리고 이를 통해서 다시 그 명백한 기억, 사려 깊음, 준비, 의도, 조직적 협력, 국가, 직업, 예술, 학문, 종교와 철학, 간단히 말해 인간의 삶을 동물의 삶과 현저히 구분해주는 모든 것이 야기되기 때문이다. 동물에게는 단순히 직관적 표상과 직관적 동기가 있을 뿐이다. 따라서 그의 의지 작용이 동기에 의존한다는 것은 명백하다. 인간의 경우에도 이 의존성은 적잖이 일어난다. 그리고 그도 (그의 개인적 성격에 따라) 엄격한 필연성을 갖는 동기에 의해 움직인다. 다만 이 동기는 대부분 직관적이 아닌 추상적 표상이다. 즉 그것은 과거의 직관, 외부에서 오는 영향들의 결과인 개념들과 생각들이다. 이것이 동물에 비해 상대적 자유를 준다. 왜냐하면 인간을 규정하는 것은 동물과 같이 직관적·현재적 환경이 아니라, 이전의 경험으로부터 추상되거나 가르침을 통해 전수된 생각들이기 때문이다. 따라서 그를 움직이는 필연적인 동기는 관찰자에게 행위와 더불어 동시에 보이지 않는다. 인간은 행위의 동기를 머릿속에 간직한다. 이 동기는 인간의 행위와 활동 전체에만이 아니라, 이미 모든 움직임에 동물의 그것과 현저히 다른 특성을 부여한다. 그것은 미세한, 마치 보이지 않는 실과 같은 것에 의해 유도된다. 따라서 인간의 모든 행위는 계획과 의도라는 특징을 갖는다. 이 특징은 인간의 행위에 독립적인 모습을 부여한다. 이것이 인간의 행위를 동물의 행위와 명백히 구분해준다. 이 큰 차이들은 모두 전적으로 추상적 표상, 즉 개념의 능력에 의존한다. 따라서 이 능력은 이성의 본질이다. 다시 말해 이성이라 불리는, 인간을 표시하는 능력의 본질이다.── 그러나 누가 나에게 그것이 오성Verstand과는 어떻게 다른지 묻는다면, 오성은 동물들도 갖고 있는 인식 능력으로서, 동물과 우리의 오성은 정도가 다를 뿐이라고 답할 것이다. 우리는 가장 뛰어난 오성을 갖고 있다. 그것은 직접적이고 모든 경험에 앞서는 인과율에 대한 의식이다. 그것은 스스로 오성의 형식을 만드는 것이고, 그것에서 오성의 모든 본질이 성립한다. 외부 세계에 대한 직관은 무엇보다 먼저 인과율에 대한 의식에 의존한다. 왜냐하면 감각 기관은 그 자체만으로는 감각의 능력을 가질 뿐이어서, 아직 직관이 아니라 직관의 첫 재료이기 때문이다. "오성만이 보고 들을 수 있다. 다른 모든 것은 귀먹고 눈멀었다"(플루타르코스Plutarchos, De sollertia animi, 제3장, 961A쪽). 직관은 우리가 감각 기관의 감각을 그것의 원인에 직접적으로 관련시킴으로써 성립한다. 이 원인은 지성의 바로 이 행위를 통해 외적 객관으로서 우리의 직관 형식인 공간에 나타난다. 이는 그야말로 인과율이 우리에게 선천적으로 의식되고 경험에서 유래하지 않는다는 것을 증명한다. 경험이 직관을 전제하므로, 경험 자체가 인과율을 통해 비로소 가능해지기 때문이다. 인과 관계에 대한 전적으로 직접적인 이와 같은 이해의 완전성에서 오성의 모든 우월성, 즉 현명함, 총명함, 통찰력, 명민함이 성립한다. 왜냐하면 인과 관계에 대한 이해는 사물들의 관련성에 대한 모든 지식의 기초에 가장 넓은 의미로 놓여 있기 때문이다. 그 이해의 예리함과 정확함이 어떤 이를 다른 이보다 더 이해력 있고 현명하고 영리하게 만든다. 반면에 모든 시대에 있어서 사람들은 직관적 인상보다 사유와 개념에 이끌리고, 따라서 언제나 신중하고 일관적이고 사려 깊게 일에 착수하는 이를 이성적이라고 여겼다. 이와 같은 행위를 일반적으로 이성적 행위라고 부른다. 그러나 이것은 결코 정의나 인간애를 함축하지 않는다. 오히려 누구든 가장 이성적으로, 즉 신중하고, 사려 깊고, 논리 정연하고, 계획적이고, 조직적으로 일에 착수할 수 있지만, 동시에 이기적이고, 부당한, 심지어 극악무도한 준칙을 따를 수 있다. 따라서 칸트 이전에는 누구도 정의롭고 덕 있는 고귀한 행위를 이성적 행위와 동일시하려 하지 않았다. 오히려 사람들은 이 둘을 완전히 구분하고 다른 것으로 여겼다. 전자는 동기 부여의 방식에 근거하고, 후자는 근본 원칙의 차이에 근거한다. 칸트에게서만, 덕이 순수이성에서 나와야 하므로——우발적으로 발생한 것이 아니라 모든 이에게 공통되고 일치하는 인식의 결과인 모든 민족의 언어 사용에도 불구하고, 덕이 있음과 이성적임이 하나요, 같은 것이다. '이성적'과 '방탕한'이라는 말은 무척 잘 어울린다. 심지어 이 둘이 결합할 때 비로소 철저한 큰 범죄가 가능하다. 마찬가지로 '비이성적'과 '너그러운'이라는 말도 무척 잘 공존한다. 그것은, 예를 들어 내가 내일 훨씬 더 급하게 필요로 할 것을 오늘 가난한 사람에게 줄 때, 내가 마음을 빼앗겨 신자들이 기다리고 있는 돈을 곤궁한 이에게 모두 선사할 때와 같은 많은 경우들에서 그렇다.

그러나 언급했듯이, 이성을 모든 덕의 원천으로 고양시키는 것은, 실천이성으로서의 이성이 무조건적 명령을 순수하게 선천적으로, 즉 신탁과 같이 자발적으로 준다는 주장에 근거한다. 또한 그것은, 이론이성이 본질적으로 이른바 세 이념으로 구성된 **무조건자**(그것의 *불가능성을 오성도 선천적으로 인식하는*)를 향한 능력이라는, 《순수이성 비판》에 제시된 이론이성에 대한 잘못된 설명과 결합된다. 그래서 그것은 "자기의 잘못을 모방하게 하는 본보기exemplar vitiis imitabile" (호라티우스, 《서간집*Epistulae*》, I, 19, 17쪽)로서 야코비를 위시한 어리석은 철학자들을 '초감각적인 것'을 직접 듣는 이성으로 인도하여, 그들로 하여금 이성이 본질적으로 모든 경험을 넘어서는 사물들에 관한, 따라서 형이상학에 관한 능력으로서, 모든 사물과 모든 현존재의 최종 근거, 초감각적인 것, 절대자, 신성 등등과 같은 것을 직접적이고 직관적으로 인식한다고 허무맹랑한 주장을 하게 했다.── 만약 사람들이 자신의 이성을 우상화하는 대신 사용하려 했다면, 그 같은 주장들은 다음의 간단한 생각에 의해 이미 오래전에 반박당했을 것이 틀림없다. 즉 만약 인간이, 그의 이성이 찾아내는 세계의 수수께끼를 그 자신의 감각 기관의 힘으로 풀기 위해, 단지 전개만을 필요로 하는 선천적인 형이상학을 갖고 있다면, 그렇다면 형이상학의 대상들에 대해서도 산술학과 기하학의 진리성에 대해서 그렇듯이 마찬가지로 완벽한 일치가 인간들 사이에 지배적이어야 할 것인데, 그렇다면 지구상에 근본적으로 다른 수많은 종교들과 그보다 더 많은 철학 체계들이 성립하는 것은 불가능할 것이다.── 오히려 누구나, 그가 종교적으로나 철학적으로 다른 이들과 견해가 다르다면, 옳지 않은 것으로 여겨져야 할 것이다.── 마찬가지로 틀림없이 다음과 같은 간단한 생각이 솟구칠 것이다. 즉 우리가 전쟁이나 건축, 혹은 다른 용도를 위해 의도적으로 도구를 만들어낸 어떤 원숭이족을 발견했다면, 우리는 즉시 그들의 이성을 인정해야 할 것이다. 또한 실제로 있었듯이, 형이상학도 종교도 갖지 않는 원시 종족을 발견한다고 해서 그들에게서 이성을 박탈할 생각을 하지는 않을 것이다. 이른바 초감각적 인식을 증명하는 이성을 칸트는 비판을 통해 그들의 울타리 안으로 돌려보냈다. 그러나 초감각적인 것을 직접 듣는 야코비의 이성을 칸트는 비평할 가치도 없다고 간주했음에 틀림없다. 그래서 그 같은 황제 직속의 이성은 언제나 대학에, 무고한 청년들에게 떠맡겨진다.

주해

우리가 실천이성이라는 가정의 근거에 완전히 접근하려면, 그것의 계보를 더 위로 추적해나가야 한다. 그렇게 하면 우리는, 칸트 자신이 철저히 반박했던 학설에서 그 가정이 유래함을 발견하게 된다. 그러나 이 학설은 여기에서 실천이성과 그것의 명령, 그리고 자율성에 대한 칸트의 가정에 은밀하게, 심지어 그 자신도 모르게 과거의 사고방식에 대한 회상으로 놓여 있다. 그것은 이성심리학이다. 이에 따르면 인간은 두 개의 전혀 다른 실체, 즉 물질적 육체와 비물질적 영혼으로 이루어져 있다. 플라톤이 처음으로 이 독단을 정식으로 제시했고, 객관적 진리로 증명하려 했다. 데카르트는 여기에 가장 엄밀한 상술과 학문적 엄격함을 부여함으로써, 그것을 최고의 완성으로 이끌어 정점에 올려놓았다. 그러나 바로 그것을 통해 그 독단의 오류가 드러났고, 그 오류를 스피노자, 로크, 칸트가 계승했다. 스피노자(그의 철학은 주로 스승의 이중적 이원론을 논박하는 것에서 성립한다)의 오류는 데카르트의 두 실체에 솔직하고 명백히 반대하면서도, 그 두 실체를 핵심 명제로 삼은 것이다. "*사유하는 실체와 연장을 가진 실체는 때로는 이 속성으로, 때로는 저 속성으로 이해되는, 하나이고 동일한 실체다*"(《에티카*Ethica*》 제2부 정의 2). 로크의 오류는 본유 관념을 비판하고 모든 인식을 감각적 인식에서 도출하면서, 물질의 사유가 불가능하지 않다고 가르친 데 있다. 칸트의 오류는 초판에 나와 있는 것처럼, 이성심리학에 대한 비판에 있다. 반면에 라이프니츠와 볼프는 잘못된 편을 들었다. 이것이 라이프니츠에게 그와는 이질적인 위대한 플라톤과 비교되는 부당한 영예를 주었다. 여기서 이 모든 것을 상세히 열거하는 것은 적합하지 않다. 이 이성심리학에 따르면, 영혼은 근원적이고 본질적으로 인식하는, 그리고 그것 때문에 비로소 또한 의지하는 존재다. 영혼이 자신의 근본 활동에서 순수하게 육체와 섞이지 않는지, 혹은 육체와 결합하여 작업하는지 여부에 따라, 영혼은 상위나 하위의 인식 능력을 지니고, 마찬가지로 그 같은 의지 능력을 지닌다. 상위의 능력에서 비물질적 영혼은 육체와의 공동 작업 없이 완전히 혼자서 활동한다. 거기서 그 영혼은 순수 인식이고, 순수하게 그것에만 속한 것, 따라서 감각 표상이 아닌 순수하게 정신적인 표상과 바로 그와 같은 의지 작용에 관련된다. 이것들은 모두 육체에서 유래하는 어떤 감각적인 것도 갖고 있지 않다.[29] 거기서 영혼은 이제 오직 순수한 추상 개념, 보편 개념, 본유 개념, 영원한 진리 따위만 인식한다. 그리고 그에 상응하여 그것의 의지도 오직 그런 순수한 정신적 표상들의 영향만 받는다. 반면에 하위의 인식과 의지 능력은 육체와 그 감각 기관들과 공동으로 작업하고 긴밀히 결합하는 영혼의 작품으로서, 이로 인해 그 순수한 정신적 작용에 있어서 손상된 영혼의 작품이다. 하위의 인식에는 불명확하고 혼란한 모든 직관적 인식이 속하고, 그에 반해 추상 개념에서 성립하는 추상적 인식은 명백한 것이다. 감각적으로 제한받는 인식에 의해 규정된 의지는 가장 하위의 것이고, 대부분 좋지 않은 것이다. 왜냐하면 그것은 감각의 자극에 의해 유도되는 의지이기 때문이다. 반면에 앞의 다른 것은 순수이성에서 도출되고 비물질적 영혼에만 속하는 순수한 의지다. 이 학설은 데카르트주의자 루이 드 라 포르주Louis de la Forge의 《인간 정신론Tractatus de mente humana》(1666)에서 가장 분명히 설명된다. 그 책 23장에는 다음과 같이 씌어 있다. "그것은 단지 하나의 동일한 의지다. 한편으로 그것은, 감각지각의 결과로 일어나는 판단에 의해 자극받았을 때 감각적 욕구라 불리고, 다른 한편 정신이 그의 경향성의 원인인 감각의 혼란한 표상에 의존하지 않고 그 자신의 이념들과 관련하여 판단을 형성할 때 이성적 욕구라 불린다……의지의 이 다른 두 경향성을 다른 두 욕구 능력으로 간주하는 근거는, 한 욕구 능력이 매우 빈번히 다른 욕구 능력과 대립하는 상황이었다. 왜냐하면 정신이 자기 판단에 근거하여 세우는 의도들이 육체적 상황에서 정신으로 불어넣어진 생각과 항상 일치하는 것은 아니기 때문이다. 정신은, 그의 이성이 그로 하여금 어떤 것을 의지하도록 규정하려는 동안, 자주 육체적 상황에 의해 다른 어떤 것을 의지하도록 결정된다."── 이 같은 생각에 대해 어렴풋이 의식된 회상으로부터 마침내 의지의 자율성에 대한 칸트의 학설이 나온다. 이 의지는 순수 실천이성의 음성으로서 모든 이성 존재에게 법칙을 주고, 형식적 규정 근거들만을 아는 것이다. 반면에 물질적 규정 근거들은 앞의 상위 능력에 대립하는 하위의 욕구 능력만을 규정한다.

아울러 데카르트가 비로소 완전히 체계적으로 서술한 견해는 이미 아리스토텔레스에게서 찾을 수 있다. 아리스토텔레스는 그것을 《영혼론》 제1권 1장에서 충분히 명백하게 제시했다. 그것은 이미 플라톤의 《파이드로스》에서 준비되고 암시되었다.── 반면에 데카르트의 체계화와 정리의 결과로 그것은 100년 후 완전히 대담해졌고, 정점에 올랐으며, 바로 그 때문에 우리를 실망시킨다. 우리는 무라토리[30]의 《인간의 상상력에 관하여》[31] 1장에서 4장까지를 통해 당시에 타당하게 받아들여진 견해들의 요약을 볼 수 있다. 그에 따르면, 감각의 자료에 근거하여 외부 세계에 대한 모든 직관을 만들어 내는 상상력은 순수하게 물질적이고 육체적인 뇌신경 기관

(하위의 인식 능력)이고, 비물질적 영혼으로 남는 것은 사유, 반성, 결단뿐이다.── 그러나 이로써 이 문제는 명백하게 의심스러워질 것이고, 누구나 이것을 느껴야 할 것이다. 왜냐하면 물질에게 세계에 대한 직관적 파악 능력이, 따라서 복잡한 이해 능력이 있다면, 왜 그것에 이 직관의 추상 외의 다른 모든 능력은 없는 것인지 이해할 수 없기 때문이다. 추상화는 분명히 매번의 목적에 필요하지 않은 규정들, 따라서 개별적이고 특수한 차이를 제외하는 것에 지나지 않는다. 그것은 예를 들어, 내가 양, 소, 사슴, 낙타 등등에게서 고유한 것을 제외하고, '반추하는 것'이라는 개념에 도달하는 것이다. 이 과정에서 표상들이 직관과 분리된다. 그리고 표상이 추상적·비직관적 표상 및 개념으로서 의식에 고정되어 사용될 수 있으려면 낱말이 필요하다.── 그러나 그럼에도 불구하고 우리는, 칸트가 그의 실천이성을 그 명령과 함께 제시하는 데 아직도 이전 학설의 영향을 받고 있음을 본다.

7. 칸트 윤리학의 최고 원리에 대해

앞의 절에서 칸트 윤리학의 본래적인 기초를 검토했으니, 이제 나는 이 기초에 근거하면서, 그것과 완전히 결합되어 얽혀 있는 최고의 도덕 원리로 가겠다. 우리는 그것이 다음과 같다는 것을 기억한다. "너의 준칙이 보편적 법칙으로서 모든 이성적 존재에게 타당하도록 네가 동시에 원할 수 있는, 그런 준칙에 따라서만 행위하라."──만약 이 원리가 행함과 행하지 않음을 위해 어떤 법칙을 구하는 이에게 결정을 내리도록 하는 하나의 기이한 방식이라면, 그는 먼저 가능한 모든 이성 존재의 행함과 행하지 않음을 위해 공통된 것을 찾아야 할 것이다. 그러나 우리는 이것을 문제 삼지 말고, 칸트가 제시한 기본 규칙이 분명히 아직 도덕 원칙 자체가 아니라 그것에 대한 발견적 규칙, 즉 그것을 어디에서 찾을 것인가라는 지시, 따라서 아직 현금現金은 아니지만 확실한 지시라는 사실을 문제 삼기로 하자. 그렇다면 이것을 현실화하는 것은 도대체 무엇인가? 단도직입적으로 진실을 말하자면, 여기에서 전혀 예기치 않았던 결정 요인은── 다름 아닌 이기주의다. 이것을 나는 명백히 제시할 것이다.

그러니까 모든 이가 그에 따라 행하기를 내가 원할 수 있는 준칙 자체는 우선 현실적 도덕 원칙일 것이다. 나의 원할 수 있음Wollen-Können은, 주어진 지침이 그 주위를 선회하는 낚싯바늘이다. 그러나 나는 도대체 무엇을 원하고 원하지 않을 수 있나? 내가 언급된 관점에서 무엇을 원할 수 있는지가 결정되기 위해서는 분명히 새로운 규정이 필요하다. 여기에서 나는 봉인된 명령과 다름없이 주어진 지침으로 가는 열쇠를 처음으로 가질 것이다. 그러면 이 규정은 어디에서 찾을 것인가?── 그것은 나의 이기주의 이외의 다른 곳에서 찾을 수 없다. 이기주의는 모든 의지 작용을 위해 언제나 준비돼 있고 근원적이며 살아 있는, 가장 가까이 있는 규범이다. 이 규범은 적어도 *선점의 법jus primi occupantis*에 있어서 어떤 도덕 원칙보다 우월하다.── 본래적 도덕 원칙을 발견하기 위한 칸트의 최고 규칙에 함축된 명령은 말하자면 내가 나에게 가장 유리한 것만을 원할 수 있다는 암묵적 전제에 근거한다. 이제 나는 보편적으로 따를 준칙을 결정함에 있어서 나를 언제나 능동적인 입장에서만이 아니라, 경우에 따라서는 수동적인 입장에서도 고찰해야 한다. 이 관점을 바탕으로 나의 이기주의는 정의와 인간애를 선택한다. 정의와 인간애를 행하기 위해서가 아니라, 그것을 받고 싶기 때문이다. 이는 자선에 관한 설교를 듣고 나서 수전노가 외치는 것과 같은 의미를 갖는다.

얼마나 고결하고 얼마나 아름다운가!──
나도 구걸하고 싶을 정도로.

칸트의 최고 도덕 원리가 성립하는 장소인 명령을 위해 불가피한 이 열쇠를 칸트 자신도 첨가하지 않을 수 없다. 그러나 그는 이 열쇠를 원리를 설립하는 데 곧바로 첨가하지 않았다. 그렇게 했더라면 그것은 문제를 일으켰을 것이다. 그는 오히려 적당한 거리를 두고 텍스트를 더 깊이 있게 다룬다. 그래서 그는, 숭고한 선천적 법칙 제정에도 불구하고 여기에서 원래는 이기주의가 판사의 자리에 앉아 결정한다는 것이 눈에 띄지 않도록 한다. 그래서 그 판사는 경우에 따라 있을 수동적 측면의 관점에 따라 결정한 후에, 이 결정이 능동적 측면에 적용되도록 작성하는 것이다. 따라서 칸트는 19쪽 ; R. 24쪽[403쪽]에서 "내가 거짓말하는 것을 보편적 법칙으로 원할 수 없는 것은, 내가 그런 법칙에 따른다면 사람들이 더 이상 나를 믿지 않거나, 나에게 똑같이 보복할 것이기 때문이다"라고 말한다.——55쪽 ; R. 49쪽[422쪽]에서는 "누구나 지킬 생각도 없으면서 마음 내키는 대로 약속할 수 있다는 것이 보편적 법칙이 된다면 누구도 그것을 믿지 않게 될 것이므로, 약속도, 약속을 통해 이루려는 목적 자체도 불가능해질 것이다"라고 말한다.——56쪽 ; R. 50쪽에서는 불친절함의 준칙과 관련하여 "이것을 결심한 의지는 자기 자신과 모순될 것이다. 그가 다른 이의 사랑과 관여를 필요로 하면서도, 그 자신의 의지에서 나오는 그 같은 자연법칙 때문에 자신이 바라는 도움에 대한 모든 희망을 빼앗기는 경우가 발생할 수 있기 때문이다"라고 쓰고 있다.——마찬가지로《실천이성 비판》에서도 그는 "만약 누구나 타인의 곤궁을 완전히 냉담하게 바라본다면, 너도 그 같은 사물의 질서에 속해 있다면, 어떻게 네가 그 질서 안에서 너의 의지와 합치할 수 있을 것인가?"(제1부, 제1권, 2장, 123쪽 ; R. 192쪽)[69쪽]라고 묻는다.── "우리 자신에 대립하여 말하는 것을, 우리는 얼마나 경솔하게 승인하는가!"── 이것이 그 답변일 것이다. 이 인용들이 칸트의 도덕 원칙에서 "원할 수 있는"을 어떻게 이해해야 하는지를 충분히 설명한다. 그러나 칸트의 도덕 원칙의 이 참된 연관은《덕론의 형이상학적 기초》30절[453쪽]에 가장 명백하게 표현되어 있다. "왜냐하면 누구나 도움을 받고 싶어하기 때문이다. 그러나 그가 타인을 돕지 않으려는 그의 준칙을 요란하게 알린다면, 누구라도 그를 돕지 않을 자격이 있을 것이다. 따라서 이기적 준칙은 자기 모순적이 된다." 자격이 있다Befugt sein는 것은 자격이 있음을 말한다! 따라서 여기에서 할 수 있는 한 명백히 말해진 것은, 도덕적 의무가 전제된 상호 관계에 완전히 근거한다는 것이다. 따라서 그것은 바로 이기주의적이고, 이기주의에 의해 설명된다. 이기주의는 상호 관계라는 조건 아래에서 영리하게 타협할 줄 알기 때문이다. 이것은 국가 동맹의 원칙을 세우기 위해 쓰일 테지만, 도덕을 위한 것은 아니다. 따라서《도덕 형이상학을 위한 기초 놓기》에서 "언제나 법칙으로서의 보편성을 동시에 원할 수 있는 그 원칙이── 의지가 결코 자신과 모순되지 않을 수 있는 유일한 조건이다"(81쪽 ; R. 67쪽)[437쪽]라고 말한다면,── 그렇다면 '모순'이라는 낱말의 참된 설명은, 어떤 의지가 부당함과 불친절함을 인정했는데, 그가 후에 우연히 고통받는 쪽이 된다면, 그것을 철회함으로써 자신과 모순될 것이라는 뜻이다.

이 설명을 통해 완전히 명백해지는 것은, 앞에 나온 칸트의 기본 규칙이, 그가 끊임없이 주장하는 것과 달리 정언적이지 않고, 실제로는 가언적 명령이라는 것이다. 왜냐하면 그 명령의 근거에는 내 행위를 결정하기 위한 법칙이, 내가 그것을 보편적인 것으로 고양시킴으로써, 나의 고통을 방지하기 위한 법칙도 된다는 조건이 암암리에 놓여 있기 때문이다. 그래서 나는 혹시라도 수동적 입장이 되는 조건에서 당연히 부당함과 불친절함을 원할 수 없다는 것이다. 그러나 내가 이 조건을 지양하고 나 자신을, 아마도 나의 우월한 정신적·신체적 능력에 대한 신뢰를 바탕으로 항상 능동적 입장에서만 생각하고 결코 수동적 입장에서 생각하지 않는다면, 그리고 도덕의 기초는 칸트의 도덕 기초 외엔 아무것도 없다고 가정한다면, 나는 기꺼이 부당함과 불친절함을 보편적 준칙으로 원하고, 그에 따라 세상을 통제할 수 있다.

이 간단한 계획에 따라,
할 수 있는 이가 권력을 갖고
할 수 있는 이가 그것을 유지해야 한다
(워즈워스, 〈로버트 로이의 무덤Robert Roy's Grave〉)

따라서 칸트의 최고 도덕 원리에서 앞에서 본 실질적 증명의 결핍이라는 결함에, 칸트가 명백히 주장한 것과 반대로, 그 원리의 숨은 가언적 성질이 덧붙여진다. 이 가언적 성질에 의해 그 원리는 순전히 이기주의에 근거한다. 이것은 그 원리에 주어져 있는 명령에 대한 비밀스러운 해설자다. 나아가 이기주의는 단순히 형식적으로 고찰되었을 때, 말하자면 이것을 '않는*non*'과 '마라*ne*' 없이 반복하여, 법 의무만을 포함하고 사랑의 의무는 포함하지 않는다는 결점을 제거한다면, *"남이 네게 행하는 것을 원하지 않는다면, 너도 그것을 남에게 행하지 마라"*라는 널리 알려진 규칙의 변형으로서 그것의 비유적이고 완곡한 표현에 지나지 않게 된다. 왜냐하면 이것은 명백히 (내게 혹시 있을지 모를 수동적 역할, 따라서 나의 이기주의를 고려하여 이해할 때) 모든 이가 그에 따라 행위할 것을 내가 유일하게 원할 수 있는 준칙이기 때문이다. 이 규칙은 그러나 그 자체로서 다시 내가 제시한, *"누구도 해치지 마라. 오히려 네가 할 수 있는 한, 모든 이를 도와라!"*라는 명제의 변형이거나 전제일 뿐이다. 이 명제는 모든 도덕 체계에서 만장일치로 요구되는 행위 방식에 대한 가장 간단하고 순수한 표현이다. 이 명제는 모든 도덕의 참된 순수한 내용이고, 그것으로서 머문다. 그러나 이 명제는 어디에 근거하는가? 이 명령에 힘을 부여하는 것은 무엇인가? 이것은 오래된 어려운 문제로서 오늘날에도 우리에게 다시 제기된다. 왜냐하면 다른 측면에서 이기주의는 *"누구도 돕지 마라. 너에게 도움이 된다면, 오히려 모든 이를 해쳐라!"*라고 큰 소리로 외치기 때문이다. 심지어 악의는 *"오히려 네가 할 수 있는 한, 모든 이를 해쳐라!"*라고 변형시킨다. 이 이기주의와 악의에 있어서 그 것에서 자라나 심지어 그것보다 우월한 싸움을 거는 것—— 이것이 모든 윤리학의 문제다. *"여기에 로도스가 있다. 여기 에서 뛰어라!"*[32]

칸트는 (57쪽 ; R. 60쪽[424쪽]에서) 자신이 제시한 도덕 원 칙을 여전히 증명하려고 한다. 이것을 위해 그는 의무를 법 의무(완전한, 피할 수 없는, 보다 폭 좁은 의무라고도 불리는)와 덕 의무(불완전한, 보다 폭 넓은, 칭찬할 만한 의무, 가장 좋게는 사 랑의 의무라고도 불리는)로 구분하는 것을 그의 도덕 원칙에서 도출하려고 시도한다. 이 구분은 오래전에 인식되어 도덕성 의 본질 안에 근거하고 있다. 다만 그의 시도는 지나치게 인 위적이고 부적절해 보여서, 제시된 최고 원리에 강력히 대립 적인 증거가 된다. 왜냐하면 법 의무는 그 반대 준칙이 보편 적 자연법칙으로 받아들여진다면 한 번이라도 모순 없이 생 각될 수 없을 그런 준칙에서 유래하고, 덕 의무는 그것의 반 대를 보편적 자연법칙으로 생각할 수 있으나 원할 수는 없는 준칙에서 유래한다고 칸트는 주장하기 때문이다. 이제 내가 독자에게 숙고하기를 청하는 것은, 불의의 준칙과 법 대신에 폭력의 지배가, 말하자면 자연법칙으로 생각할 수조차 없다는 지배가 실제적이고 사실적으로 자연에서 지배적인 법칙이라는 것이다. 불의의 준칙은 동물 세계에서뿐만 아니라 인간 세계에서도 지배적이며, 문명 국가에서는 국가 질서를 통해 그 해로운 결과들을 예방하려고 시도했다. 그러나 그 국가 질서가 어디에 있는 것이고 어떤 것이든지, 그 질서가 지양되거나 파괴되는 즉시, 앞의 자연법칙이 바로 다시 나타난다. 이 법칙은 영구히 민족들 사이에서 지배적이다. 이들 사이에서 통용되는 정의라는 은어는 주지하듯이 고문서학의 관용어일 뿐, 모든 것을 결정하는 것은 잔혹한 폭력이다. 반면에 참된, 즉 강제되지 않은 정의도 분명히 있지만, 언제나 앞에서의 자연법칙에 예외적으로만 나타난다. 더욱이 칸트는 그가 앞의 구분에 앞서 미리 든 예에서 법 의무를 제일 먼저 증명한다. 이것을 그는 고통이 편안함을 능가하더라도 삶을 마음대로 끝내지 않는, 이른바 자신에 대한 의무를 통해 증명한다(53쪽 ; R. 48쪽)[421쪽]. 따라서 이 불의의 준칙은 보편적 자연법칙으로서 생각할 수조차 없는 것이어야 한다. 그러나 나는, 국가 권력이 여기서 매개로 등장할 수 없으므로, 바로 그 준칙은 방해받지 않고 현실적으로 성립하는 자연법칙으로 증명된다고 주장한다. 왜냐하면 삶을 보존하려는 선천적인 거대한 본능이 고통의 크기에 명백히 압도되는 즉시 인간이 실제로 자살한다는 것은 전적으로 확실한 일반적 규칙이기 때문이다. 일상의 경험이 이를 보여준다. 그러나 살아 있는 것의 본성과 밀접히 결합된 죽음에 대한 강력한 공포가 여기에서 무능하다는 것이 증명된 후에, 인간이 자살하는 것을 막을 수 있는 어떤 생각이 있다는 것, 말하자면 죽음에 대한 이 강력한 공포보다 훨씬 더 강력한 생각이 있다는 것——은 무모한 전제다. 이 생각을 찾아내는 것이 어려워, 도덕가들이 아직도 그것을 확실히 제시할 줄 모른다는 것을 볼 때 그것은 더욱 무모하다. 적어도 칸트가 여기에서(53쪽 ; R. 48/ 67쪽, 57쪽[429쪽]) 자살에 반대하여 제시한 방법론은, 삶에 지친 이를 단 한 순간이라도 만류한 적이 아직 없다는 것은 분명하다. 따라서 논쟁의 여지 없이 사실적으로 성립하고 일상적으로 작용하는 자연법칙 위에서 칸트의 도덕 원칙에 근거하는 의무 구분은 모순 없이는 생각할 수조차 없는 것으로 밝혀진다!——나는, 다음에 제시될 도덕의 근거를 위해 여기에서 미리 일견을 던지는 데서 오는 만족이 없지 않다는 것을 고백한다. 나의 근거로부터 법 의무와 사랑의 의무에 대한 구분이, 더 올바르게는 정의와 인간애에 대한 구분이 사물의 본성에서 유래하는 분리의 원칙을 통해 매우 자연스럽게 도출된다. 이 분리의 원칙은 완전히 저절로 예리한 경계선을 긋는다. 그래서 도덕에 대한 나의 근거는 사실상 자살에 대한 만류를 제시할 것이다. 이 만류를 위해 칸트는 전혀 근거 없는 주장을 한다.

8. 칸트 윤리학의 최고 원리에서 파생된 형식들에 대해

알다시피 칸트는 그의 윤리학의 최고 원리를 제2의 전혀 다른 표현으로 제시했다. 그것은 처음의 표현과 같이 그 원리를 어떻게 찾을 것인가라는 간접적인 지침으로 제시되지 않고, 직접적으로 표현된다. 이 원리로 가는 길을 그는 목적과 수단 개념에 관한 아주 기이하게 뒤틀린, 심지어 기괴한 정의를 통해(63쪽 ; R. 55쪽) 지시한다. 훨씬 더 간단하고 올바른 정의는 다음과 같다. 목적은 의지 작용의 직접적 동기이고, 수단은 간접적 동기다(*단순한 것은 참된 것의 표시다*). 그러나 그 원리는 괴상한 정의를 통해 "인간, 그리고 모든 이성적 존재는 목적 자체로서 존재한다"라는 명제에 숨어든다.── 그러나 나는, "목적 자체로서 존재한다"는 것이 말도 되지 않는 형용 모순이라고 솔직히 말할 수밖에 없다. 목적이라는 것은 의도된다는 것을 의미한다. 모든 목적은 오직 어떤 의지와의 관련성에서만 성립한다. 즉 그것은 의지의 직접적 동기다. 오직 이 관련성에서만 목적 개념은 의미를 갖고, 이 관련성에서 떨어져 나오는 즉시 의미를 잃는다. 그러므로 목적에 있어서 본질적인 이 관련성은 모든 "그것 자체"를 배제한다. "목적 자체"는 바로 "친구 자체,── 적 자체,── 숙부 자체,── 북쪽 혹은 동쪽 자체,── 위 혹은 아래 자체" 등등과 같다. 기본적으로 '목적 자체'는 '절대적 당위'와 같은 상황에 있다. 이 둘에는 모두 은밀히, 심지어 무의식적으로 같은 생각이 전제되어 있다. 그것은 신학적 생각이다.── 그 같은 이른바 생각될 수 없는 목적 자체에 부가되어야 하는 '절대적 가치'도 마찬가지다. 왜냐하면 나는 이것에도 여지없이 형용 모순이라는 낙인을 찍어야 하기 때문이다. 모든 가치는 비교량比較量이다. 심지어 그것은 반드시 이중 관계에 놓여 있다. 우선 그것은 누군가를 위한 것이므로 상관적이고, 또 그것이 그에 따라 평가되는 어떤 다른 것과 비교되므로 비교적이다. 이 두 관련성에서 벗어난다면, 가치 개념은 모든 의미를 상실한다. 이것은 더 이상의 논쟁이 필요 없을 정도로 명백하다.── 그런데 앞의 두 정의가 논리학을 모욕하는 것처럼, 이성 없는 존재(동물들)는 사물이고, 따라서 동시에 목적이 아닌 단순한 수단으로 취급되어도 된다는 명제(65쪽 ; R. 56쪽)[428쪽]는 참된 윤리학을 모욕한다. 이것과 일치하는 것은,《덕론의 형이상학적 기초》16절에 나오는 "인간은 인간 이외의 다른 어떤 존재에 대해서 어떤 의무도 가질 수 없다"는 언급이다. 17절에는 "동물을 잔혹하게 취급하는 것은 인간의 자신에 대한 의무에 대립한다. 왜냐하면 그것은 인간 안에 있는 고통에 대한 동정심을 둔화시키기 때문이다. 이를 통해서 타인과의 관계에서 도덕성에 무척 쓸모 있는 자연적 성향이 약해질 것이다"라고 되어 있다.── 따라서 단지 연습을 위해서만 인간은 동물에게 동정심을 가져야 하고, 그것은 마치 인간에 대한 동정심을 연습하기 위한 병리학적 환상과도 같다. 나는 비이슬람적(즉 비유대적) 아시아 전체에서 그와 같은 명제가 불쾌하고 혐오스러운 것임을 발견한다. 동시에 위에서 설명했듯이, 변장한 신학적 도덕인 이 철학적 도덕이 얼마나 전적으로 성서 도덕에 의존하는지가 여기에서 다시 한번 보인다. 왜냐하면 (이에 대해 나중에 언급하겠지만) 기독교 윤리가 동물을 고려하지 않으므로, 이들은 즉시 철학적 도덕에서도 추방되어, 단순한 '사물', 즉 어떤 목적을 위한 단순한 수단에 불과한 것이 된다. 그들은 생체 해부, 사냥, 투우, 경마에 쓰이며, 돌이 실린 무거운 마차를 끌면서 죽도록 채찍질을 당하기도 한다. —— 그 같은 부랑아의, 찬달라[33]의, 플레차[34]의 도덕,—— 모든 생명체에 존재하며, 태양 빛을 보는 모든 눈에서 신비스럽게 반짝이는 영원한 본질을 알아보지 못하는 도덕이다. 그런 도덕은 오직 자기 종의 가치만을 알고 그것만을 고려한다. 그 종의 표징인 이성은, 어떤 존재가 도덕적 고려의 대상이 될 수 있는 조건이다.

그렇게 순조롭지 않은 방법으로, *타당하든 타당하지 않든* per fas et nefas, 칸트는 그의 윤리학의 근본 원칙에 대한 두 번째 표현에 이른다. "네가 인류를 너의 인격에서나 다른 모든 이의 인격에서 언제나 동시에 목적으로 대하고, 결코 단순한 수단으로 이용하지 않도록 행위하라." 이것과 함께 매우 인위적이고 우회적인 방법으로 "*너뿐만 아니라 다른 이도 고려하라*"라고 주장한다. 그런데 이것은 다시 "*남이 네게 행하는 것을 원하지 않는다면, 너도 그것을 남에게 행하지 마라*"라는 명제를 변형한 것이다. 이 명제는 그 자체로 다시, 모든 도덕과 도덕화의 마지막 참된 목표 지점인 "*누구도 해치지 마라. 오히려 네가 할 수 있는 한, 모든 이를 도와라*"라는 결론의 전제들을 함축할 뿐이다. 이 명제는 아름다운 모든 것이 그렇듯이, 그대로 드러날 때 가장 좋아 보인다.── 다만 앞의 칸트의 두 번째 도덕 형식에서 이른바 자신에 대한 의무들은 무척 인위적이고 어색하게 끌려 들어왔다. 이것에 대해 나는 위에서 설명했다.

그 밖에 앞의 명제에 대해 다음의 이의가 제기될 수 있을 것이다. 즉, 정당한 이유로 사형에 처해질 범죄자는 오직 수단으로 다뤄지고 목적으로 다뤄지지 않는다는 것이다. 말하자면 범죄자는 사형을 받음으로써, 사형의 목적을 위한, 즉 법칙의 위협적인 힘을 보존하려는 목적을 위한 불가결한 수단으로 취급된다는 것이다.

칸트의 이 두 번째 형식이 도덕의 근거를 위해 무엇을 수행하는 것도 아니고, 그것의 지침들── 최고 원리── 을 적절하고 직접적으로 표현하지도 않지만, 다른 한편에서 볼 때 그것은 하나의 상세한 심리학적-도덕적 개요를 함축한다는 점에서 공적이 있다. 그 공식은 이기주의를 매우 독특한 특징으로 표현하기 때문이다. 이 특징은 여기에서 더 자세히 살펴볼 만하다. 이기주의는 우리 모두에게 충만한, 우리의 *부끄러운 부분partie honteuse*이다. 우리는 이기주의를 숨기려고 친절함을 고안해냈다. 그러나 우리가 만나는 모든 이에게서 본능적으로 언제나 수많은 우리의 목적들 중 어떤 하나를 위한 가능한 수단만을 우선 찾는다는 것을 통해, 이기주의는 그 위에 덮인 모든 장막 사이로 대부분 살짝 드러나 보인다. 모든 새로운 만남에서 우리는 대체로 그 만남이 우리를 위해 어떻게 쓰일 수 없을까 하고 생각한다. 그럴 수 없다면, 그것은 대대수의 사람들이 이를 확신하는 즉시 그들에게 무다. 모든 타인에게서 우리의 목적에 적합한 수단, 따라서 하나의 도구를 찾는 것은 거의 모든 인간적 통찰의 본성에 이미 놓여 있다. 그러나 그 도구가 사용되면서 약간의 고통을 받게 될 것인지는, 훨씬 나중에 떠오르거나, 전혀 떠오르지 않는 생각이다. 많은 경우 다른 사람들에게서 이기주의적 성향을 가정한다. 예를 들어 우리가 누군가에게 정보나 조언을 얻으려고 할 때, 그가 그 일에서 단지 사소한 것에 불과하거나, 혹은 거리가 먼 것이라 하더라도 어떤 이익을 취할 수 있음을 발견하는 즉시, 우리는 그의 말을 신뢰하지 않는다. 왜냐하면 여기에서 우리는 곧바로, 그가 우리를 그의 목적에 대한 수단으로 만들 것이고, 비록 통찰이 크고 의도는 작다 할지라도, 그의 **통찰**이 아니라 그의 의도에 적합하게 조언할 것이라고 가정하기 때문이다. 왜냐하면 우리는 세제곱라인35의 의도가 세제곱루트36의 통찰보다 더 무겁다는 것을 너무나 잘 알기 때문이다. 다른 한편 그 같은 경우에 "내가 무엇을 해야 하는가?"라는 우리의 물음에 대해 어떤 사람에게는, 우리가 그의 목적에 적합하게 무엇을 행해야 하는가라는 생각 이외의 것이 떠오르지 않을 때가 자주 있다. 이 물음에 대해 그는 우리의 목적은 생각조차 하지 않고, 즉시 기계적으로 대답할 것이다. 왜냐하면 그 물음이 그의 실제적 판단의 장에 도달하기도 전에 그의 의지가 직접적으로 대답을 지시하기 때문이다. 그는 우리로 하여금 그의 목적에 맞게 움직이게 한다. 이것을 그 자신도 의식하지 못하고, 실제로는 오직 그의 의도만 말하는데도 그의 통찰이 말하는 것이라고 스스로 착각한다. 심지어 그는 자신도 깨닫지 못한 채 완전히 속이기에 이른다. 인식에 대한 의지의 영향은 그렇게 압도적이다. 따라서 어떤 이가 통찰에서 비롯하여 말하는지 혹은 의도에서 비롯하여 말하는지에 대해 그 자신의 의식의 증언은 단 한 번도 맞지 않는다. 그러나 그의 관심의 증언은 대부분 맞다. 또 다른 경우를 든다면, 적의 추적을 받는 이가 맞부딪친 행상인에게 죽음의 공포 속에서 샛길을 물었을 때, 그는 "내 물건 중에 뭐 필요한 물건 없으시오?"라는 질문을 받을 수 있다.──항상 그렇다는 것은 아니다. 오히려 많은 사람들은 물론 타인의 행복과 고통에 대해 직접적이고 실제적인 관심을 갖는다. 혹은 칸트의 말로 표현하자면, 타인을 목적으로 생각하고, 수단으로 생각하지 않는다. 그러나 보통 그렇듯이 타인을 수단으로 대하지 않고, 한 번이라도 목적으로 고려할 생각이 개개인에게 얼마나 있는지—— 이것이 성격들을 윤리적으로 크게 구분하는 척도다. 여기에 이 문제에서의 마지막 판정이 놓여 있다.—— 이 척도가 바로 윤리학의 참된 기초가 될 것이다. 이에 대해 나는 다음 장에서 다루겠다.

칸트는 그의 두 번째 형식에서 이기주의와 그에 반대되는 것을 매우 독특한 징표를 통해 설명했다. 그 설명의 극치를 나는 기꺼이 강조했고 자세하게 해명했다. 그러나 그의 윤리학의 기초에 대한 다른 설명에서 타당하다고 인정받을 만한 것은 유감스럽게도 별로 없다.

칸트는 그의 도덕 원리를 세 번째이자 마지막 형식인 의지의 자율성을 통해 제시한다. "모든 이성 존재의 의지는 모든 이성적 존재를 위해 보편적으로 법칙 수립적이다." 이것은 제1형식에서도 도출된다. 그러나 세 번째 형식에서는 이제 (71쪽 ; R. 60쪽[431쪽]에 따라) 정언 명령의 독특한 기준이 도출된다. 의무를 따르는 의욕에 있어서 의지는 모든 관심으로부터 결별을 선언한다는 것이다. 따라서 과거의 모든 도덕 원칙들은 잘못된 것이다. "왜냐하면 그들은 항상 행위에 대해, 그것이 강요든 유혹이든, 어떤 관심을 근본으로 삼았기 때문이다. 그것은 자신의 관심일 수도, 혹은 타인의 관심일 수도 있다"(73쪽 ; R. 62쪽. 타인의 관심일 수도 있다는 것에 주목하기 바란다). "반면에 보편적으로 입법하는 의지는 의무에 따라 행위를 지시한다. 이 행위는 어떤 관심에도 근거하지 않는다." 그러나 나는 이제, 도대체 그 의지가 의미하는 것이 무엇인지 생각해볼 것을 요청한다. 그것은 사실상 동기 없는 의욕, 따라서 원인 없는 결과에 지나지 않는다. 관심과 동기는 교환 개념이다. 관심이란 *나에게 문제되는 것*quod mea interest이라 불리지 않는가? 그리고 이것이 나의 의지를 자극하고 움직이게 하는 모든 것이 아닌가? 결국 관심이란 동기가 의지에 미치는 작용이 아니고 무엇이겠는가? 그러면 동기가 의지를 움직이는 곳에서 의지는 어떤 관심을 갖게 된다. 그러나 어떤 동기도 의지를 움직이지 않는 곳에서 의지는 움직이지 않는다. 그것은, 돌이 밀거나 당기지 않으면 꼼짝하지 않는 것과 같다. 학식 있는 독자들에게 이것을 보여줘야 할 필요는 없을 것이다. 이로부터 도출되는 것은, 모든 행위에는 반드시 동기가 있어야 하므로, 또한 반드시 관심을 전제한다는 것이다. 칸트는 그러나 어떤 관심도 없이, 즉 동기 없이 일어나는 제2의 완전히 새로운 행위 방식을 제시한다. 그리고 이것이 정의와 인간애의 행위라는 것이다! 이 기괴한 가정을 반박하기 위해서는, '관심'이라는 낱말과의 유희에 의해 숨은 그 가정의 본래적 의미로의 소급만이 필요하다.——그 사이 칸트는 목적의 왕국이라는 이름의 도덕적 유토피아를 제시하여,

그의 의지의 자율성이 거둔 대성공을 축하한다(74쪽 이하 ; R. 62쪽). 그곳의 거주자는 순수한 추상적 · 이성적 존재다. 그 무엇인가를 원하지 않은 채 (즉 관심 없이) 이 이성적 존재들은 모두들 예외 없이 끊임없이 원한다. 그들은 오직 한 가지만을, 즉 누구나 항상 하나의 준칙을 원할 것을 (즉 자율성을) 원한다. *"어떤 풍자시도 쓰지 않는 것은 어려운 일이다"*(유베날리스37, 《풍자*Saturae*》, I, 30쪽).

이 작고 순진한 목적의 왕국은 전혀 해롭지 않은 것으로서 조용히 내버려둘 수 있는 것이다. 그러나 칸트는 그것보다 더 심각한 결과를 초래할 어떤 다른 것으로 의지의 자율성을 끌고 간다. 그것은 인간의 존엄성이라는 개념이다. 이 개념은 오로지 인간의 자율성에 근거하는 것이다. 말하자면 인간은, 그가 따라야 하는 법칙을 스스로 입법한다는 것이다.── 따라서 인간은 법칙에 대해, 법을 제정하는 국민이 그 법에 대해 갖는 관계와 같은 관계에 놓인다.── 이것은 칸트의 도덕 체계를 장식하는 것으로서 언제나 그곳에 서 있을 것이다. 그러나 이 '인간의 존엄성'이라는 표현은, 칸트가 한번 말한 이후, 대책 없고 생각 없는 모든 도덕가들의 암호가 되었다. 그들은 도덕의 실제 기초나 적어도 어떤 것을 의미하는 기초를 제시할 수 없는 그들의 결점을 '인간의 존엄성'이라는 그 장엄한 표현 뒤에 감추었다. 그들은, 독자들도 기꺼이 그 같은 존엄성과 함께하는 자신을 보게 되고, 그것으로써 만족하게 되리라는 것을 영리하게 계산한 것이다.[38] 그러나 우리는 이 개념을 좀더 자세히 연구하고 그 실재성을 검토하려 한다.——
칸트는 존엄성을 "무조건적이고 비교할 수 없는 가치"(79쪽 ; R. 66쪽)[436쪽]라고 정의한다. 이것은, 그 고귀한 울림으로 인해 누구도 그것을 가까이 고찰하기 위해 쉽게 다가서려 하지 않을 정도로, 외경의 마음을 일으키는 설명이다. 그러나 가까이에서 보면, 이 설명도 그 안에 갉아먹는 벌레같이 형용 모순이 자리잡고 있는, 텅 빈 과장에 지나지 않는다는 것이 발견될 것이다. 가치는, 한 사물을 다른 것과 비교하여 평가한 것이다. 그것은 비교 개념으로서 상관적이다. 그리고 이 상관성이 바로 가치 개념의 본질을 만든다. 이미 스토아 철학자들은 다음과 같이 바르게 가르쳤다. *"가치란, 전문가가 가치에 대한 견적을 내는 것과 같이, 평가된 어떤 것에 대한 보상이다. 말하자면 그것은, 사람들이 밀을 보리와 교환할 때, 보리에 당나귀를 끼워 교환하는 것과 같다*"(디오게네스 라에르티오스,《저명한 철학자의 생애와 학설 *De clarorum philoso- phorum vitis ect*》lib. 7, cap. 106). 따라서 비교될 수 없는 무조건적·절대적 가치는 철학에서 그토록 많은 과제들이 그러하듯, 최상의 수나 최대 공간과 같이 거의 생각할 수 없는 과제이거나, 전혀 생각할 수 없는 사상에 대한 단어들로만 세워진 과제다. 존엄성이 그와 같은 것이다.

그래도 개념이 없는 바로 그곳에,

거기에 한 단어가 제때에 나타난다.

(괴테,《파우스트》, 제1부, 1995~1996)

여기에서도 '인간의 존엄성'이라는 가장 적절한 단어가 나타났다. 이제 이 단어에서 모든 종류의 의무와 모든 경우의 궤변을 통해 꾸며진 도덕이 넓은 기초를 찾았다. 그 기초를 바탕으로 그 도덕은 쾌적하게 계속해서 설교할 수 있었다.

칸트는 서술 마지막 부분에서(124쪽 ; R. 97쪽)[461쪽] 말한다. "그러나 그렇다면 어떻게 순수이성이 다른 곳에서 유발한 다른 동기 없이 그 자체로 실천적일 수 있는지, 즉 어떻게 단순히 보편성의 원칙이 사람들이 관심 가질 의지의 대상도 없이 그들의 모든 준칙에 법칙으로서, 그 자체로서 하나의 동기를 제시하고 순수하게 도덕적이라고 불릴 어떤 관심을 일으킬 것인지, 혹은 달리 말해, 어떻게 순수이성이 실천적일 수 있는지?── 인간 이성은 이것을 설명할 수 없고, 그것을 설명하기 위한 모든 노고와 작업은 헛된 것이다."── 그러면 존재한다고 주장되는 어떤 것에 대해 그 가능성조차 이해할 수 없다 해도, 그것은 그 현실성에서 실제로 증명되어야 할 것이다. 그러나 실천이성의 정언 명령은 명백히 의식의 사실로 제시되거나 경험을 통해 증명되지 않는다. 오히려 칸트는, 그것이 그와 같은 인간학적-경험적 방법으로 찾을 것이 아니라고(예를 들어, 서문 VI쪽 ; R. 5쪽, 59쪽, 60쪽 ; R. 52쪽) 충분히 자주 경고한다. 게다가 칸트는, "그 같은 명령이 도처에 존재하는지 여부는 어떤 사례를 통해서, 즉 경험적으로 결정할 일이 아니라는 것이다"(48쪽 ; R. 44쪽)라고 반복적으로 단언한다. 그리고 "정언 명령의 현실성은 경험을 통해 주어지지 않는다"(49쪽 ; R. 45쪽)라고 말한다.── 이것을 요약하면, 우리는, 칸트가 최상의 독자를 가진 게 아닌지 의심할 수 있다. 그런데 이런 주장이 오늘날 독일의 철학 대중에게 허용돼 있고 옳다 하더라도, 칸트의 시대에는 오늘날처럼 그렇게 암시되어 있지 않았다. 더욱이 윤리학은 최악의 경우에는 농담에 적합한 주제였다. 따라서 우리는 가능한 것으로 파악될 수도, 현실로 증명될 수도 없는 것은 그 존재가 허락될 수 없다고 확신해야 한다. ── 그러나 우리가 이제 그와 같은 것을 단순히 환상을 통해 파악하려 한다면, 그리고 그 심성이 마치 악령에 사로잡혀 끊임없이 경향과 욕망에 대립적으로 유도되는 것같이, 순수하게 정언적 명령에서 말하는 절대적 당위에 사로잡힌 한 인간을 상상하려 한다면,── 그렇다면 우리는 여기에서 인간 본성이나 우리의 내면 과정에 대해 어떤 올바른 모습도 보지 못한다. 아마 우리는 신학적 도덕의 인위적인 대용물을 인식할 것이다. 그 둘의 관계는 진짜 다리와 나무 다리의 경우와 같다.

따라서 우리는, 이전의 모든 윤리학이 그랬듯이 칸트의 윤리학도 확고한 기초를 갖추고 있지 않다고 결론 내릴 수 있다. 그것의 명령적 형식에 대한 시험을 통해 내가 처음에 보여주었듯, 칸트의 윤리학은 본질적으로 신학적 도덕의 전환이며, 매우 추상적이고 외견상 선천적으로 보이는 형식들로 위장한 것에 지나지 않는다. 이 위장은, 칸트가 확신에 차 심지어 자기 자신마저 속이고, 분명히 신학적 도덕에서만 의미를 갖는 의무 요청과 법칙의 개념들을 신학으로부터 독립적으로 규명하고 순수한 선천적 인식에 기초할 수 있다고 잘못 생각했을 때, 그만큼 더 인위적이고, 식별하기 어려울 수밖에 없다. 이에 대해 나는, 칸트의 그 개념들이 실제적 기초 없이 허공을 자유롭게 떠다닌다는 것을 충분히 증명했다. 가면을 쓰고 있던 신학적 도덕은 칸트 자신에 의해서도 마지막에 최고선에 관한 학설에서, 실천이성의 요청에서, 그리고 끝으로 도덕 신학에서 밝혀진다. 그러나 이 모든 것은 사실의 참된 관련성에 대해 칸트와 독자들을 실망시키지 않았다. 오히려 그들은, 이 모든 교리들이 칸트의 윤리학을 통해 (비록 그것이 관념적이고, 실천적 목적을 위한 것일 뿐이지만) 증명된 것을 기뻐했다. 왜냐하면 그들은, 칸트의 윤리학에서 이른바 결론으로 도출되는 것들이 이미 암묵적이고 숨은 전제로서, 그러나 반드시 필요한 전제로서 근거하고 있음을 보지 못함으로써, 진심으로 전제를 결론으로, 그리고 결론을 전제로 받아들였기 때문이다.

독자조차 몹시 피곤하게 하는 이 엄밀한 연구의 결론에서, 이제 기분 전환을 위해 우스꽝스럽고 심지어 점잖지 못한 비유가 허용된다면, 나는 앞에서처럼 자기를 신비화하는 칸트를 한 남자에 비교하고자 한다. 가면무도회에서 저녁 내내 가면 쓴 미녀의 사랑을 얻으려는 망상에 사로잡혀, 그 미녀가 자신의 아내라는 것을 알아챌 때까지 그녀와 사랑을 나누는 남자 말이다.

9. 칸트의 양심론

이른바 실천이성은 그것의 정언 명령과 함께 양심과 가장 밀접하게 관련된다. 비록 무엇보다 정언 명령이 명령으로서 반드시 행위 이전에 말하는 반면에, 양심은 원래 이후에야 말한다는 점에서 서로 다르지만 말이다. 행위 이전에 양심은 기껏 간접적으로, 즉 과거의 경우들에 대한 기억을 내놓는 반성을 통해 말한다. 비슷한 행위들은 나중에 양심에 의해 금지된다. 여기에서 '양심Gewissen'이라는 단어의 어원도 유래하는 것 같다. 이미 발생한 일만 확실하기gewiss 때문이다. 말하자면 누구에게나, 즉 무척 훌륭한 사람에게도 외적 동기나 흥분된 욕정, 혹은 내적 불쾌감으로 인해 순수하지 않고, 저속하고, 음흉한 생각과 소원이 떠오를 수 있지만, 그에게 도덕적 책임이 있는 것은 아니며, 이것이 그의 양심을 괴롭힐 수도 없다. 이런 생각은 인간이 보편적으로 무엇인가를 보여줄 뿐이지, 그런 생각을 하는 그가 무엇을 할 수 있을 것인지를 보여주지는 않기 때문이다. 왜냐하면 그런 생각들과 동시에 다른 동기들이 그것에 대립하여, 그런 생각은 결코 행동으로 나타날 수 없기 때문이다. 따라서 이 생각은 결의하는 집회에서 다수결로 거부된 소수파와 같다. 누구나, 타인을 경험적으로 알듯이, 행동을 통해서만 자신을 배운다. 그리고 이것만이 양심에 부담을 준다. 왜냐하면 이것만이 생각과 같이 불확실한 것이 아니라, 반대로 확실히 변함없이 거기에 서 있고, 단순히 사유되는 것이 아니라 의식되기 때문이다. 라틴어 '*의식conscientia*'도 마찬가지다. 그것은 호라티우스Q. Horatius Flaccus식으로 "*죄의식을 갖지 않는다는 것은, 어떤 것에서도 창백해지지 않는다는 것이다*"라는 말과 같다. 그리스어 '*의식συνειδησις*'도 마찬가지다. 그것은 자기가 행한 것에 대한 인간의 앎이다. 두 번째로 양심은 그 재료를 항상 경험에서 가져온다. 이것은 이른바 정언 명령이 할 수 있는 것이 아니다. 그것은 순수하게 선천적인 것이기 때문이다.── 그래서 우리는, 양심에 대한 칸트의 주장이 또한 그가 새로이 도입한 정언 명령의 개념을 거꾸로 해명할 것이라고 가정할 수 있다. 그것에 대한 주된 묘사는《덕론의 형이상학적 기초》13절에 있다. 그중 몇 쪽을 나는 그에 대한 다음의 비판 이전에 기정 사실로서 전제하겠다.

양심에 대한 칸트의 이러한 서술은 무척 장엄한 인상을 준다. 그 앞에서 사람들은 존경심으로 가득 찬 두려움을 느끼며 서 있다. 칸트의 이론적 주장이 실천적 주장과 혼동될까 두려워할수록, 그리고 그 서술의 타당성을 부정하는 것이 양심 없는 것으로 간주될까 두려워할수록, 누구도 감히 그의 서술을 반박할 용기를 갖지 못할 것이다. 그러나 그것은 나를 당황하게 하지 못한다. 왜냐하면 여기에서 문제되는 것은 이론이지 실천이 아니고, 도덕적-설교를 얻으려는 것이 아니라, 윤리학의 최종 근거를 엄격히 검토하려는 것이기 때문이다.

무엇보다 칸트는 인간 마음의 가장 비밀스러운 움직임을 반영하기에 그다지 적합해 보이지 않는 라틴어와 법학적 표현들을 사용한다. 그는 이 언어와 법학적 서술을 처음부터 끝까지 유지한다. 따라서 이것은 인간의 마음을 기술하는 일에 고유하고 적합한 것으로 보인다. 우리에게 심성의 내면에서 재판, 재판관, 원고, 변호인, 선고가 있는 하나의 완전한 법정이 상연된다. 내면적 과정이 실제로 칸트가 기술하는 것같이 움직인다면, 어떤 인간이 양심에 반하여 행위할 만큼, '그렇게 나쁠 수' 라고 나는 말하지는 않겠지만, 그렇게 어리석을 수 있다는 사실에 사람들은 놀랄 수밖에 없을 것이다. 왜냐하면 우리의 자기의식에 있는 완전히 독특한 방식의 그 같은 초자연적 기관, 즉 우리 내부의 비밀스러운 암흑에 있는, 그 같이 변장한 비밀 재판은, 누구에게나 반드시 공포의 전율과 악령에 대한 두려움을 불어넣을 것이기 때문이다. 이 두려움은, 그가 금지된 것을 어기고, 그렇게도 명백하고 가까이 나타나는 무시무시한 초자연적 힘들의 위협 속에서 이익을 단숨에 날쌔게 취하는 것을 방해할 것이다.── 그러나 우리는 현실에서는 반대로 양심의 효력이 약하다고 본다. 그래서 모든 국가는 적극적 종교를 통해 양심을 보조하거나 심지어 그것을 완전히 종교로 대체할 것을 염두에 둔다. 또한 양심이 그런 특성을 갖는다면, 왕립 학술원의 이번 현상 과제는 아무런 의미도 가질 수 없을 것이다.

그러나 칸트의 서술을 자세히 고찰한다면, 그것의 장엄한 효과는 주로 칸트가 도덕적 자기 평가에 어떤 형식을 고유하고 본질적인 것으로 부여함으로써 획득되는 것임이 드러난다. 그러나 이 형식은 도덕적 자기 평가에 대해 전혀 본질적이지 않다. 그 형식은 우리의 행위에 대한, 그리고 달리 행할 수 있었을 것에 대한 반추反芻에서도 나타난다. 반추는 원래 도덕적인 것과 완전히 이질적인 것이다.── 예를 들어 어떤 힌두교도가 소를 죽이려는 충동을 느꼈다고 스스로를 비난하거나, 유대인이 안식일에 집에서 파이프 담배를 피운 것을 상기할 때와 같이, 명백히 거짓되고 인위적인, 단순한 미신에 근거하는 양심도── 마찬가지로 고발, 변호, 그리고 판결이라는 같은 형식을 선택한다. 뿐만 아니라, 심지어 어떤 윤리적 관점에서도 나오지 않는, 도덕적이라기보다 차라리 비도덕적 방식인 반추조차 마찬가지로 자주 그 같은 형식으로 나타난다. 예를 들어 내가 어떤 친구를 위해 친절하지만 생각 없이 보증을 섰을 때, 그날 밤 나는, 내가 어떤 무거운 책임을 떠맡았는지, 그리고 내가 그것으로 인해 얼마나 쉽게 큰 피해에 빠질 수 있을 것인지를 명백히 의식할 것이다. 오래된 지혜의 목소리는 그 피해에 대해 *"보증을 떠맡아라. 그러면 이미 거기에 재앙이 있다"*(델포이의 비문Delphische Weihinschrift, 참조 : 플라톤,《카르미데스Charmides》, 165A)라고 나에게 예언한다. 그때 나의 내부에는 마찬가지로 원고가 등장하고, 그에 대해 나의 성급한 보증을 상황과 책임의 절박함을 통해, 그리고 문제의 무해함을 통해, 심지어 나의 친절함에 대한 찬사를 통해 미화하려는 변호인도 등장하고, 마지막으로 가차없이 "어리석은 짓!"이라는 판결을 내려 나를 기진맥진하게 하는 재판관도 등장한다.

칸트가 좋아하는 재판 형식과 같이 그의 나머지 설명의 대부분도 그렇다. 예를 들어 그가 단락 맨 처음부터 양심에 대해 양심 특유의 것이라고 제시하는 것은 완전히 다른 방식의 모든 양심의 가책에 대해서도 타당하다. 그것은 자기가 지불하는 것이 이자를 훨씬 넘어서, 원금이 침식당하고 서서히 없어진다고 생각하는 어떤 임차인의 은밀한 의식에 의해 완전히 말 그대로 이해될 수 있다. "그것은 그가 도망치려고 하면 그림자와 같이 그를 따른다. 그는 비록 향락과 오락으로 마취되거나 잠에 빠질 수 있지만, 의식을 되찾거나 잠에서 깨어났을 때, 곧바로 그 두려운 소리를 듣는 것을 피할 수는 없다" 등등.── 이제 그는 앞의 재판 형식을 인간의 마음을 기술하는 일에 본질적인 것으로 설명하고, 따라서 그것을 처음부터 끝까지 유지한 후에, 그 형식을 다음의 궤변에 사용한다. 그는 "자신의 양심에 의해 고발된 이가 재판관과 하나이고 동일한 인물로 표상되는 것은, 법정에 대한 불합리한 표상 방식이다. 왜냐하면 거기에서 고소인은 언제나 패소할 것이기 때문이다"라고 말한다. 이것을 그는 매우 완곡하고 불명확한 주를 통해 설명한다. 이를 통해 그는, 모순에 빠지지 않기 위해 내부의 재판관을 (위의 법정 양심극에서) 우리와 구분되는 타자로 생각해야 한다고 추론한다. 그것은 마음을 관찰하는 하느님으로서 전지하고 모두에게 의무를 지우는, 집행하는 힘이자 전능한 이다. 그래서 그는 이제 완전히 평탄한 궤도 위에서 그의 독자를 양심으로부터 그것의 필연적 귀결인 자연신에게로 이끈다. 여기에서 칸트는, 사람들이 유년기의 교육을 통해 그 같은 개념들에 익숙해지고, 심지어 다른 본성을 갖게 되어서, 쉽게 자연신을 믿게 될 것이라고 생각한다. 따라서 칸트는 여기에서 쉬운 놀이를 발견한다. 그러나 그는 이 놀이를 거부했어야 했고, 여기에서 성실성을 설교하는 것에 그치는 것이 아니라, 실천할 것을 염두에 두었어야 했다.── 나는 위의 모든 결론들이 근거하는 위에 인용된 명제를 전적으로 거부한다. 심지어 나는 그것을 하나의 간계라고 단언한다. 피고소인이 재판관과 동일인일 때, 고소인이 언제나 질 것이라는 것은, 적어도 내면의 법정에서는 사실이 아니다. 보증에 대한 나의 예에서 고소인이 졌는가?── 혹은 우리는 거기서 모순에 빠지지 않기 위해 여기에서도 그 같은 인격화를 받아들여, 위에서와 같이 '어리석은 짓'이라고 호되게 판결한 어떤 타자를 반드시 객관적인 것으로 생각해야 하는가? 혹은 우리는 실제의 메르쿠리우스[39]나 호메로스가 (《일리아스 *Ilias*》, 23, 313쪽에서) 추천한 현명한 충고의 인격화를 받아들여, 그에 따라 여기에서도, 그것이 이교도적일지라도, 자연신으로의 길을 택해야 하는가?

칸트가 그의 서술에서 견지하는 것은, 이미 여기서도 짧지만 본질적으로 시사된 자신의 도덕 신학에 객관적 타당성을 인정하는 것이 아니라, 오히려 그것을 단지 주관적으로 피할 수 없는 형식일 뿐이라고 주장하는 것이다. 도덕 신학이 주관적으로 불가피할지라도, 그는 그것을 자의적으로 구성한다. 그는 전혀 근거 없는 전제들에서 출발하기 때문이다.

따라서 분명한 것은, 법학적-극적인 전체 형식은 양심에 대해 완전히 비본질적이고 결코 고유하지 않다는 것이다. 칸트는 그 형식 안에서 양심을 표현하고, 그 형식으로부터 궁극적으로 결론들을 도출하기 위해 그 형식이 문제 자체와 동일한 것이라고 계속해서 끝까지 주장한다. 오히려 그것은 훨씬 더 일반적인 형식이다. 그것은, 모든 실천적 문제에 대한 숙고 차원에서 쉽게 받아들여지고, 그런 문제에서 대개 나타나는 대립된 동기들 간의 갈등에 근거하는 형식이다. 반성적 이성은 대립된 동기들의 무게를 계속적으로 검토하는데, 여기에서 이 동기들이 도덕적인지 이기적인지, 그리고 그것이 행해질 것에 대한 숙고인지, 혹은 이미 행해진 것에 대한 반추인지는 상관없다. 그러나 이제 칸트의 서술에서 그것에 단지 임의로 주어진 극적-법학적 형식을 제거한다면, 장엄한 효과와 함께 그것을 싸고 있는 후광도 사라질 것이다. 오직 우리의 행위에 대해 숙고할 때 지금까지 우리 자신에 대한 독특한 방식의 불만족이 우리를 엄습할 뿐이다. 이 불만족은 성과가 아니라 행위 자체에 관한 것이며, 우리 행동의 어리석음을 후회하는 다른 모든 경우와 같이 이기적인 근거들에 기인하지 않는다는 특징을 갖는다. 여기에서 불만족스러운 것은, 바로 우리가 너무 이기적으로 행위했다는 것, 지나치게 우리 자신만을 고려하고 타인의 행복을 너무 적게 고려했다는 것, 혹은 심지어 우리 자신에게 어떤 이익도 없이 타인의 고통을 그것 자체를 위해 목적으로 삼았다는 것이기 때문이다. 우리가 이런 것을 불만족스러워하고, 우리가 당하지 않고 초래한 고통에 대해 탄식할 수 있다는 것은 순수한 사실이다. 누구도 이 사실을 부정하지 않을 것이다. 이 사실이 윤리학의 순수한 기초와 갖는 관련성을 우리는 계속해서 검토할 것이다. 그러나 칸트는 마치 영리한 대변인과 같이 근원적 사실에서 출발하여, 그 사실을 치장하고 확장하여, 그의 도덕과 도덕 신학을 위해 넓은 토대를 만들려고 시도했다.

10. 예지적 특성과 경험적 특성에 대한 칸트의 학설 — 자유의 이론

나는 진리를 위해 칸트의 윤리학을 비판했다. 나는 지금까지 있었던 비판처럼 표면만 건드리는 것에 그치지 않고, 그것을 가장 깊은 근거에서 비판했다. 이제 나에게 요구되는 것은, 내가 칸트 윤리학에 대한 비판을 끝내기 전에 윤리학을 위한 칸트의 위대하고 빛나는 기여를 상기시키는 일인 듯하다. 이 기여는 자유와 필연성의 양립에 대한 학설에 있다. 이것을 칸트는 《순수이성 비판》에서(제1판 533~554쪽, 제5판 561~582쪽)[363~375쪽] 처음으로 제시한다. 그러나 좀더 분명한 설명은 《실천이성 비판》(제4판 169~179쪽 ; R. 224~231쪽)[94~100쪽]에 있다.

처음으로 홉스가, 그리고 나서 스피노자가, 그 다음은 흄이, 또한 돌바크[40]도 《자연의 체계Système de la nature》에서, 그리고 마지막으로 가장 상세하고 근본적으로 프리스틀리[41]가, 동기가 나타나는 곳에서 의지는 완벽하고 엄격하게 필연적으로 작용한다는 것을 명백히 증명하여, 그것이 완전히 증명된 진리에 속한다는 것을 분명히 했다. 그래서 인간의 개별적 행위에서의 자유에 대해, 즉 '어떤 측면에서도 영향을 받지 않는 자유로운 의지의 결정libero arbitrio indifferentiae'에 대해 계속해서 언급하는 것은 무지하고 미개한 경우에만 있을 수 있는 일이었다. 칸트도 이 선구자들이 제시한 반박할 수 없는 근거들에 따라 의지 행위가 반드시 필연적으로 일어난다는 것을 전혀 의심할 수 없는 확실한 것으로 받아들였다. 이 모든 것은 자유에 대한 이론적 관점에 따르는 모든 주장에서 증명된다. 이때 우리의 행위가 자주성과 근원성의 의식에 의해 동반된다는 것은 사실이다. 이 의식을 통해 우리는 우리의 행위를 우리의 작품으로 인식하고, 누구나 틀림없는 확실성으로 스스로를 자기 행동의 실제적 수행자로 느끼고, 그에 대해 도덕적으로 책임 있다고 느낀다. 그러나 책임이란 다른 식으로 행동했을 가능성을 전제하므로, 그것은 어떤 방식으로든 자유를 전제한다. 그래서 책임 의식에는 간접적으로 자유의 의식도 놓여 있다. 문제 자체에서 발생하는 이 모순을 해결하기 위해 칸트는 현상과 물자체를 구분했다. 칸트의 이 심원한 구분은 그의 전체 철학의 가장 깊은 핵심이자 주된 공적으로서, 마침내 발견된 열쇠다.

인과율을 통해 엄격히 규정된 모든 표현에서 변화하지 않는 선천적 성격을 갖는 개별자는 오직 현상이다. 지성이 매개하는 이곳에서 인과성은 동기화라고 불린다. 현상의 근거에 놓여 있는 물자체는 시간과 공간의 외부에 존재하는 것으로, 모든 계열과 행위의 다양성에서 벗어나 하나이고, 변화하지 않는 것이다. 개별자의 성질은 그 자체로 예지적 성격을 갖는다. 이것은 개별자의 모든 행위에 한결같이 있고, 그 모든 것에 수많은 봉인의 도장처럼 새겨져, 시간과 행위의 계열에서 표현되는 이 현상의 경험적 특성을 규정한다. 따라서 이 현상은 동기에 의해 일어나는 그것의 모든 표현에 있어서 자연법칙의 불변성을 지시해야 하며, 그래서 현상의 모든 작용은 엄격히 필연적으로 일어난다. 이를 통해 사색가들이 예로부터 지각한(다른 이들은 이성적 표상과 도덕적 경고를 통해 인간의 성격을 개조하려고 한 반면에) 그 불변성, 즉 인간의 경험적 성격의 완강한 부동성은 합리적 근거로 소급되어, 철학을 위해서도 입증되었고, 철학은 이것을 통해 경험과 조화를 이루게 되었다. 그래서 이 부동성은 *"아기 모자와 함께 들어온 것은 수의와 함께 다시 나간다"*라거나 *"우유와 함께 빨아들인 것은 수의에 다시 부어지게 된다"*라는 스페인 속담에서와 같이, 그 진리를 오래전에 표명한 민족의 지혜를 통해 더 이상 부끄럽게 여겨지지 않았다.

자유와 필연성의 양립에 관한 칸트의 학설을 나는 인간 통찰력의 모든 업적에서 가장 위대한 것으로 본다. 이것은 선험적 감성론과 함께, 결코 사라지지 않을 칸트의 명성의 왕관에 있는 두 개의 큰 다이아몬드다.—— 알려진 바와 같이 셸링은 〈자유에 관하여Über die Freiheit〉라는 논문에서 생생한 색채와 뚜렷한 묘사를 통해 많은 이가 이해할 수 있는 해석을 칸트의 학설에 부여했다. 만약에 셸링이, 그가 여기에서 제시하는 것이, 일부 철학 독자들이 아직도 그렇게 생각하듯이 자신의 것이 아니라 칸트의 지혜라고 덧붙여 말하는 정직함을 보였다면 나는 이 학설을 칭찬했을 것이다.

그러나 칸트의 이 학설과 자유 일반의 본질을 보편적 진리와 결합함으로써 이 두 가지를 좀더 잘 파악하도록 만들 수도 있다. 그것의 가장 간결한 표현으로서 나는 스콜라 철학자들이 자주 언급한 다음 명제를 생각한다. "행동은 존재에서 나온다Operari sequitur esse"(폼포나티우스Pom-ponatius, 《영혼불멸De animi immortalitate》, 76쪽)—— 즉, 세계의 모든 사물은 그것이 무엇인가에 따라, 즉 그것의 성질에 따라 작용한다. 따라서 그것의 모든 표현은 이 성질 안에 이미 가능성potentia으로 포함되어 있고, 현실적actu으로는 외부 원인들이 그 사물을 초래할 때 일어난다. 바로 이것을 통해 성질은 스스로를 표현한다. 이것이 경험적 특성이다. 반면에 경험이 접근할 수 없는, 그 사물의 최후의 내적 근거는 예지적 특성, 즉 사물의 본질 자체다. 이 점에서 인간은 나머지 자연에서 예외일 수 없다. 인간도 확고한 성질, 비록 완전히 개별적이고 모두에게 다르지만, 그의 변화하지 않는 성격을 갖는다. 우리의 이해에 따르면 이것은 경험적이다. 그러나 바로 그렇기 때문에 그것은 현상일 뿐이다. 반면에 인간이 자신의 본질 자체에 따른 무엇이고자 하는 것은 예지적 특성으로 불린다. 그의 모든 행위는 그의 외적 성질에 따라 동기들에 의해 규정되어, 결코 이 불변하는 개별적 성격 이외의 다른 어떤 것에도 적합하게 나타날 수 없다. 그는 본질에 따라 행할 수밖에 없다. 따라서 주어진 개인에게, 주어진 모든 개별 상황에서 기껏 하나의 행위만이 가능하다. *"행동은 존재에서 나온다."* 자유는 경험적 성격이 아니라 예지적 성격에만 속한다. 특정한 어떤 인간의 '행동operari'은 외부에서는 동기에 의해, 내부에서는 그의 성격에 의해 필연적으로 결정된다. 따라서 그가 행하는 모든 것은 필연적으로 일어난다. 그러나 그의 '존재esse', 그곳에 자유가 있다. 그는 다른 것이었을 수 있다. 그리고 그의 존재에 죄와 공적이 있다. 왜냐하면 그가 행하는 모든 것은, 그의 존재에서 저절로 단순한 필연적 결론으로 도출되기 때문이다.――칸트의 이론을 통해 우리는 필연성을 '존재'로, 자유를 '행동'으로 잘못 놓는 근본 오류를 원래대로 되돌려, 그것이 정반대라는 인식에 이르렀다. 따라서 인간의 도덕적 책임은 우선적으로 그리고 겉보기에 그가 행하는 것에 관련되지만, 근본적으로는 그의 존재에 관련된다. 왜냐하면 그의 행동은 동기가 일어나는 곳에서 나타난 것과 결코 다르게 나타날 수 없음이 전제되기 때문이다. 그러나 주어진 성격에 있어서 행동이 동기에 의해 불러일으켜지는 그 필연성이 그렇게 엄격한 만큼, 그럼에도 불구하고 누구도, 심지어 그 필연성을 확신하는 이조차, 죄를 동기에 전가하려고 생각하지 않는다. 왜냐하면 그는, 만약 그가 다른 사람이었다면, 전혀 다른, 심지어 반대의 행위조차 같은 문제와 동기들에 따라, 즉 객관적으로 얼마든지 일어날 수 있음을 명백히 인식하기 때문이다. 그러나 그가, 행위에서 보이듯, 그 같은 사람이고 다른 누구도 아니라는 것——이것이 그가 책임을 느끼는 이유다. 여기 '존재'에 양심의 가시가 찌르는 곳이 있다. 왜냐하면 양심은 바로 자신의 행위 방식에서 성립하고 자기 자신과 점점 더 친밀해지는 것일 뿐이기 때문이다. 따라서 양심에 의해서는 사실 '행동'의 동기가 비난받겠지만, 원래는 '존재'에 비난이 가해지는 것이다. 우리는 자유를 책임을 통해서만 의식할 수 있다. 따라서 후자가 있는 곳에는 또한 전자도 반드시 있게 된다. '행동'은 필연성에 귀속된다. 그러나 다른 것과 같이 우리도 우리 자신을 경험적으로만 인식하고, 우리의 성격에 대해 어떤 선천적 인식도 갖지 않는다. 오히려 우리는 이것을 통해 근원적으로 매우 고귀한 생각을 갖는다. *"사람들은 누구에 대해서나 그 반대 경우가 증명되지 않은 한, 그가 좋은 사람이라는 것을 전제한다"*는 것은 내면의 법정foro에서도 타당하기 때문이다.

주해

한 사상의 본질을 전혀 다른 모습에서도 재인식할 수 있는 사람은, 예지적 성격과 경험적 성격에 대한 위의 칸트의 학설이, 이미 플라톤이 했던 통찰을 추상적 명료성으로 고양시킨 것임을 알게 될 것이다. 그러나 플라톤은 시간의 관념성을 인식하지 못했으므로, 이 생각을 시간적 형식 안에서 제시할 수밖에 없었다. 그래서 그는 그 생각을 단순히 신비적으로 윤회와 관련하여 제시했다. 그러나 이제 이 두 학설의 동일성에 대한 인식은, 포르피리오스[42]가 플라톤의 신화에 관해 분명하고 확정적으로 제시한 해명과 상술을 통해 매우 명백해졌다. 거기서 플라톤 신화가 추상적 칸트 학설과 일치한다는 것이 간과할 수 없는 사실로 드러난다. 포르피리오스는 여기에서 다루어지는 플라톤의《국가_Politeia_》제10권 후반부에 제시된 신화를 자세하고 특별히 해명했다. 그러나 그의 저술은 더 이상 존재하지 않고, 그의 해명은 스토바이오스Stobaios의《시선집_Eklogen_》제8장 37~40절에 확장되어 보존된다. 따라서 이 부분은 읽을 만한 가치가 크다. 시험 삼아 나는 여기에서 짧은 39절을 제시하여, 참여하는 독자가 스토바이오스의 원문을 직접 읽고 싶어 하도록 자극하려 한다. 그러면 그는 플라톤의 신화가 위대하고 심오한 인식에 대한 비유로 간주될 수 있음을 알게 될 것이다. 그 추상적 순수성에서 칸트는 그 인식을 예지적이고 경험적인 성격에 대한 학설로 제시했다. 또한 독자는 이 신화가 원래는 이미 플라톤보다 수천 년 전에 이루어진 것임을, 심지어 훨씬 더 오래된 것임을 알게 될 것이다. 왜냐하면 포르피리오스는, 플라톤이 그것을 이집트인에게서 전해 받은 것이라고 생각하기 때문이다. 그러나 그것은 이미 브라만주의의 윤회설에 나타나 있다. 이집트 승려들의 지혜가 브라만주의에서 유래한다는 것은 무척 개연적인 사실이다.——39절에는 다음과 같이 씌어 있다. "그도 그럴 것이 플라톤이 말하려는 것은 모두 다음과 같이 보일 수 있다. 영혼은 육체에 들어오기 전에 삶의 형식을 선택할 의지의 자유를 갖는다. 그리고 나서 영혼은 이 삶의 형식을 그에 적합한 삶과 그 영혼에 적합한 육체를 통해 실행한다. 왜냐하면 사자의 삶이나 인간의 삶을 선택하는 것은 영혼에 달려 있다고 말하기 때문이다. 그러나 앞의 의지의 자유는 영혼이 그와 같은 어떤 삶의 형식에 속하자마자 없어진다. 왜냐하면 영혼이 육체에 도달하고 자유로운 영혼에서 생물체가 된 후에는, 오직 해당되는 생물체에 고유한 자유만을 갖기 때문이다. 그래서 영혼은 인간에게서와 같이 매우 분별 있고 민감하기도 하고, 반대로 다른 거의 모든 생물에서와 같이 그다지 민감하지 않고 단순하기도 하다. 그러나 자유의 종류는 각 생물체의 성질에 따른다. 그것은 그 자신에게서 분명해지지만, 각각의 성질에서 나오는 성향에 적합하게 유도된다."

11. 칸트의 오류에 대한 확대경으로서의 피히테의 윤리학

해부학과 동물학의 경우 표본과 자연물에 나타난 많은 것들이 학생들의 눈에는, 그것을 어느 정도 과장해서 표현하는 동판에서만큼 그렇게 눈에 띄지 않는다. 그처럼 윤리학에 대한 칸트의 기초의 무가치성이 위에서 본 비판을 통해서도 아직 완전히 드러나지 않은 이에게 나는, 피히테의 《덕론의 체계》를 읽을 것을 권한다. 이를 통해 칸트의 기초가 무가치하다는 것을 명백히 인식하게 될 것이다.

말하자면 오래된 독일의 인형극에서 왕이나 다른 영웅들에게 언제나 그들이 말하거나 행한 것들을 모두 나중에 자기 방식으로 과장해서 반복하는 어릿광대가 따라붙었듯, 위대한 칸트의 뒤에도 지식론Wissenschaftslehre, 더 맞게는 텅 빈 지식Wissenschaftsleere의 창시자가 있다. 그의 계획은 철학적 신비화를 통해 주목을 끌어서, 독자와 그 가족들을 위한 공공복지의 기초를 세우는 것이었다. 이 계획은 독일의 철학 독자들에게 적합하고 받아들여질 만한 계획이었다. 이 계획은 무엇보다 그가 모든 부분에서 **칸트보다 우월한**, 살아 있는 그의 정점으로 등장함으로써 실행되었다. 그는 눈에 띄는 부분들을 확대하여 완전히 독자적으로 칸트 철학의 풍자화를 이루어냈다. 마찬가지로 그는 이것을 윤리학에서도 수행했다. 우리는 그의 《덕론의 체계》에서 정언 명령이 전제적 명령으로 확대되는 것을 본다. 절대적 당위, 법칙 수립적 이성과 의무 명령은 도덕적 사실과 규명할 수 없는 필연성으로 전개되었다. 그것은 인류가 엄격히 어떤 준칙들에 따라서 행동한다는(308~309쪽) 것이다. 이 준칙들은 각 도덕적 기관의 판단을 위해 매우 중요하다. 그러나 우리는 그 준칙이 무엇인지를 결코 어디에서도 실제로 경험하지 못한다. 벌들에게 공동으로 봉방과 벌집을 짓는 경향이 내재하듯이, 우리는 단지 인간에게도 이른바 공동으로 엄격히 도덕적이고, 거기서 우리가 단순히 꼭두각시에 지나지 않을, 거대한 세계 희곡을 상연하는 경향이 있다는 것 정도만 본다. 비록 벌집은 실제로 이루어지는 반면 도덕적 세계 희곡의 경우 실제로는 매우 비도덕적인 것이 상연된다는 중요한 차이가 있긴 하지만. 그래서 우리는 여기에서 칸트 윤리학의 명령적 형식, 도덕 법칙과 절대적 당위가 도덕적 운명주의의 체계로까지 전개되는 것을 본다. 그것의 상연은 때때로 코미디를 능가한다.[43]

칸트의 윤리학에서 특정한 도덕적 현학주의를 엿볼 수 있다면, 피히테의 도덕적 현학은 매우 우스꽝스러워서 풍자를 위한 풍부한 자료를 제공한다. 예를 들어 407~409쪽에서 두 사람 가운데 한 생명은 없어져야 하는, 유명한 질병의 예에 대한 판결을 읽어보라. 마찬가지로 우리는 칸트의 모든 잘못이 최고로 고조된 것을 발견한다. 예를 들어 199쪽에서 "공감, 동정심, 인간애의 충동에 따라 행동하는 것은 절대 도덕적이지 않고, 그 점에서 도덕에 상반된다."(!)——402쪽에서 "남의 일을 돌보기 좋아하는 것의 내적 원동력은 결코 어떤 분별없는 선량함이 아니라, 이성의 인과율을 가능한 한 많이 촉진하는 명백히 숙고된 목적이다."—— 그러나 이 현학 사이에서 이제 피히테의 고유한 철학적 조야함이 —— 가르치는 것으로 인해 배울 시간을 결코 갖지 못한 이에게서 예상할 수 있듯이 —— 눈에 띄게 드러나 보인다. 이것은 그가 '어떤 측면에서도 영향 받지 않는 자유로운 의지 결정'을 진지하게 제시하고, 그것을 가장 천박한 근거들에 고착시키는 것을 통해서 드러난다(160, 173, 205, 208, 237, 259, 261쪽).—— 아직도 동기가, 비록 인식이라는 매개를 통해 작용할지라도, 다른 것과 같이 원인이기 때문에 필연적으로 결과를 초래한다는 것, 따라서 모든 인간 행위는 엄격히 필연적 결과를 갖는다는 것을 완전히 확신하지 못한 이는—— 아직 철학적으로 미숙하고, 철학적 인식의 핵심을 배우지 못한 것이다. 인간 행위의 엄격한 필연성에 대한 통찰은, 철학적 두뇌를 다른 것들과 구분해주는 경계선이다. 그리고 이것과 관련하여 피히테는 그가 다른 것에 속한다는 것을 명백히 보여준다. 그런 다음 그가 칸트의 흔적을 따르면서(303쪽), 앞서 말한 구절과 정면으로 모순되는 것들을 다시 말하는 것은, 그의 저술에 있는 그 많은 다른 모순들이 보여주듯이, 그가 진리 추구를 결코 진지하게 여기지 않았고, 어떤 확고한 근본 신념도 갖고 있지 않았다는 것을 증명할 뿐이다. 이 신념은 그의 목적을 위해서도 전혀 불필요한 것이었다. 사람들이 사소한 것들을 널리 시위하는 그의 현학적인 말투를 가장 엄격한 결론으로 받아들이고 칭찬한 것보다 더 우스운 일은 없다.

저 피히테의 도덕적 운명주의의 체계는 그의 마지막 저술에 가장 완벽하게 전개되어 있다.《일반적 윤곽으로 기술된 지식론*Die Wissenschaftslehre in ihrem allgemeinen Umrisse dargestellt*》(Berlin, 1810) 은 총 46쪽 12줄만으로 되어 있지만, 그의 철학 전체를 핵심적으로 함축한다는 장점을 갖는다. 그래서 이 저술은, 크리스티안 볼프의 광범위하고 지루하게 작성된, 원래는 독자를 가르치기보다 속이려고 하는 거대한 작품들로 시간을 낭비하는 것을 아까워하는 모든 이에게 권할 만하다. 이 짧은 저술의 32쪽에 "감각 세계에 대한 직관은, 오직 이 세계에 자아das Ich가 절대 당위로서 모습을 드러내기 위해 있는 것이다"라고 씌어 있다.── 심지어 33쪽에는 "당위의 드러남의 당위", 그리고 36쪽에는 "내가 해야 함을 알아채는 당

위"라고 씌어 있다.── 따라서 "그 잘못을 모방하게 하는 본
보기"로서 칸트 윤리학의 명령적 형식은 그것의 증명되지 않
은 당위와 함께 곧바로 **칸트** 이후로 이어졌다. 심지어 칸트의
명령적 형식은 이 당위에 하나의 편안한 입지를 제공했다.

　그런데 여기에서 언급된 모든 것이 피히테의 공로를 뒤엎
지는 않는다. 그의 공로는 **칸트**의 철학, 즉 인간적 통찰력의
이 늦은 걸작을 그것이 등장한 국가에서 무색하게 만들었다
는 데 있다. 심지어 그는 허풍 섞인 과장, 과도함과 심원의 가
면을 쓰고 나타나는 그의 《전체 지식론의 기초 *Grundlage der*
gesamten Wissenschaftslehre》의 무의미함을 통해 칸트의 철학
을 몰아냈다. 그리고 그는 이를 통해 독일의 철학 대중의 판
단 능력이 어떠한지를 반박할 수 없게끔 세계에 보여주었다.
왜냐하면 그는 대중으로 하여금 뉘른베르크의 장난감을 갖
는 대신 귀중한 보석을 내놓도록 유혹당하는 어린이의 역할
을 맡게 하기 때문이다. 이를 통해 얻은 그의 명성은 정당한
근거 없이 오늘까지도 지속된다. 그리고 지금도 피히테는 항
상 **칸트**와 나란히, 여전히 같은(*예를 들어 헤라클레스와 원숭이
의 경우처럼*44) 그런 사람으로 명명되고, 심지어 때로는 위에
놓인다.45 따라서 피히테도 독일 대중에 대한 철학적 신비화
라는 예술에 있어서 같은 정신에 같은 결과로 영광을 차지한
후계자들을 불러냈다. 이들은 누구에게나 알려져 있어서 여
기에서 자세히 언급할 필요는 없다. 비록 그들의 그때그때의

생각은 아직도 언제나 철학 교수들에 의해, 마치 그들이 실제로 철학자를 다루고 있는 것처럼 길고 광범위하게 서술되고 심각하게 논의되지만. 따라서 후세의 판결에 의해, 즉 동시대적 판결의 항소 법원에 의해 진지하게 개정될 명백한 서류가 있다는 것은 피히테 덕분이다. 이 항소 법원은 거의 모든 시대에 참된 업적을 위해, 신성한 것을 위한 최후의 심판이어야 했다.

제3장

윤리학의 근거

12. 요구 사항

칸트의 근거는 60년 동안 윤리학의 확고한 기초로 여겨졌지만, 이제 그것도 부적당한 가정이자 신학적 도덕의 단순한 변장이라는 것이 밝혀졌다. 따라서 그것은 우리 눈앞에서 철학적 오류의 깊고 메워질 수 없는 심연으로 떨어졌다.── 윤리학의 근거를 제시하려는 이전의 시도들은 더 불충분하다. 그것들은 대부분 증명되지 못한, 날조된 주장들이다. 동시에 그것들은, 칸트의 근거 역시 그렇듯이, 인위적인 치밀한 묘사들이다. 이 묘사들은 가장 미세한 구분을 요구하고 가장 추상적인 개념들에 근거한다. 그것들은 어려운 추리, 발견적 규칙들, 바늘 끝에서 균형을 유지하는 명제들이다. 또한 그것들은 의족義足을 찬 준칙들로서, 그 꼭대기에서는 실제적 삶과 그 소란을 더 이상 볼 수 없다. 따라서 그것들은, 강의실에서 메아리치고 명민함을 쌓는 데는 당연히 적합하겠지만, 옳은 행위와 선한 행위를 위한 호소를 불러일으킬 수는 없다. 또한 그것들은 불의와 냉혹함으로 향하는 강력한 자극에 대항할 수도 없고, 양심의 비난을 일으킬 수도 없다. 양심의 비난을 그런 궤변적인 준칙들에 대한 위반으로 환원하려는 것은, 오직 이 비난을 우습게 만드는 데 기여할 뿐이다. 따라서 우리가 그 문제를 진지하게 받아들인다면, 그런 방식의 인위적 개념 조합은 결코 정의와 인간애를 위한 참된 자극을 함축할 수 없다. 오히려 이 자극은 약간의 사색과, 좀더 적은 추상과 추리를 요구하는 것이어야 한다. 그런 자극은 지성에 대한 교육과 관계없이 모든 이를, 가장 미개한 인간조차 움직이게 하는 것이다. 그것은 오직 직관적 파악에 근거하고, 사물의 현실성에서 직접적으로 솟구치는 것이다. 이런 종류의 기초를 제시할 수 없는 윤리학이라면, 강의실에서 우기고 과시할 수 있겠지만, 실제의 삶은 그런 윤리학을 경멸할 것이다. 따라서 나는 윤리학자들에게 스스로 먼저 조금이라도 인간의 삶을 둘러보라는 역설적 충고를 할 수밖에 없다.

13. 회의적 견해

2,000년이 넘도록 도덕의 확실한 기초를 찾으려고 헛되이 행해진 시도들을 회고한다면, 그로부터 혹시 인간의 규약에

서 독립적인 자연적 도덕은 없고, 도덕이란 철두철미 하나의 인공물이자 수단으로서 이기적이고 음흉한 인류를 잘 제어하기 위해 고안된 것이라는 결론이 도출되는가? 따라서 도덕은 어떤 내적 증명이나 자연적 기초도 갖지 않으므로, 적극적인 종교의 도움이 없다면 사라질 것인가? 사법부와 경찰력만으로는 결코 충분할 수 없다. 적발하기 어려운 범행들이 있고, 심지어 처벌하기 어려운 범행들도 있어서, 여기에서는 공공의 보호가 우리에게 미치지 않는다. 더욱이 민법은 기껏 적법성을 강요할 뿐, 인간애와 선행을 강요하지 않는다. 이 문제에 있어서 누구나 적극적 일원이 아닌 소극적 일원이기를 원하기 때문이다. 바로 여기에서 도덕이 오직 종교에서 유래하고, 도덕과 종교 모두 국가 조직과 입법의 불가피한 결함을 보충하려는 목적을 갖는다는 가설이 생겨난다. 따라서 자연적인, 즉 순전히 사물이나 인간의 본성에 근거하는 도덕은 있을 수 없으며, 철학자들이 도덕의 기초를 찾기 위해 노력하는 것은 헛된 일임이 여기에서 밝혀진다는 것이다. 이러한 견해는 제법 그럴듯하다. 이미 피론주의자[46]가 아래와 같이 그것을 제시했고,

티몬[47]이 말하듯이,
자연으로부터는 선도 악도 없고, 인간의 생각이 그 구분을 만들었다.

(섹스투스 엠피리쿠스,[48] 《학자에 대하여 *Adversus mathematicos*》,
11, 140쪽.)

　최근의 탁월한 사상가들도 이 생각에 동조했다. 따라서 이
생각은 자세히 검토할 만한 가치가 있다. 비록 그런 생각을
떠올릴 수 있는 이들의 양심을 불편하게 하여, 그 생각을 제
거하는 것이 더 편안한 일일지라도.

　정당하고 합법적인 모든 인간 행위가 도덕적 근원을 갖
는다고 누군가가 믿는다면, 그는 매우 젊은이다운 큰 오류
에 빠져 있는 것이다. 오히려 인간 행위의 합법성과 마음의
참된 정직성 사이에는 대체로, 친절함의 표현과 이웃에 대
한 참된 사랑 사이에서와 같은 관계가 있다. 후자는 전자와
같이 표면적으로가 아니라 실제로 이기주의를 극복한 것이
다. 사람들은, 그들이 대개 과시하기 위해 지니는 심성의 정
직함이 추호도 의심받지 않기를 바란다. 따라서 이 점에서
어떤 의심이 조금이라도 암시되면 사람들은 불같이 화를 낸
다.──이와 같은 정직함과 분노는 미숙한 이와 순진한 이들
에게만 곧바로 다정한 도덕적 느낌이나 양심의 작용으로 곧
이곧대로 받아들여진다. 인간적 교류에서 실행되고 바위와
같이 확고한 준칙으로 유지되는 보편적인 합법성은, 실제로
주로 두 가지 외적 필연성에서 유래한다. 첫째 그것은 법적
질서로서, 이것을 통해 공공의 권력이 모든 이의 권리를 보

호한다. 둘째 그것은 반드시 필요한 것으로 인정된, 출세를 위한 높은 명성이나 시민적 명예다. 이를 통해 모든 이의 행위는 여론의 감시 아래에 선다. 여론은 가차없이 엄격하게, 단 하나의 잘못된 걸음도 결코 용서하지 않고, 죽을 때까지 지울 수 없는 표시를 죄인에게 씌운다. 이 점에서 여론은 참으로 현명하다. 왜냐하면 여론의 그와 같은 태도는, "행동은 *존재에서 나온다*"라는 원칙에 근거하기 때문이다. 따라서 그것은, 성격이 변하지 않는다는 것과, 그러므로 누군가가 한번 행한 것을 완전히 같은 상황에서 어김없이 다시 행할 것이라는 확신에 근거한다. 이 두 파수꾼이 공공의 합법성을 지키는 것이다. 이것이 없다면, 솔직히 말해서 우리는 무엇보다, 삶에서의 주된 문제로서 인간의 일거일동이 그 주변을 맴도는 소유와 관련하여 악해질 것이다. 왜냐하면 정직함을 위한 순수한 윤리적 동기들은, 그것들이 있다고 전제된다 해도, 대부분 넓은 우회로를 통해서만 사적 소유에 적용되기 때문이다. 말하자면 그것들은 오직 자연적 권리에만 우선적이고 직접적으로 관련될 수 있고, 실정법상의 권리에는 겨우 간접적으로만 관련된다. 말하자면 실정법상의 권리는, 자연적 권리가 그 근거에 놓임으로써 윤리적 동기와 관련된다. 그러나 자연적 권리는 자신의 노력으로 얻은 소유물 외의 어떤 것에도 있지 않다. 이 소유물에 대한 공격은 거기에 들인 소유자의 힘도 함께 공격하는 것으로서, 따라서 그 소유자를 약탈하는 것이다.── 선점 이론Präokkupationstheorie을 나는 절대적으로 거부한다. 그러나 여기에서 그것에 대한 반박을 다룰 수는 없다.[49]── 그러면 실정법에 기초한 모든 소유는, 비록 그 많은 매개를 통해서일지라도 마지막과 처음의 근원에서는 확실히 자연적인 소유권에 근거해야 한다. 그러나 대부분의 경우에 우리의 사적 소유는 자연적 소유권에 대한 앞의 원천에서 얼마나 멀리 떨어져 있는가! 그것이 자연적 소유권과 갖는 관련성은, 대부분 증명되기 매우 어렵거나 전혀 증명될 수 없다. 우리의 소유는 상속받고, 결혼하여 얻고, 복권에 당첨되거나, 이런 것이 아니더라도, 얼굴에 땀을 흘려가며 하는 자신의 노동을 통해서가 아니라 영리한 생각과 착상을 통해서, 예를 들어 투기적 사업에서 획득한 것이다. 물론 그중에는 멍청한 착상이 우연히 *대성과*deus eventus*를* 거두고 축복받는 경우도 있지만. 극히 드물게 그것은 정말로 실제 노고와 노동의 결실이지만, 그렇다 하더라도 이것은 변호사, 의사, 관료, 교사들의 일과 같이 정신적 노동에 불과할 때가 종종 있다. 이것은 단순한 사람들이 보기에는 그다지 긴장을 요구하지 않는 듯한 일이다. 이 같은 모든 소유에서 윤리적 권리를 인식하고, 그에 따라 그것을 순수하게 도덕적 동인으로부터 존중하기 위해서는, 참으로 영향력 있는 교육이 요구된다.── 따라서 많은 사람들은 타인의 소유물을 오직 실정법상의 권리에 따라 획득된 것으로 내심 생각한다. 그래서 그것을 사용함으로써, 심지어 법칙을 위반해서라도 그것을 빼앗을 방법을 발견한다면, 그들은 전혀 주저하지 않는다. 왜냐하면 그들에게는, 전에 그것을 빼앗긴 이들도 같은 방법으로 잃었을 것으로 보이기 때문이다. 그래서 그들은 자신의 권리를 이전 소유자의 권리와 마찬가지로 근거 있는 것으로 본다. 그들의 관점에서 보면 시민 사회에서는 강자의 권리의 자리에 영리한 자의 권리가 들어섰다.── 그런데 부자는 종종 실제로 범할 수 없는 합법성을 갖는다. 왜냐하면 그는 자신이 소유한 모든 것과 남들에 대한 우월성을 초래한 규칙들을 온 마음으로 좋아하고 지키기 때문이다. 따라서 그는 '누구에게나 자신의 것을'이라는 기본 원칙을 진심으로 신봉하고, 거기서 이탈하지 않는다. 실제로 신의와 믿음에 대한 그 같은 객관적 추종과, 그것을 신성하게 유지하려는 결의가 있다. 이러한 추종은 단순히, 신의와 믿음이 인간들 사이에서 일어나는 모든 자유로운 교류와 좋은 질서, 그리고 확실한 소유의 기초이므로, 우리 자신에게 때로는 이익이 되고, 그런 점에서 피해를 입었을 때조차 반드시 유지되어야 한다는 것에 근거한다. 그것은 마치 좋은 경작지를 위해서는 어떤 노력이라도 들이는 것과 같다. 그나마 그렇게 증명된 정직은 보통 부유한 이들이나 적어도 견딜 만한 수입이 있는 이들에게서만 발견된다. 그들은 대개 상인들이다. 상인들은, 상업의 불가결한 버팀목이 상호간의 믿음과 신용에 있다는 것을 가장 명백히 확신하는 이들이다. 그래서 상인의 명예란 전적으로 특별한 것이다.—— 반면에 이 일에서 불리하고, 소유의 불평등함으로 인해, 남들이 그의 눈앞에서 과잉과 무위 속에서 사는 동안 결핍과 힘든 노동으로 저주받은 자신을 보는 가난한 이는, 이 불평등함에 정당한 수입과 성실한 취득에 상응하는 어떤 것이 근거한다는 것을 인식하기 어렵다. 그러나 그가 이것을 인식하지 않는다면, 그가 남의 여분을 갈망하는 것을 막을 정직함의 순수한 윤리적 자극은 어디에 있을 것인가. 그를 제지하는 것은 대부분 법적 질서다. 그러나 드문 경우가 한번 온다면, 즉 그가 단 한 번의 안전한 행동을 통해, 남의 여분을 봄으로써 더 강하게 느끼게 되는, 압박하는 결핍의 짐을 벗어버리고, 그 자신도 그렇게 자주 부러워한 향유를 누릴 수 있을 그런 경우에, 무엇이 그의 손을 제지할 것인가? 종교적 교리들? 믿음이 그렇게 확고한 것은 드문 경우다. 정의를 위한 순수한 도덕적 동기? 아마 몇몇 경우에는 그럴 것이다. 그러나 대부분의 경우에 그의 손을 제지하는 것은 오직, 그의 명성과 시민적 명예를 위한 우려일 것이다. 그것은 보잘것없는 사람에게조차 무척 마음에 걸리는 걱정이다. 그것은 그런 행동을 통해 성실한 이들의 거대한 프리메이슨[50] 연맹으로부터 영원히 배제될 명백한 위험이다. 그들은 합법성의 법칙을 따르고, 그 법칙에 따라 전 지구상에서 소유물을 서로 분배하고 관리한다. 또한 그것은 단 한 번의 부정직한 행위로 한평생 시민 사회의 부랑아, 즉 누구도 그를 더 이상 믿지 않고 누구나 그의 주변에서 멀어져서, 모든 출세가 차단된, 즉 한마디로 "도둑질을 한 녀석"이 될 수 있는 위험이다.── 그리고 그에게는 "한번 도둑은 평생 도둑이다"라는 속담이 적용된다.

따라서 이것들이 공적 합법성의 파수꾼이다. 그리고 경험 있고 생각 있는 사람은, 인간적 교류에서 대부분의 정직은 오직 이것들 덕분이라는 것을 인정할 것이다. 심지어 그들은 이것들의 파수에서 벗어나고 싶어 하는 사람들이 적지 않음을 인정할 것이다. 그들에게서 합법성과 정직성은 오직 간판으로, 즉 그 보호 아래에서 약탈이 좀더 성공적으로 수행될 깃발로 생각되기도 할 것이다. 따라서 우리는, 어떤 윤리학자가 혹시 모든 정직과 합법성은 근본에 있어서는 단순히 관습적인 것이 아닌가 하는 문제를 제기할 때, 그리고 나서 이 원칙에 따라, 돌바크, 엘베시우스[51], 달랑베르[52]와 그들 시대의 다른 이들이 예리하게 시도했듯이 나머지 모든 도덕도, 멀리 떨어진 간접적인 것이지만 이기적 근거들로 환원하려고 노력할 때, 크게 격분하여 화를 낼 필요가 없다. 내가 위에서 제시했듯이 이것은 합법적 행위의 가장 큰 부분에 대해 실제로 참되고 옳다. 그것이 인간애를 드러내는 행위들의 적지 않은 부분에 대해서도 참이라는 것에는 의심할 여지가 없다. 왜냐하면 그 행위들은 자주 겉치레로, 그리고 매우 자주 두 배, 세 배로까지 되돌아오는 장래의 보상에 대한 믿음에서 발생하고, 또한 다른 이기적 근거들도 허용하기 때문이다. 다만 마찬가지로 확실한 것은, 사욕 없는 인간애와 완전히 자발적인 합법성의 행위가 있다는 것이다. 이것은, 의식의 사실이 아니라 오직 경험만을 증거로 끌어들인다면, 소수지만 의심할 수 없는 경우들이 있다는 것에 의해 증명된다. 즉 법적 추적의 위험뿐만 아니라, 발각의 위험과 모든 의심조차 완전히 배제되었음에도 불구하고, 가난한 이가 부자의 것을 돌려준 경우들이 있다. 예를 들어 잃어버린 것과 발견된 것, 그리고 모르는 이와 이미 죽은 이에게서 기탁된 것이 그 소유권자에게 보내진 곳에서, 비밀리에 어떤 망명자가 가난한 이에게 맡긴 보관물이 성실히 보존되고 되돌려진 곳에서, 우리는 그런 경우를 발견한다. 의심할 여지 없이 그 같은 경우들이 있다. 다만 우리가 그 경우에 대해 놀라움, 감동, 존경을 느낀다는 사실이, 그것들이 기대되지 않은 일, 드문 예외에 속한다는 것을 명백히 증명한다. 진실로 정직한 사람들은 실제로 있다.—— 네 잎 클로버가 실제로 있듯이. 그러나 햄릿이 "이 세계의 운행에 의거하여 정직하다는 것은 만 명가운데 뽑힌 한 사람이 되는 것"이라고 한 것은 과장된 말이아니다.—— 위에 언급된 행위들이 결국 종교적 교리, 그래서다른 세계에서의 상벌에 대한 고려에 근거한다는 반론에 대해, 그런 행위자가 어떤 종교적 믿음도 갖지 않은 경우들이 얼마든지 제시될 수 있을 것이다. 이것이 공공연한 신앙 고백과 같이 그다지 드문 경우가 아니게 된 지 오래다.

사람들은 회의적 견해에 대항하여 우선 양심을 증거로 끌어댄다. 그러나 양심의 자연적 근원에 대해서도 의심이 일어난다. 최소한 가짜 양심이라는 것도 있는 것이다. 이것은 자주 양심과 뒤바뀐다. 수많은 이들이 자신의 행동에 대해 느끼는 후회와 불안은, 많은 경우에 근본적으로는 그것으로 인해 그에게 일어날 수 있는 일에 대한 두려움 외의 다른 것이 아니다. 외적, 자의적, 그리고 심지어 황당무계한 법령에 대한 위반조차, 적지 않은 이들을 내적 비난과 함께 완전히 양심의 방식으로 괴롭힌다. 그래서 이를테면 편협한 신앙심을 지닌 몇몇 유대인들은, 모세 2경(〈출애굽기〉) 35장 3절에 "안식일에는 너희가 사는 곳 어디에서나 불도 피우지 못한다"라고 되어 있음에도 불구하고 토요일에 집에서 파이프 담배를 피운 것 때문에 참으로 마음이 무겁게 된다. 또한 어떤 비난을 받든 기사도적 명예라 불리는 어리석은 불문율의 규칙을 따르지 않았다는 은밀한 자기 비난에 괴로워하는 귀족이나 장교도 적지 않다. 그래서 맹세를 지키거나 결투로 불문율을 만족시키는 것이 불가능한 상황에 놓이게 되면, 그들은 자신을 쏘아 죽이기도 한다. (나는 두 경우를 모두 경험했다.) 반면에 '명예'라는 암호가 첨가되지 않는다면, 그들은 언제나 가벼운 마음으로 자신의 말을 어길 것이다.── 대체로 모든 모순, 경솔함, 그리고 그것이 어떤 것이든 우리의 결의, 원칙, 확신에 대립하는 모든 행위, 심지어 모든 무분별, 실수, 우둔함은 나중에 우리를 조용히 화나게 하고 마음속에 고통을 남길 것이다. 많은 사람들은 아주 훌륭하게 여겨지는 그들의 양심이 원래 어떤 것들로 조합되었는지를 본다면 놀랄 것이다. 그것은 대략 다섯 가지로서, 하나는 인간에 대한 두려움, 또 하나는 자연신론, 또 하나는 편견, 또 하나는 허영심, 또 하나는 습관에서 온다. 그래서 그들은 "나에게는 양심을 유지할 여유가 없다"라고 솔직히 말한 어떤 영국인보다 근본적으로 나을 것이 없다.── 모든 유형의 종교적인 사람들은 '양심'을 매우 자주, 종교의 교리와 지침으로, 그리고 이것과의 관계에서 시행되는 자기 시험으로만 이해한다. 이런 의미에서 양심에 대한 압박, 양심의 자유와 같은 표현도 받아들인다. 중세 이후의 신학자, 스콜라 철학자와 결의론자[53]도 마찬가지로 그것을 그렇게 받아들인다. 한 사람이 교회의 법과 지침에 관해 알고 있는 모든 것이 그의 양심을 형성한다. 이것을 통해 법과 지침을 믿고 따르려는 결단도 형성된다. 그에 따라 의심하는 양심, 생각하는 양심, 잘못하는 양심과 같은 것들이 있었고, 양심을 교정하기 위해 사람들은 양심의 충고에 의지한다. 다른 개념과 마찬가지로 양심의 개념이 그 객관 자체를 통해 결정되는 경우는 얼마나 희박한지, 그것이 서로 다른 이에게 얼마나 상이하게 파악되는지, 그것이 저술가들에게 얼마나 유동적이고 불확실하게 나타나는지를 우리는 슈토이들린의 《양심론의 역사*Geschichte der Lehre vom Gewissen*》에서 간략하게 알 수 있다. 이 모든 것은 그 개념의 실재성을 증명하기에 적합하지 않다. 따라서 도대체 실제로 본래적인 선천적 양심이 있는가라는 물음을 불러일으켰다. 나는 이미 10절의 자유에 대한 학설에서 양심에 대한 나의 생각을 짤막하게 제시했고, 나중에 그것에 대해 다시 더 언급할 것이다.

이 모든 회의적 의혹들은 비록 모든 참된 도덕성의 현존을 부정하기에는 충분하지 않지만, 인간의 도덕적 성향과 윤리학의 자연적 기초에 대한 우리의 기대를 경감시키기에는 충분하다. 왜냐하면 이 기초에 의한 것으로 여겨지는 그 많은 것들이 다른 동인에서 유래하는 것으로 증명될 수 있고, 세상의 도덕적 타락에 대한 고찰을 통해 선에의 동인이 아주 강력할 수는 없다는 것이 충분히 증명되는데, 이것은 특히 이 동인이 그것에 대립하는 동기들이 강력하지 않은 곳에서조차 작용하지 않기 때문이다. 비록 이때 개별적인 성격 차이가 그것의 완벽한 적법성을 주장하긴 하지만 말이다. 그런데 그 같은 도덕적 타락은, 법적 질서, 반드시 필요한 명예, 심지어 예의에 의해 그 표현이 저지되고 은폐되어 쉽게 드러나지 않는다. 또한 사람들은 학생들에게 합법성과 덕을 세상에서 보편적으로 따르는 준칙이라고 가르침으로써 그들의 도덕성을 촉진할 것이라고 오해하기에 이른다. 그런데 나중에 그들이 자주 큰 손해를 입는 다른 경우를 경험한다면, 어린 시절의 교사들이 자신들을 속인 최초의 사람들이었다는 발견이 도덕성에 더 부정적으로 작용할 수 있다. 이 교사들이 그들에게 솔직함과 정직의 최초의 예를 스스로 제시하고 "세상은 악에 놓여 있고, 인간들은 그들이 그렇다고 여겨지는 것과 같지 않다. 그러므로 착각하지 않도록 하되, 너는 더 좋아지도록 하라"라고 숨김없이 말하는 것이 더 나았을 수 있다.── 언급했듯이, 이 모든 것은 인류의 실제적 비도덕성에 대한 우리의 인식을 어렵게 한다. 국가, 즉 스스로 이해하고, 이성적이고, 결집하는, 모든 사람의 이기주의가 낳은 이 걸작품은 각 개별자의 권리 보호를 하나의 권력에 맡겼다. 이 권력은 모든 개별자의 힘을 무한대로 능가하여 그들로 하여금 다른 모든 사람의 권리를 존중하게 한다. 거기에서 거의 모든 사람의 무한한 이기주의, 많은 사람의 악의, 몇 사람의 잔인함은 드러날 수 없다. 강제가 모든 것을 길들였다. 여기에서 나오는 기만은 대단히 커서, 우리는 국가 권력이 작용할 수 없는 소수의 경우들에서, 채워질 수 없는 탐욕, 파렴치한 금전욕, 깊숙이 숨겨진 거짓말과 인간의 음흉한 악의가 나타나는 것을 볼 때, 지금까지 보지 못한 괴물이 우리에게 나타났다고 잘못 생각하여, 종종 놀라 물러서고 비명을 지른다. 법의 강제와 시민적 명예의 불가피성이 없다면, 그 같은 사건은 완전히 일상적 질서일 것이다. 도덕적 관점에서 인간이란 본래 무엇인가를 인식하기 위해, 사람들은 범죄의 역사와 무정부 상태에 대한 서술을 읽어야 한다. 우리 앞을 평화롭게 오가며 뒤섞여 밀고 밀리는 수천의 사람들은, 이빨을 강력한 재갈로 차단한 수많은 호랑이나 늑대로 간주되어야 한다. 따라서 국가 권력이 한번 제거된다면, 즉 앞의 재갈이 벗겨졌다고 생각된다면, 현명한 이는 누구나 그 다음에 예견되는 광경으로부터 뒷걸음칠 것이다. 그것을 통해 그가 알게 될 것은, 종교, 양심, 혹은 그것이 무엇이든, 도덕의 자연적 기초의 영향력을 그가 실제로 그다지 믿지 않는다는 것이다. 그러나 바로 그렇다면 인간에게 있는 참된 도덕적 동인도 앞의 해방된 비도덕적 힘에 대해 그 효력을 숨기지 않고 드러낼 것이고, 결국 가장 쉽게 인식될 수 있을 것이다. 또한 여기에서 성격들 사이에 존재하는 믿을 수 없이 큰 도덕적 차이가 감춰지지 않고 드러나서, 지적 능력의 차이와 같이 커질 것이다. 이것으로 분명히 많은 것이 말해졌다.

사람들은 아마, 윤리학은 인간이 실제로 어떻게 행동하는지에 관한 것이 아니라, 어떻게 행동해야 하는지를 제시하는 학문이라고 나에게 반박하려 할 것이다. 그러나 이것은, 내가 부정하는 바로 그 원칙이다. 나는 당위의 개념, 즉 윤리학의 **명령적 형식**은 오직 신학적 도덕에서만 타당한 것으로서, 그 밖에서는 모든 의미를 잃어버린다는 것을 이 논문의 비판적 부분에서 충분히 입증했다. 반면에 나는, 도덕적 관점에서 인간의 극도로 다양한 행위 방식을 해석하고, 설명하고, 그것의 최종 근거를 찾는 목적을 윤리학에 설정한다. 따라서 윤리학의 기초를 발견하는 데는, 경험적 방법 외의 다른 길이 남아 있지 않다. 즉 그것은, 우리가 참된 도덕적 가치를 인정해야 하는—— 자발적인 정의, 순수한 인간애와 진정한 고결함의 행위가 될—— 행위들이 과연 있는지를 검토하는 방법이다. 그렇다면 이 행위들은 우리가 제대로 설명해야 할, 주어진 현상으로 관찰될 수 있다. 즉 그것의 참된 근거들을 찾아야 하고, 그래서 한 개인이 다른 이들과 특별히 구분되는 방식으로 행동하게 만드는, 각 경우의 독특한 동인을 증명해야 한다. 이 동인과 이에 대한 감수성이 도덕성의 마지막 근거이고, 그것의 인식이 도덕의 기초다. 이것이 내가 윤리학에 제시하는 겸손한 길이다. 선천적 구성도 아니고 모든 추상적 이성 존재를 위해 어떤 절대적 법칙 제정도 함축하지 않는 이 방법이 충분히 고귀하고 절대적이고 학문적으로 여겨지지 않는 이는, 정언 명령과 '인간의 존엄성'이라는 암호로, 공허한 미사여구로, 학파들의 망상과 비누 거품들로, 항상 경험을 무시하고 강의실 밖에서는 누구도 그것에 대해 알지 못하고 느낀 적도 없는 원칙들로 돌아가도 좋다. 이에 반해 나의 방법으로 도출된 도덕의 기초에는, 경험이 그 곁에 서서 매일 매시간 그것의 고요한 증거를 제시한다.

14. 반도덕적[54] 동인

모든 동물에게 그렇듯이 인간에게 있는 주된 근본 동인은 이기주의다. 그것은 현존재와 행복에 대한 갈망이다.——독일어로 이기심Selbstsucht은 병이라는 잘못된 부개념을 함축한다. 그러나 사리사욕Eigennutz은, 이기주의가 반성을 통해 그 목적을 계획적으로 추구할 수 있도록 하는 이성의 지도 아래에 있을 때의 이기주의를 표현한다. 따라서 동물들에게 이기적egoistisch이라고 표현할 수는 있지만, 사리사욕적eigen-nutzig이라고 표현할 수는 없다. 따라서 나는 더 일반적 개념인 이기주의Egoismus라는 단어를 사용하겠다.—— 이 이기주의는 인간에게서와 같이 동물에게서도 내면의 핵심과 본질에 가장 정확하게 연결되어 있다. 심지어 그것은 인간과 동물에게서 본래적으로 동일한 것이다. 인간의 모든 행위는 보통 이기주의에서 나오며, 인간을 어떤 목표로 유도하려는 모든 수단에 대한 계산도 보통 여기에 근거하듯이, 주어진 행위에 대한 설명은 언제나 이것에서부터 시도되어야 한다. 이기주의는 본래 무한하다. 인간은 절대적으로 자신의 현존재를 유지하려 하고, 모든 불쾌감과 결핍을 포함한 고통에서 반드시 벗어나려 하고, 가능한 최대량의 행복과 누릴 수 있는 모든 쾌락을 원한다. 심지어 인간은 가능하면 쾌락을 위한 자신의 새로운 능력을 개발하려고 한다. 자신의 이기주의적 열망에 대항하는 모든 것은 기분을 상하게 하고, 분노와 미움을 불러일으킨다. 인간은 그것을 적으로 간주하고 제거 하려 한다. 그는 가능하면 모든 것을 즐기고, 모든 것을 소유 하려고 한다. 그러나 이것이 불가능하므로, 적어도 모든 것을 지배하려 한다. "나를 위해 모든 것을, 남을 위해 아무것도."──이것이 그의 모토다. 이기주의는 엄청나다. 그것은 세계를 능가한다. 왜냐하면 각 개인에게 자신과 나머지 세계의 파괴 사이에서 선택할 기회를 준다면, 대부분의 경우에 무엇을 선택할 것인지는 자명하다. 그에 따라 누구나 자신을 세계의 중심으로 삼고, 모든 것을 자신과 관련시키고, 예를 들어 민족의 운명에 나타나는 최대 변화와 같이 이제 막 일어나는 사건도 우선 거기에서의 그의 관심과 관련시키고, 그것이 작고 간접적일지라도, 무엇보다 자신의 관심을 생각한다. 누구나 자기 자신에 대해 지니는 강력하고 배타적인 관심과 보통 다른 이들이 바로 앞의 자신을 고찰할 때 지니는, 그가 그들에 대해 보이는 것과 같은 무관심 간의 대비만큼 큰 것은 없다. 심지어 여기에는 우스운 측면도 있다. 즉 누구나 적어도 실천적 측면에서는 자신만을 실재적인 것으로 여기고, 타인을 어느 정도는 단순한 환상으로 간주한다. 이것은 결국 누구나 자신에게는 직접적으로 주어졌지만, 타인은 그에게 표상을 통해 머릿속에 간접적으로만 주어졌기 때문이다. 그리고 직접성이 그의 권리를 주장하는 것이다. 말하자면 각자의 의식에 있어서 본질적인 주관성으로 인해 누구에게나 그 자신이 모든 세계다. 왜냐하면 모든 객관은 간접적으로만, 즉 주관의 단순한 표상으로서만 존재하기 때문이다. 그래서 항상 모든 것은 자기의식에 의존한다. 모든 이가 실제로 인식하고 아는 유일한 세계는, 그가 그 자신 안에 그의 표상으로서 갖고 있는 것이고, 따라서 그것이 세계의 중심이다. 그래서 누구에게나 그와 관련된 모든 것에서 그 자신이 가장 중요한 것이다. 그는 스스로를 모든 실재성의 소유자로 보고, 그에게는 어떤 것도 그 자신보다 더 중요한 것일 수 없다. 주관적 관점에서 스스로를 이 엄청난 크기로 묘사하는 반면에, 객관적 관점에서 그 자신은 아무것도 아닌 것으로, 말하자면 대략 지금 살고 있는 인류의 10억 분의 1로 쭈그러든다. 여기에서 이제 그는, 바로 그 모든 것을 넘어 중요한 것 자체인 이 소우주가, 말하자면 그의 모든 세계가 죽음 속에서 사라져야 한다는 것을 완전히 확실하게 안다. 대우주는 이 소우주의 단순한 변화로 등장할 뿐이다. 따라서 죽음은 그에게 세계의 파멸이다. 그래서 이 사실은 인간들 사이에 언제나 넓은 무덤과 같이 놓여 있는 이기주의가 삶에의 의지라는 기초 위에서 자라나게 하는 요소다. 누군가 한 번 실제로 그 무덤을 뛰어넘어 타인을 도우려 한다면, 그것은 기적과도 같이 놀라움을 불러일으키고 찬사를 받을 것이다. 나는 앞의 8절에서 칸트의 도덕 원칙을 해명하면서, 이기주의가 일상생활에서 어떻게 나타나는지를 제시할 기회를 가졌다. 사람들이 제아무리 예의라는 무화과 잎으로 가려도 그것은 항상 어떤 한구석에서 드러난다. 예의는 말하자면 이기주의에 대한 관습적이고 체계적인 부정으로서 일상적 교류의 사소한 일들에서 행해지는 것이다. 그것은 물론 승인된 위선이다. 그럼에도 그것은 요구되고 칭송받는다. 왜냐하면 그것이 감추는 이기주의는 너무 역겨운 것이어서, 사람들은, 그것이 거기에 있다는 것을 알면서도, 그것을 보지 않으려 하기 때문이다. 마치 불쾌한 것들을 커튼으로라도 덮으려고 하듯이.── 현세적이거나 내세적인 힘에 대한 모든 두려움까지도 포함하는 외부의 힘이나 참된 도덕적 동인이 그것에 대립하지 않는 곳에서 이기주의는 자신의 목적을 반드시 추구하므로, 무수한 이기적 개인들에게 *"만인의 만인에 대한 투쟁"*(홉스, 《리바이어던*Leviathan*》, I)은 매일의 질서가 되어, 모두에게 재앙이 될 것이다. 따라서 반성적 이성은 곧바로 국가 조직을 고안해낸다. 그것은 상호간의 힘에 대한 상호간의 두려움에서 생겨난 것으로, 부정적 방식으로 나타날 수 있는 보편적 이기주의의 해로운 결과를 예방한다. 반면에 이기주의에 대항하는 앞의 두 힘이 실효성을 갖지 않는 곳에서, 이기주의는 즉시 완전히 무시무시한 자신의 크기를 보여준다. 그 모습은 결코 아름답지 않다. 나는 이 반도덕적 힘의 강력함을 장황하지 않게 표현하기 위해, 이기주의의 크기를 한 문장으로 표현하려고 무척 강조된 하나의 과장을 찾았다. 결국 나는, 꽤 많은 사람들이 다른 사람을, 단지 그 희생자의 비계로 장화를 문지르기 위해 살해할 수도 있을 것이라는 생각에 휩싸였다. 더욱이 거기에서 '그것이 실제로 과장인가'라는 양심의 가책도 나에게 남아 있다.—— 따라서 이기주의는, 비록 유일한 것은 아니어도, 도덕적 동인이 싸워 이겨야 하는 최초의, 가장 중요한 세력이다. 그와 같은 적에 대항하기 위해서는, 이 동인이 교활한 궤변이나 선험주의적 비누거품보다 더 실제적인 어떤 것이어야 한다는 것이 이미 분명해졌다.—— 그런데 전쟁에서 맨 처음 하는 일은 적을 인지하는 것이다. 지금부터의 싸움에서 이기주의는 그의 편의 주력으로서, 내 견해로는 최초의, 참으로 본래적인 기본 도덕인정의의 덕에 특히 대항하게 될 것이다.

반면에 인간애의 덕에는 흔히 악의 혹은 비열함이 대립한다. 따라서 이것들의 근원과 단계들을 우선 고찰해보자. 낮은 단계의 악의는 무척 자주, 심지어 거의 일상적으로 일어난다. 이것은 더 높은 단계에 쉽게 도달한다. 괴테가 이 세상에서 무관심과 혐오는 참으로 본래적인 것이라고 말한 것은 맞다(《친화력 Die Wahlverwandtschaften》, 제1부, 제3장). 우리에게 무척 다행스러운 것은, 영리함과 예의가 그 위에 외투를 덮어, 상호간의 악의가 얼마나 일반적인지, 그리고 "만인의 만인에 대한 투쟁"이 적어도 생각 속에서 어떻게 계속되는지가 보이지 않도록 하는 것이다. 그러나 그것은 때때로, 예를 들어 무척 빈번히 일어나는, 인정사정없는 혹독한 비방에서 나타난다. 그리고 분노가 표출될 때, 그것은 완전히 가시적으로 드러난다. 이 분노는 대부분 그것의 동기를 몇 배나 넘고, 총 속의 화약과 같이 내면에 오랫동안 품어 간직된 증오로 압축되어 있지 않았다면 그렇게 밖으로 나올 수 없을 정도로 강력하다.── 대부분 악의는 매 순간 나타나는 이기주의의 피할 수 없는 충돌에서 발생한다. 그래서 그것은 악덕, 잘못, 허약함, 어리석음, 결핍과 모든 종류의 불완전을 바라보는 것에 의해 객관적으로도 유발된다. 이 광경은, 많든 적든 누구나 다른 이에게 적어도 가끔씩이라도 제공하게 되는 것이다. 이것으로 아마 많은 이에게, 특히 우울증이 일어나는 불쾌한 순간에, 세계가 미학적 측면에서 회화의 진열장으로, 지적 측면에서 정신병원으로, 그리고 도덕적 측면에서── 사기꾼 숙소로 보이기에 이를 수 있다. 그 같은 불쾌감이 지속되면 인간 혐오가 일어난다.── 결국 악의의 주된 근원은 질투다. 혹은 오히려 이것 자체가 이미 악의로서 타인의 행복, 소유 혹은 특권들로 인해 일어난다. 누구도 이것으로부터 자유롭지 못하다. 이미 헤로도토스가 말했다. "질투는 애초부터 인간에게 선천적인 것이다"(《역사Historiae》, 3권). 그러나 질투의 정도는 매우 다르다. 가장 해결하기 어렵고 해로운 것은, 인간적 특성을 질투하는 경우다. 왜냐하면 여기에서는 질투하는 이에게 어떤 희망도 남아 있지 않기 때문이다. 그리고 그것은 동시에 가장 비열한 질투다. 왜냐하면 그는 사랑하고 존경해야 할 것을 증오하기 때문이다. 그것은 다음의 경우와 같다.

다른 이보다 훨씬 더 많이 질투의 대상이 되는 이들은,
자신의 날개로 힘을 일으켜,
모든 이의 평범한 새장에서 벗어나는 이들이다.
(페트라르카,《시간의 승리*Trionfo di tempo*》)

페트라르카[55]가 이미 이렇게 탄식한다. 질투에 대한 더 상세한 고찰은《여록과 보유*Parerga und Paralipomena*》제2권 114절에 있다.── 어떻게 보면 질투에 대립적인 것은 남의 불행을 기뻐하는 마음이다. 그러나 질투하는 것은 인간적이다. 남의 불행을 기뻐하는 것은 악마적이다. 남의 불행을 순수하게 진심으로 기뻐하는 성향보다 더 확실하게 완전히 나쁜 마음과 극심한 도덕적 비열성을 나타내는 것은 없다. 누군가에게서 이 성향을 인지했다면, 그를 영원히 피해야 한다. "*이 사람은 속이 검다. 그대, 로마인이여, 그를 피해야 마땅하도다.*"(호라티우스,《풍자*Saturae*》, I)── 질투와 남의 불행을 기뻐하는 마음은 그 자체로는 단순히 이론적이다. 실천의 영역에서 그것들은 악의와 잔인함이 된다. 이기주의는 범죄와

모든 종류의 비행을 일으킬 수 있다. 그러나 그것을 통해 야기된 타인의 피해와 고통은 그것의 단순한 수단이지 목적이 아니어서, 거기에서 우연적으로만 나타난다. 반면에 악의와 잔인함에서 타인의 고뇌와 고통은 목적 자체이고, 그 목적의 성취는 향유이다. 이로 인해 악의와 잔인함은 도덕적 타락의 더 강력한 세력을 이룬다. 극단적 이기주의의 준칙은 "누구도 돕지 마라. 너에게 바로 도움이 된다면(그러니까 여전히 제한적으로) 오히려 모든 이를 해쳐라"이다. 악의의 준칙은 "네가 할 수 있는 한, 모든 이를 해쳐라"이다.—— 남의 불행을 기뻐하는 마음이 오직 이론적 잔인함이듯, 잔인함은 남의 불행을 기뻐하는 실천적 마음일 뿐이다. 그리고 이 마음은 기회가 오는 즉시 잔인함으로 나타난다.

　이 두 근본 세력에서 나오는 특별한 악덕을 증명하는 것은 상술된 윤리학에서만 그 자리가 허용될 것이다. 그와 같은 것은 대략 이기주의에서 도출되는 것으로서 탐욕, 폭식, 성적 충동, 사리사욕, 인색함, 욕심, 불공평, 냉혹함, 자랑, 교만 등등이다.—— 그러나 비열함에서 도출되는 것은 시기, 질투, 악의, 간계, 남의 불행을 기뻐하는 마음, 염탐하는 호기심, 비방, 오만, 뻔뻔함, 증오, 분노, 배반, 술책, 불타는 복수심, 잔인함 등등이다. 처음의 뿌리는 좀더 동물적이고, 뒤의 것은 더 악마적이다. 이들 중 하나의 지배, 혹은 다음에서 비로소 증명될 도덕적 동인의 지배는, 성격에 대한 윤리적 분류에 있어서 중요한 윤곽을 제시한다. 이 셋 중 단 한 가지도 갖고 있지 않은 사람은 없다.

이것으로 나는 반도덕적 힘에 대한 무서운 나열을 끝내고 자 한다. 그것은 밀턴[56]의 지옥에서 암흑의 성주의 힘을 떠올리게 한다. 나의 계획은 인간 본성의 이 음침한 측면에 대한 우선적인 고찰을 필요로 했다. 이를 통해 나의 길은 물론 다른 모든 도덕가들의 길에서 벗어나고, 제일 먼저 지옥으로 통하는 단테[57]의 길과 비슷해질 것이다.

여기에 제시된 반도덕적 힘에 대한 조망을 통해, 모든 이의 본성에 깊이 뿌리내린 성향들에 대립하는 행위 방식으로 인간을 움직이게 할 동인을 찾는 문제의 어려움이 명백해질 것이다. 만약 이 행위 방식이 경험적으로 알려졌다면, 이 동인이 그에 대한 충분하고 조작되지 않은 설명을 제공할 것이다. 이 문제는 인류 전체를 위해 다른 세계의 기계 장치의 도움을 받아 해결해야 할 만큼 어렵다. 사람들은 신들을 암시한다. 그들의 의지와 명령이 여기에서 요구되는 행위 방식이며, 그들이 이 세계에서나 우리가 죽으면 가게 될 다른 세계에서의 상과 벌을 통해 이 명령을 강화하는 것이다. 이런 식의 가르침에 대한 믿음은 물론 매우 이른 시기의 각인을 통해 가능하다. 따라서 그 믿음이 일반적으로 뿌리를 내렸다고 가정한다면, 그리고 또한, 훨씬 더 어려운 것으로 여겨지고, 경험적으로 보증하기도 더 어렵지만, 그 믿음이 의도한 작용을 불러일으킨다면, 그렇다면 그를 통해 행위의 합법성은 사법부와 경찰력이 도달할 수 있는 한계까지도 넘어서 성취될 수 있을 것이다. 그러나 누구나 느끼는 것은, 그것이 우리가 원래 심성의 도덕성으로 이해하는 것이 결코 아니라는 것이다. 왜냐하면 그 같은 종류의 동기를 통해 일어나는 행위는 언제나 오직 순전한 이기주의에 근거하겠기 때문이다. 어떻게, 말하자면 나를 상으로 유혹하거나 위협적인 벌로 겁먹게 하는 곳에서 사심 없는 것에 대해 말할 수 있을 것인가? 확고히 믿어진 다른 세계에서의 보답은 완전히 확실한 교환으로 간주될 수 있다. 그러나 그것은 매우 장기적 전망에 놓여 있는 것이다. 적선하는 이는 저승에서 천 배로 보상받을 것이라는, 어디에서나 자주 있는 배부른 거지들의 약속은 적지 않은 구두쇠들로 하여금 넉넉히 적선하도록 할 수 있을 것이다. 그는 이제 저승에서도 곧 다시 엄청난 부자로 부활한다고 확신하여, 이것을 좋은 투자로 여기고 유쾌하게 나누어 준다.── 아마 대다수의 대중에게 이런 식의 자극이면 충분할 것이다. 그것에 상응하여 그 뒤에 바로 대중의 형이상학인 다양한 종교들 역시 그들에게 동인을 내놓기 때문이다. 그러나 여기에서 주목할 것은, 우리가 타인의 동기에 대해서와 마찬가지로, 때때로 우리 자신의 행동의 진정한 동기에 대해서 오류에 빠진다는 것이다. 따라서 분명히 몇몇 사람들은, 그들의 고귀한 행위라는 것이 위에 언급된 종류의 동기를 통해 해명될 수 있는 것일 뿐임에도 불구하고, 그들은 훨씬 더 고상하고 순수한, 그러나 또한 명백히 설명하기 훨씬 더 어려운 동인에서 행위하고, 실제로 이웃에 대한 직접적 사랑에서 행한다. 그러나 그는 신의 명령이 이 행위의 동기라고 설명할 수 있을 뿐이다. 반면에 철학은 대체로 그렇듯이 여기에서도, 당면한 문제에 관해 모든 신비적 설명과 종교적 교리와 초월적 의인화에서 벗어난, 인간 본성에 근거하는 진정한 최종적 설명을 찾고, 그것이 외적 경험이나 내적 경험에서 증명될 것을 요구한다. 우리의 당면 과제는 철학적 과제다. 따라서 우리는 종교의 제약을 받는 모든 문제 해결을 완전히 포기해야 한다. 내가 그것을 여기에서 상기시킨 것은 단지 문제의 커다란 어려움을 드러내기 위해서였다.

15. 도덕적 가치를 지니는 행위들의 기준

이제 우선 자율적 정의와 사심 없는 인간애의 행위들, 그래서 고결한 마음과 관용으로까지 갈 수 있는 행위들이 경험 속에 존재하는가라는 경험적 물음이 해결되어야 할 것이다. 그러나 애석하게도 이 물음은 완전히 순수하게 경험적으로 결정될 수는 없다. 왜냐하면 경험에는 언제나 행동만 주어져 있을 뿐, 자극들은 드러나 있지 않기 때문이다. 따라서 옳거나 선한 행위에 이기적 동기가 영향을 미쳤을 가능성이 언제나 남아 있다. 나는 이론적 연구인 이 논문에서 문제를 독자의 양심에 맡기는, 허용되지 않은 기교를 쓰지 않겠다. 그러나 오직 타인에게 불의가 일어나지 않도록 하기 위해서 올바로 행동하는 사람들이 때때로 있다는 것을 의심하고, 자기의 경험에 비추어 그 사실을 확신하지 않는 이는 극히 소수일 것이라고 나는 생각한다. 심지어 타인의 권리를 존중하라는 원칙을 마치 선천적으로 타고난 것 같은 사람, 그래서 누구도 고의로 모욕하지 않고, 자기의 이익만을 추구하지 않으며, 타인의 권리를 고려하고, 쌍방 간에 떠맡은 의무들에 있어서 타인이 그의 것을 수행하는지에 대해서뿐만 아니라, 그들과 거래하는 이가 손해 보는 것을 진심으로 원하지 않으므로, 그들 자신이 의무를 받아들이는지에 대해서도 감시하는, 그런 사람들이 있다는 것을 나는 믿는다. 그들은 **참으로 정직**한 이들로서, 정의롭지 못한 무수한 이들 중에서 정의로운 소수다. 그러나 그런 사람들이 있다. 마찬가지로 많은 이들이 돕고, 주고, 수행하고, 포기하면서, 결핍에 처한 이가 도움을 받는 것 이외의 다른 의도를 마음속에 갖지 않는다는 것을, 사람들은 인정할 것이라고 나는 생각한다. 그리고 빙켈리드[58]가 "사랑하는 조국이여, 나의 아내와 아이들을 잊지 말아다오!"라고 외쳤을 때, 그런 다음 잡을 수 있을 만큼 많이 적의 창을 받았을 때——그의 의도에 사심이 있었다고 생각할 수 있는 이는 그렇게 하라. 나는 그럴 수 없다.── 횡포와 고집 없이는 거부할 수 없는 자유로운 정의의 행위들이 있음을 나는 이미 앞 13절에서 언급했다.── 그러나 누군가가 그럼에도 불구하고 그 같은 행위들의 존재를 고집스럽게 거부한다면, 그에 따르면 윤리학은 점성술이나 연금술과 같이 실재의 대상 없는 학문이 될 것이다. 그리고 그것의 기초에 대해 계속 논쟁하는 것은 시간 낭비일 것이다. 따라서 내가 그런 사람과 할 말은 더 이상 없을 것이고, 이 행위의 실재성에 동의하는 이들에게만 나는 말한다.

사람들이 본래적인 도덕적 가치를 인정하는 유일한 행위는 위에 언급된 방식의 것들이다. 그 행위들의 특징은, 보통 모든 인간적 행위를 일으키는 종류의 동기들, 즉 가장 넓은 의미에서의 사리사욕적 동기들이 배제되었다는 데 있다. 따라서 어떤 사리사욕적 동기의 발견은 바로, 그것이 유일한 동기였다면 그 행위의 도덕적 가치를 완전히 폐기하고, 그것이 부가적으로 작용했다면 그 가치를 축소시킨다. 따라서 모든 이기적 동기 부여의 부재는 도덕적 가치를 지니는 모든 행위의 기준이다. 순수한 악의와 잔인함의 행위도 사리사욕적이지 않다고 반박할 수 있으나, 그래도 분명한 것은, 그것들이 논의되고 있는 행위들에 반대되는 것이므로, 여기에서 의미하는 것일 수 없다는 점이다. 그러나 엄격히 정의할 것을 고집하는 이는, 타인의 고통을 목적으로 삼는 그 본질적인 특징에 의해 그 행위들을 명백히 구분할 것이다.── 도덕적 가치를 지니는 행위의 전적으로 내적인, 따라서 그다지 명백하지 않은 특징으로서, 그 행위들은 우리 자신에게 어떤 만족감을 남긴다는 것이 첨가된다. 이것을 사람들은 양심의 동의라고 부른다. 마찬가지로 이들에 상반되는 부당하고 불친절한 행위들, 나아가 악의적이고 잔인한 행위는 상반되는 내적 자기평가를 받는다. 더욱이 이차적이고 부가적인 외적 특징으로서, 처음 종류의 행위들은 무관한 목격자들에게 동의와 존경을, 두 번째 종류의 행위들은 그 반대를 불러일으킨다.

그렇게 결정되고 사실상 주어진 것으로 인정된, 도덕적 가치를 지니는 행위들을 우리는 이제 해명해야 할 당면 현상으로서 관찰하고, 따라서 인간을 이런 식의 행위로 움직일 수 있는 것이 무엇인지를 연구해야 한다. 이 연구는, 만약 성공한다면, 참된 도덕적 동인을 반드시 드러낼 것이고, 이를 통해 우리의 문제가 해결될 것이다. 여기에 모든 윤리학이 근거하기 때문이다.

16. 참된 도덕적 동인과 그에 대한 증명

지금까지 나는 불가피하게 필요한 것들을 준비했다. 이제 나는 진정한 도덕적 가치를 지니는 모든 행위의 근거에 놓인 참된 동인을 증명하는 일에 착수한다. 이 동인으로서 우리에게 도출되는 것은, 그것의 진지함과 의심할 수 없는 실재성을 통해, 기존의 체계를 도덕적 행위의 근원과 윤리학의 기초로 만들고자 하는 모든 생트집, 견강부회, 궤변, 허공에서 가져온 주장과 선험적 비누 거품으로부터 완전히 멀리 떨어져 있는 그런 것이다. 나는 이 도덕적 동인을 임의의 가정으로 제안하는 것이 아니라, 유일하게 가능한 것으로서 실제로 증명하려고 한다. 이 증명에는 많은 사유의 통합이 요구된다. 따라서 나는 증명의 전제이고, 심지어 *원리Axiomata*로 여겨질 수 있는 몇 가지 가정을 먼저 언급하겠다. 마지막 두 가정은 위에 제시된 분석을 증거로 끌어대므로 원리가 아니다.

1. 어떤 행위도 충분한 동기 없이 일어나지 않는다. 돌이 충분한 밀침이나 당김이 없다면 움직일 수 없듯이.

2. 마찬가지로 행위자의 특성에 충분한 동기가 부여된 행위는 일어나지 않을 수 없다. 더 강력한 반대 동기가 그 불이행을 필연적인 것으로 만들지 않는 한.

3. 의지를 움직이는 것은 오직 가장 넓은 의미에서의 쾌와 고통 일반이다. 반대로도 마찬가지로 쾌와 고통은 "어떤 의지에 대해 적합하거나 대립하는 것"을 의미한다. 따라서 모든 동기는 쾌와 고통에 관련되어야 한다.

4. 결국 모든 행위는 쾌와 고통을 그 최종 목적으로 받아들이는 존재자에 관련된다.

5. 이 존재자는 행위자 자신이거나 타인이다. 이 타인은 행위가 그에게 손해를 주거나 이익이 됨으로써, 행위에 수동적으로 관여한다.

6. 그 최종 목적이 행위자 자신의 쾌와 고통인 모든 행위는 이기적 행위다.

7. 여기에서 행위에 대해 언급된 모든 것은 그와 같은 행위들의 불이행에 대해서도 마찬가지로 타당하다. 이 불이행에 대해 동기와 반대 동기가 있다.

8. 앞의 단락에서 제시된 분석의 결과에 따라 이기주의와 행위의 도덕적 가치는 서로 완전히 배타적이다. 어떤 행위가 이기적 목적을 동기로 갖는다면, 그것은 어떤 도덕적 가치도 지닐 수 없다. 어떤 행위가 도덕적 가치를 지니기 위해서는, 어떤 이기적 목적도, 그것이 직접적이든 간접적이든, 가깝든 멀든, 그 행위의 동기일 수 없다.

9. 5절에서 수행된 이른바 우리 자신에 대한 의무를 배제한 결과, 어떤 행위의 도덕적 의미는 오직 그것의 타인에 대한 관계에 놓여 있을 수 있다. 이 관점에서만 그 행위는 도덕적 가치를 갖거나 비난받을 수 있다. 따라서 그것은 정의의 행위 혹은 인간애의 행위가 되거나, 마찬가지로 이것들과 반대되는 행위가 된다.

이 가정들을 통해 다음 사항이 분명해진다. 모든 행위나 불이행에 최종 목적으로서 근거에 놓여 있어야 하는 쾌와 고통은 행위자 자신의 것이거나, 행위에 수동적으로 관여된 어떤 다른 이의 것이다. 처음의 경우에 행위는 반드시 필연적으로 이기적이다. 왜냐하면 이 행위에는 이해利害에 대한 동기가 기초로 놓여 있기 때문이다. 이것은 대부분의 행위들이 그렇듯, 사람들이 명백히 그 자신의 쓸모와 이익을 위해 행하는 경우에만 해당하지 않는다. 그 동기는 사람들이 어떤 행위로부터, 이승에서건 저승에서건 자신을 위해 그 어떤 미소한 결과를 기대할 때 마찬가지로 잘 나타난다. 혹은 사람들이 거기에서 자신의 명예, 세인들의 평판, 어떤 이의 존경, 관객의 공감 등등을 더 의도할 때나, 이 행위를 통해 어떤 원칙을 유지하려 할 때도 이기적 동기는 나타난다. 왜냐하면 그는 그 원칙이 일반적으로 지켜지는 것에서 그 자신을 위해 혹시 있을, 이를테면 정의의 행위, 남을 돕는 일반적인 원조의 행위 등등과 같은 어떤 이익을 기대하기 때문이다.── 마찬가지로 사람들이 명백히 우월한 미지의 힘에서 나온 어떤 절대적 명령에 대해 그것을 수행하는 것이 상책이라고 여길 때, 이기적 동기가 나타난다. 왜냐하면 그 명령이 비록 단지 일반적이고 막연한 것으로 생각될지라도, 그 명령을 수행하도록 할 수 있는 것은 오직 불복종의 불리한 결과에 대한 두려움이기 때문이다.── 마찬가지로 사람들이 자신에 대한, 즉 자신의 가치나 명예에 대한 그 자신의 높은 평가를, 분명하거나 분명하지 않게 파악하여, 어떤 행위나 불이행을 통해 주장하려 할 때 이기적 동기가 나타난다. 그렇지 않다면 그는 그의 평가를 포기해야 하고, 그로 인해 자부심이 손상될 것이기 때문이다.——마지막으로 또한 사람들이 볼프의 원칙에 따라 그것을 통해 그 자신의 완성을 위해 노력하려 할 때 이기적 동기가 나타난다. 요약하면, 사람들이 행위의 궁극적 근거로 무엇을 설정하든지 항상 도출되는 것은, 어떤 우회로를 통해서든 결국 행위자 자신의 쾌와 고통이 본래적인 동인이라는 것이고, 따라서 행위는 이기적이고 도덕적 가치를 지니지 않는다는 것이다. 그렇지 않은 유일한 경우가 있는데, 이를테면 어떤 행위나 불이행의 마지막 행위 근거가 꾸밈없고 유일하게, 거기에서 수동적으로 관여한 타인의 쾌와 고통에 놓여 있을 때다. 따라서 그의 행위나 불이행에서의 능동적 부분은 여기에서 전적으로 오직 타인의 쾌와 고통을 의도하고, 그 타인이 무사히 머무는 것 혹은 심지어 도움, 원조, 고통의 완화 이외의 어떤 것을 결코 의도하지 않는다. 이 목적만이 어떤 행위나 불이행에 도덕적 가치의 낙인을 찍는다. 따라서 도덕적 가치는 오직, 행위가 순전히 타인의 유익과 이익을 위해 일어나거나 일어나지 않는 것에서 유래한다. 말하자면 이 경우가 아니라면, 각각의 행위를 촉구하거나 그것을 저지하는 쾌와 고통은 오직 행위자 자신의 것일 수 있을 뿐이다. 그러나 그렇다면 행위나 불이행은 언제나 이기적인 것이고, 따라서 도덕적 가치를 갖지 않는다.

그러나 이제 나의 행위가 오직 전적으로 타인을 위해 일어
난다면, 타인의 쾌와 고통은 다른 모든 행위에서 나의 쾌와 고
통이 그렇듯이, 직접적으로 나의 동기여야 한다. 이것은 우리
의 문제를 더 제한적으로 표현한다. 말하자면 그것은 다음과
같다. 타인의 쾌와 고통이, 오직 나 자신의 쾌와 고통이 그렇
게 하듯이 직접적으로 나의 의지를 움직이고, 그래서 직접적
으로 나의 동기가 되고, 그래서 심지어 내가, 보통 나의 동기
들의 유일한 원천인 나 자신의 쾌와 고통을 어느 정도 타인
의 그것 뒤에 놓는 것이 어떻게 가능한가? 그것은 명백히 앞
의 타인이, 보통 나 자신이 그렇듯이, 나의 의지의 궁극적 목
적이 됨으로써만 가능하다. 따라서 그것은 내가, 보통 나의 경
우만을 위해 그렇듯이, 그렇게 완전히 직접적으로 그의 쾌를
원하고 그의 고통을 원하지 않음으로써만 가능하다. 그러나
이것은 내가 그의 고통에서 바로 같이 고통을 받고, 그의 고
통을 나의 것과 같이 느끼고, 그의 쾌를 나의 것과 같이 직접
적으로 원한다는 것을 반드시 전제한다. 이것은, 내가 어떤
방식으로든 그와 동일화될 것을 요구한다. 즉 나와 그 타자 사
이의 완전한 차이가 적어도 어느 정도 지양될 것이 요구된다.
바로 그 차이에서 나의 이기주의가 유래하기 때문이다. 그러
나 내가 타인의 피부 속에 숨어 있는 것이 아니므로, 오직 내
가 그에 대해 갖는 인식을 통해서만, 즉 내 머릿속에 있는 그

에 대한 표상을 통해서만 나는 나를 그와 동일시할 수 있다. 나의 행위가 앞의 차이를 지양된 것으로 표명하는 정도만큼 말이다. 그러나 여기에 분석된 과정은 몽상이나 허공에서 가져온 것이 아니라 완전히 현실적인 것이고, 결코 드문 일이 아니다. 그것은 동정심의 일상적 현상이다. 즉 그것은 무엇보다 타인의 고통에 대한, 그리고 그를 통해 고통의 저지나 지양에 대한 완전히 직접적이고 그 외의 어떤 것도 고려하지 않는 관여의 일상적 현상이다. 모든 만족과 건강, 행복은 궁극적으로 여기에 있는 것이다. 이 동정심이 전적으로 유일하게 모든 자유로운 정의와 참된 인간애의 실제적 토대다. 행위는 동정심에 기인하는 한에서만 도덕적 가치를 갖는다. 그리고 다른 동기에 기인하는 행위는 어떤 도덕적 가치도 갖지 않는다. 이 동정심이 일어나는 즉시 타인의 쾌와 고통이 직접적으로 나의 마음에, 비록 항상 같은 정도는 아닐지라도 나의 쾌와 고통에서와 완전히 같은 방식으로 자리잡는다. 따라서 이제 그와 나 사이의 구분은 더 이상 절대적인 것이 아니다.

물론 이 과정은 놀랄 만한 것이고, 참으로 신비스럽다. 그것은 사실상 윤리학의 거대한 신비이자 근원 현상이고, 형이상학적 사변만이 그 너머로의 일보를 감행할 수 있는 경계석이다. 우리는 앞의 과정에서, 예전의 신학자들이 이성을 가리켜 명명했던 자연의 빛에 따라 존재로부터 존재를 철두철미 나누는 그 칸막이벽이 지양된 것과 비-아非-我, Nicht-Ich 가 어느 정도 내가 된 것을 본다. 그런데 현상에 대한 형이상 학적 설명은 지금 그대로 두고, 먼저 자유로운 정의와 참된 인간애의 행위들이 실제로 이 과정을 따르는지 알아보자. 우리의 문제는, 도덕성의 마지막 기초가 인간 본성 자체에서 증명됨으로써 해결될 것이다. 이 기초는 그 자체로 다시 윤리학의 문제일 수는 없지만, 존재하는 모든 것 자체가 그렇듯이 형이상학의 문제가 될 수는 있다. 다만 윤리학적 근원 현상에 대한 형이상학적 해명은 왕립 학술원에 의해 제기된 윤리학의 기초에 관한 물음을 이미 넘어선 문제라서, 기껏 임의로 주고받는 부록으로 첨가될 수 있을 뿐이다.──이제 나는 제시된 근본 동인에서 근본 덕을 도출하기 전에 두 가지 본질적 소견을 추가로 제시하겠다.

1. 나는 더 쉬운 이해를 위해 동정심에 대한 위의 도출을 도덕적 가치를 지니는 행위들의 유일한 원천으로 단순화했다. 여기에서 나는, 동정심과 마찬가지로 사심 없지만, 타인의 **고통**을 최종 목적으로 삼는 악의의 동인을 의도적으로 주목하지 않았다. 그러나 이제 우리는 그것을 덧붙여 끌어들여서, 위에 제시된 증명을 더 완벽하고 엄격히 이렇게 개괄할 수 있다.

인간 행위에는 오직 세 가지 근본 동인이 있고, 이들이 일어남으로써만, 어떤 식으로든 가능한 모든 동기들이 작용한다.

그것은,

　a) 자신의 쾌를 원하는 이기주의(한계가 없다).

　b) 타인의 고통을 원하는 악의(극심한 잔인성에까지 이른다).

　c) 타인의 쾌를 원하는 동정심(고결함과 관용에까지 이른다).

　인간의 모든 행위는 이 동인들 중의 하나로 소급되어야 한다. 두 가지 동인이 함께 작용할 수도 있지만. 우리는 이제 도덕적 가치를 지니는 행위를 사실상 주어진 것으로서 받아들였으므로, 그 행위도 이 근본 동인들 중의 하나에서 나와야 한다. 그러나 그것은 전제 8에 의해 첫 번째 동인에서 도출될 수 없고, 더욱이 두 번째 동인에서도 나올 수 없다. 왜냐하면 첫 번째 동인은 부분적으로 도덕적으로 무관한 것을 제시하고, 두 번째 동인에서 나오는 행위는 도덕적으로 비난받는 것이기 때문이다. 따라서 그것은 세 번째 동인에서 나와야 하며, 이것은 다음에서 *경험적으로a posteriori* 증명된다.

　2. 타인에 대한 직접적 관여는 그의 **고통**에 제한되고, 적어도 직접적으로는, 그의 쾌에서도 일어나지는 않는다. 타인의 쾌는 그 자체로 우리와 무관하다. 이것을 장 자크 루소는《에밀*Émile*》(4권)에서 마찬가지로 말했다. "*제1 원칙, 우리보다 더 행복한 이들의 입장이 되는 것은 인간의 마음에 고유하지 않고, 우리보다 더 불쌍한 이들의 입장이 되는 것만 그렇다*" 등등.

　그 이유는, 결함, 결핍, 필요와 소망까지도 거기에 귀속되는 고통과 고뇌가 직접적으로 느껴지는 긍정적인 것이기 때문이다. 반면에 만족, 향유, 행복의 본성은, 오직 결핍이 지양되고 고통이 사라지는 것에서 성립한다. 따라서 이것은 부정적으로 작용한다. 바로 그로 인해 필요와 소망은 모든 향유의 조건이다. 이것을 이미 플라톤이 인식했고, 이 같은 부정적 쾌에서 오직 향기와 정신적 즐거움만을 제외했다(《국가》, 9권). 또한 볼테르도 말한다. "*참된 필요 없는 참된 향유는 없다.*" 따라서 자기 자신을 통해 자신을 알리는 긍정적인 것은 고통이다. 만족과 향유는 고통의 단순한 지양인 부정적인 것이다. 오직 타인의 고통, 결함, 위험, 당혹감만이 직접적으로, 그리고 그것 자체로 우리의 참여를 일깨우는 것은 무엇보다 여기에 기인한다. 행복한 이, 만족한 이는 그 자체로 본래 부정적인 상태에 있으므로, 즉 고통, 결핍, 필요의 부재이므로, 우리에게 무관하다. 우리는 타인의 행복, 만족, 향유에 대해 비록 기뻐할 수 있지만, 그러나 이것은 이차적이고, 이전에 그들의 고통과 결핍이 우리를 슬프게 한 것을 통해 매개된 것이다. 혹은 우리도 행복하고 만족한 이에게 관여하지만, 그 자체로서가 아니라, 그가 우리의 아이, 아버지, 친구, 친척, 하인, 신하 등등인 한에 있어서다. 그러나 고통받는 이, 결핍된 이, 불행한 이가 순수하게 그 자체로서 그런 것만큼, 행복한 이와 향유하는 이가 순수하게 그 자체로서 우리의 직접적 참여를 불러일으키지는 않는다. 심지어 우리 자신을 위해서도, 모든 결함, 결핍, 소망, 권태까지도 포함하는, 우리의 고통만이 원래 우리의 행위를 유발한다. 반면에 만족과 행복의 상태는 우리를 무위에, 그리고 나른한 정적에 있게 한다. 타인에 대한 우리의 참여가 그들과의 동일화에 기인하는데, 어떻게 타인에 대해서도 동일하지 않을 수 있을 것인가? 심지어 행복하고 만족한 이를 순수하게 그 자체로 바라보는 것은 매우 쉽게 우리의 질투를 불러일으킬 수 있다. 위에서 반도덕적 힘에 속하는 이 질투의 성향은 누구에게나 있다.

타인의 고통을 통해 직접 유발되는 것으로서의 동정심에 대한 위의 서술에 따라서, 나는 또한 최근에 자주 반복된 카시나[59][《동정심에 대한 분석적 소론Saggio analitici sulla compassione》(1788), 포켈스Pockels의 독일어 번역본(1790)]의 오류를 비판해야 한다. 그는, 우리가 자신을 고통 받는 이의 위치에 옮겨놓고 나서, 상상 속에서 그의 고통을 우리가 당하는 것으로 착각함으로써, 환상의 순간적인 착각을 통해 동정심이 일어난다고 생각한다. 그러나 결코 그렇지 않다. 우리가 아니라 그가 고통받는 것이, 우리에게 매순간 명백하고 생생하게 의식된다. 그리고 우리가 아니라 바로 그의 안에서 우리는 고통을 느낀다. 이것은 우리의 슬픔이다. 우리는 그와 함께, 따라서 그의 안에서 고통받는다. 우리는 그의 고통을 그의 것으로 느끼고, 그것이 우리의 것이라는 환상을 갖지 않는다. 참으로 우리 자신의 상황이 좀더 행복할수록, 그래서 그 상황에 대한 의식이 타인의 상황에 더 대조적일수록, 우리는 더 동정심을 갖게 된다. 매우 중요한 이 현상의 가능성은, 카시나가 시도했듯이, 심리학적 방법으로 단순하게 설명할 만큼 쉽지 않다. 그것은 오직 형이상학적으로 해명될 수 있다. 그것을 나는 마지막 절에서 제시하려 한다.

그러나 지금 나는 증명된 원천에서 참된 도덕적 가치를 지니는 행위의 도출을 다루겠다. 그 같은 행위의 일반적 준칙으로서, 따라서 윤리학의 최고 원리로서 나는 이미 앞에서 다음의 규칙을 제시했다. *"누구도 해치지 마라. 네가 할 수 있는 한, 모든 이를 도와라."* 이 원칙은 두 개의 명제를 함축하므로, 이것에 상응하는 행위들은 저절로 두 부분으로 나뉜다.

17. 정의의 덕

윤리적 근본 현상으로 증명된 동정심의 과정을 자세하게 고찰함으로써 첫눈에 알 수 있는 것은, 두 가지의 명백히 구분되는 단계가 있다는 것이다. 거기에서 타인의 고통은 직접적으로 나의 동기가 될 수 있다. 즉 그것은 나로 하여금 행동하거나 행동하지 않도록 할 수 있다. 말하자면 타인의 고통은 처음 단계에서 이기적 혹은 악의적 동기들에 반대로 작용하면서, 타인에게 고통을 초래하는 것, 따라서 아직 없는 것을 유발시키는 것, 스스로 타인의 고통의 원인이 되는 것들에서 나를 저지할 뿐이다. 그러나 그것은 그러고 나서 더 높은 단계에서 동정심이 적극적으로 작용하여 나를 도움의 행동으로 몰아간다. 칸트에게서 그렇게 무리하게 나온 이른바 법 의무와 덕 의무 사이의 구분, 더 맞게는 정의와 인간애 사이의 구분은 여기에서 완전히 저절로 도출되고, 이로써 내 원칙의 타당함이 증명된다. 그것은 부정적인 것과 긍정적인 것, 해치지 않음과 도움 사이의 자연적이고 명백하고 예리한 경계다. '법 의무와 덕 의무'라는, 여기에서 후자를 '사랑의 의무', '불완전한 의무'라고도 부르는 지금까지의 명명은 무엇보다도 속屬, Genus을 종種, Spezies에 병렬시키는 오류를 범한다. 왜냐하면 법 또한 덕이기 때문이다. 게다가 이 명명의 근거에는 의무 개념에 대한 지나친 확장이 놓여 있다. 나는 다음에서 그것을 그 본래의 경계 안으로 불러들일 것이다. 그래서 나는 위의 두 의무의 자리에 두 덕을 설정한다. 그것은 정의의 덕과 인간애의 덕으로서, 나는 이것들을 근본 덕이라고 부른다. 왜냐하면 이들에게서 다른 모든 덕들이 실제로 발생하고, 이론적으로 도출되기 때문이다. 이 두 근본 덕은 자연적 동정심에 뿌리를 둔다. 이 동정심 자체는 인간 의식의 부정할 수 없는 사실로서 인간 의식에 본질적으로 고유한 것이며, 전제, 개념, 종교, 독단, 신화, 교육과 양육에 기인하지 않고, 근원적이고 직접적인 것으로서 인간의 본성 자체에 놓여 있으며, 바로 그로 인해 모든 상황에서 타당성이 입증되고, 모든 나라와 시대에서 나타난다. 따라서 누구에게나 반드시 있는 동정심에 언제나 낙관적으로 호소되고, 어디에서도 그것은 '미지의 신들'에 속하지 않는다. 반대로 사람들은, 마치 '인간성'이 때때로 동정심의 동의어로 사용되기도 하듯이, 동정심이 결여된 이를 비인간이라 부른다.

따라서 이 참되고 자연적인 도덕적 동인이 작용하는 처음 단계는 부정적일 뿐이다. 근원적으로 우리는 모두 불의와 폭력으로 향하는 경향이 있다. 우리의 필요, 갈망, 분노와 증오가 직접적으로 의식에 들어오고, 따라서 선점 권한을 갖기 때문이다. 반면에 우리의 불의와 폭력이 초래한 타인의 고통은 표상이라는 이차적 방법에 의해서만, 그리고 경험을 통해서야 비로소, 즉 간접적으로 의식에 들어온다. 따라서 세네카[60]는 다음과 같이 말한다. *"누구에게도 선한 성향이 악한 성향보다 먼저 도움이 되지 않는다"*(《서간집*Epistulae*》, 50). 따라서 동정심이 작용하는 처음 단계는, 나에게 내재하는 반도덕적 힘의 결과로 나 자신이 타인에게 초래할 고통을 저지하고 그에 대항하여 "멈춰!"라고 소리치는 단계다. 그래서 동정심은 나의 이기주의나 악의가 일으킬 타인에 대한 훼손으로부터 그를 보호하는 울타리로서 자신을 타인 앞에 설정한다. 이와 같이 동정심의 처음 단계에서 *"누구도 해치지 마라"*라는 원칙, 즉 정의의 원칙이 나온다. 정의의 덕은 그것의 순수한, 모든 혼합에서 벗어난 순수한 도덕적 근원을 오직 동정심에서 갖고, 다른 어디에서도 가질 수 없다. 그렇지 않다면 그것은 이기주의에서 유래해야 하기 때문이다. 나의 심성이 동정심을 앞의 정도까지 받아들일 수 있다면, 그렇다면 그 동정심은, 내가 언제 어디서건 나의 목적을 이루기 위해, 그것이 순간적인 것이거나 나중에 나타나는 것이거나, 직접적이거나 간접적이거나, 연결부를 통해 매개된 것이거나 상관없이, 타인의 고통을 매개물로 이용하려는 것을 저지할 것이다. 그 결과 나는 타인의 인격을 대하는 경우처럼 소유물도 공격하지 않을 것이고, 육체적 고통과 마찬가지로 정신적 고통도 초래하지 않을 것이다. 따라서 나는 육체적 손상뿐만 아니라 모욕, 공포, 분노, 비방과 같은 정신적 손상을 통해 타인에게 고통을 주지도 않을 것이다. 그 같은 동정심은 여성 개인의 행복한 삶을 희생시켜 나의 욕망을 충족시키거나 타인의 여성을 유혹하려는 것에서부터, 혹은 소년들을 동성애로 유혹하여 도덕적·육체적으로 타락하게 하는 것에서 나를 저지할 것이다. 그러나 모든 개별 경우들에서 동정심이 실제로 일어나야 하는 것은 아니다. 그것은 때로 너무 늦게 나타나기도 할 것이다. 그와 달리 모든 부당한 행위가 타인에게 가하는 고통, 불의를 참을 때, 즉 타인의 힘이 강력함을 느낄 때 더 심해지는 고통을 단한 번에 인식한다면, 고귀한 심성에서는 "누구도 해치지 마라"라는 준칙이 일어난다. 그리고 이성적 숙고에 의해 이 원칙은 단 한 번 만에 모든 이의 권리를 존중하고, 그것을 침해하지 않고, 타인의 고통의 원인이라는 자기 비난에서 자신을 자유롭게 하려는 확고한 결단으로 결의된다. 그래서 모든 이를 괴롭히는 삶의 짐과 고통을 폭력이나 책략을 통해 타인에게 전가하지 않고, 타인의 짐이 배가되지 않도록 자신에게 결정된 부분은 스스로 지려는 것이다. 비록 원칙과 추상적 인식 일반이 결코 도덕성의 원천이나 최초의 기초가 아닐지라도, 그것들은 그래도 도덕적 처신에 대해 보관함이자 저장고로서 불가결하다. 모든 도덕성의 원천에서 나오는 성향은 언제나 있는 것이 아니므로, 적용되어야 할 경우를 위해 보호되어야 하기 때문이다. 예를 들어 신체에는 간이 만들어내는 것을 저장하기 위해 반드시 쓸개가 있어야 하듯이, 그리고 그 많은 유사한 경우들에서와 같이, 도덕적인 것에서도 그와 같은 진행이 이루어진다. 확고히 결의된 원칙이 없다면, 우리는 반도덕적 동인에 대해 그것이 외적 인상을 통해 자극된다면, 반항할 수 없이 체념하게 될 것이다. 그것에 반대로 작용하는 동기들에도 불구하고, 원칙을 확인하고 따르는 것은 극기다. 또한 여성이 정의의 덕에 있어서, 따라서 정직과 성실의 덕에 있어서 보통 남성보다 열등한 이유가 여기에 있다. 여성은 이성이 취약하여, 일반 원칙을 이해하고, 확인하고, 지침으로 채택하는 능력에서 남성보다 훨씬 뒤떨어진다. 따라서 불의와 허위는 여성들의 가장 빈번한 악습이고, 거짓말은 그들의 본래적 요소다. 반면에 그들은 인간애의 덕에서 남성을 능가한다. 이 덕을 유발하는 계기는 대부분 직관적이므로, 여성이 분명히 더 갖기 쉬운 동정심에 직접적으로 호소하기 때문이다. 그러나 오직 직관적인 것, 생생한 것, 직접적으로 실재하는 것만이 그들에게 참된 존재다. 개념을 통해서만 알 수 있는 멀리 떨어진 것, 부재중인 것, 과거와 미래의 것은 그들에게 잘 이해되지 않는다. 따라서 여기에도 상쇄가 있다. 정의는 더 남성적이고, 인간애는 더 여성적인 덕이다. 여성이 재판관 자리에 앉은 모습을 상상하는 것은 웃음을 자아낸다. 그러나 자비로운 자매는 자비로운 형제보다 낫다. 그런데 동물도, 그것에 추상적 인식이나 이성적 인식이 전혀 없으므로, 원칙과 극기의 능력은 말할 것도 없고 어떤 결단 능력이 전혀 없이 느낌과 성향에 무방비 상태로 굴복한다. 따라서 그것은 마찬가지로 어떤 의식된 도덕성도 갖지 않는다. 비록 이 종種이 악의와 선한 특성에서 큰 차이를 보이고, 그것의 최상의 유類가 바로 인간이지만.── 언급된 것에 따라 정의로운 개별적 행위들에서 동정심은 오직 원칙들을 통해 간접적으로 작용한다. 그리고 그것은 현실성뿐만 아니라 가능성으로도 작용한다. 그것은 마치, 역학에서 저울대의 더 긴 길이에서 발생하는 더 큰 속력에 의해 적은 양이 많은 양과 같은 무게를 유지할 수 있게 되는데, 이 속력이 정지 상태에서는 가능성으로 존재할 뿐이지만, 그래도 완전히 현실성과 마찬가지로 작용하는 것과 같다. 그러나 여기에서 동정심은 현실성으로 나타날 준비가 항상 되어 있다. 따라서 개별 경우들에서 선택된 정의의 원칙들이 흔들린다면, 그것들을 지탱하고 정의로운 의도를 살리는 데는, 근원 자체인 동정심에서 퍼낸 것보다 더 효과적인 동기(이기적 동기를 제쳐두고)는 없다. 이것은 단지 개인을 훼손한 곳에서뿐만 아니라, 소유물의 훼손에 대해서도 타당하다. 예를 들어 어떤 사람이 길에서 주운 귀한 물건을 갖고자 하는 욕구를 느낄 때,——그것에 반하는 모든 처세적·종교적 동기를 제외하고—— 물건을 잃은 이의 근심, 고민, 탄식에 대한 표상보다 더 간단하게 그를 정의의 길로 보내는 것은 없을 것이다. 그래서 잃은 돈을 돌려주자고 공공연히 호소할 때, 그 분실자가 가난한 사람이거나 하인 등등의 사람일 것이라는 확증이 때때로 첨가된다.

바라건대 이 고찰은, 단번에 드러나지는 않을지라도, 정의도 참되고 자발적인 덕으로서 당연히 동정심에 근거한다는 것을 분명히 할 것이다. 그럼에도 불구하고 그 위대하고 참으로 본래적인 근본 덕이 단지 동정심에 뿌리박을 수 있다는 주장에 대한 근거가 부족하게 보이는 이는, 참되고 자유롭고 사심 없고 꾸밈없는 정의가 사람들 사이에서 얼마나 드물게 발견되는지를, 그리고 그것은 언제나 놀라운 예외로서만 나타난다는 것을 기억하기 바란다. 이 같은 정의와 단지 책략에 근거하고 어디에서나 공공연히 알려진 정의의 관계는 그

양과 질에 따르면 구리와 금의 관계와 같다. 나는 구리를 '지상의 정의'로, 금을 '천상의 정의'로 부르겠다. 헤시오도스에 따르면 금은 철기 시대에 천국의 신들 곁에서 살기 위해 지상을 떠난 것이기 때문이다. 지상에서 언제나 이국적인 이 진기한 식물을 증명하는 뿌리는 충분히 강력하다.

따라서 불의나 부정은 언제나 타인을 훼손하는 데서 성립한다. 그래서 불의의 개념은 긍정적 개념으로서, 정의의 개념에 선행한다. '정의'는 부정적 개념으로서 타인을 훼손하지 않고, 즉 불의를 행하지 않고 수행할 수 있는 행위를 지칭한다. 시도된 불의를 방어하려는 목적만을 갖는 행위도 여기에 속한다는 것을 쉽게 알 수 있다. 왜냐하면 타인에 대한 어떤 관여나 동정심도, 내가 그에 의해 훼손되도록, 즉 불의를 당하도록, 나에게 요구할 수는 없기 때문이다. 정의의 개념이 긍정적 개념인 불의와 반대로 부정적 개념이라는 것은, 철학적 정의론의 아버지 그로티우스[61]가 그의 저술의 앞부분에서 그 개념에 대해 처음으로 제시한 설명을 통해서도 알 수 있다. *"정의란 여기에서 공정한 것 이외의 것을 의미하지 않는다. 게다가 그것은, 정의란 불공정한 것이 아니라는 것인 한, 긍정적 의미이기보다는 부정적 의미다"*(《전쟁과 평화의 법De iure belli et pacis》, 제1권, 제1장, 3절). 정의의 부정성은, 보이는 것과 반대로, "누구에게나 자신의 것을 준다"라는 사소한 개념 정의에서도 입증된다. 어떤 것이 그의 것이라면, 그것을 그에게 줄 필요가 없다. 따라서 이것은 "누구에게서도 그 사람 소유의 것을 취하지 않는다"를 의미한다.── 정의의 요구가 단순히 부정적이므로, 그것은 강요하는 것이다. 왜냐하면 *"누구도 해치지 마라"*라는 원칙은 모든 이에 의해 동시에 실행될 수 있기 때문이다. 이것을 위한 강제 기관이 국가다. 그것의 유일한 목적은 개인들을 서로에 대하여, 그리고 전체를 외부의 적으로부터 보호하는 것이다. 돈을 목적으로 일하는 이 시대에 독일의 몇몇 사이비 철학자들은 국가를 도덕성 교육과 선도 기관으로 왜곡하여, 개인을 중국中國의 국가 기계와 종교 기계의 단순한 부속품으로 만들려고 한다. 그 배후에는 개인적 자유와 개별자의 개인적 발전을 지양하려는 예수회의 목적이 숨어 있다. 그러나 이것은 이전에 종교 재판, 종교 학살*Autos da Fe*과 종교 전쟁으로 이끈 길이다. 프리드리히 대제의 "내 나라에서는 누구나 그의 축복을 그 자신의 양식에 따라 마련할 수 있어야 한다"라는 말은, 그가 그 양식을 절대로 침범하지 않겠다는 것을 의미했다. 이에 반해 우리는 지금까지도 도처에서(실제로라기보다 표면상으로 예외인 북미도 함께) 국가가 그 구성원의 형이상학적 욕구에 대한 배려까지 떠맡은 것을 본다. 정부들은 쿠르티우스[62]의 명제를 그들의 원칙으로 선택한 것 같다. "어떤 것도 미신보다 대중을 더 효과적으로 다스리지 않는다. 그래서 보통 제어할 수 없고 잔인하고 변덕스러운 대중이 종교적 망상에 사로잡히는 즉시, 그들은 군대 사령관보다 그들의 성직자에게 더 복종한다.”

불의, 정의의 개념들은 훼손, 비非훼손과 같은 의미로서, 비훼손에는 훼손의 방지도 포함된다. 이 개념들은 명백히 모든 실정법에 대해 독립적이고, 실정법에 선행하는 것이다. 따라서 순수하게 윤리적인 정의나 자연법, 그리고 순수한, 즉 모든 적극적 규정에서 독립적인 정의론이 있다. 이것들의 근본 원칙은, 그것이 훼손 개념의 계기로 발생한다는 점에서 경험적 근원을 갖지만, 그 자체로서는 *"어떤 원인의 원인은 또한 그 원인의 결과의 원인이다"*라는 원칙을 선천적으로 제공하는 순수 오성에 근거한다. 이것이 여기에서 의미하는 바는, 내가 타인의 침해를 막기 위해 해야 하는 행위의 원인은 타인이지 내가 아니라는 것, 따라서 내가 그로부터의 모든 침해에 저항하는 것은 불의가 아니라는 것이다. 그것은 말하자면 도덕적인 반사 법칙이다. 따라서 훼손이라는 경험적 개념과 순수 오성에서 온 규칙의 결합에서 불의와 정의의 근본 개념들이 발생한다. 누구나 이 개념들을 선천적으로 이해하고, 경험에 곧바로 적용한다. 이 사실을 부인하는 경험주의자에게는, 그에게 타당한 것은 오직 경험이므로, 모든 것을 완전히 올바르게 구분하고, 때로는 섬세하고 정확히 불의와 정의를 구분하는 미개인을 보여주기만 하면 된다. 이것은 미개인들의 교역과 그들이 유럽에서 온 배의 선원들과 체결한 협정들에서, 그리고 그들이 이 배를 방문했을 때, 현저히 드러난다. 미개인들은 정의가 있는 곳에서 대담하고 낙관적인 반면, 정의가 그들의 편이 아닌 곳에서는 겁을 먹는다. 싸움에서 그들은 정의로운 타협을 받아들이고, 반면에 부당한 취급은 그들을 전쟁으로 내몬다.──정의론은, 타인을 훼손하지 않으려면, 즉 타인에게 불의를 행하지 않으려면 하지 않아야 할 행위들을 규정하는 도덕의 한 부분이다. 따라서 도덕은 여기에서 **능동적 부분**을 추구한다. 그러나 입법은 도덕의 이 장을 수동적 측면과 관련하여, 즉 그 반대로 사용하기 위해, 그래서 이 행위들을 누구도, 그에게 어떤 불의도 일어나지 않아야 하므로 당할 필요가 없는 것으로 고찰하기 위해 받아들인다. 이 행위에 대해 국가는 이제 법칙의 방벽을 실정법으로 설치한다. 국가의 의도는 누구도 불의를 당하지 않는 것이다. 도덕적 정의론의 의도는 반대로 누구도 불의를 행하지 않는 것이다.[63]

불의는 질적으로 모두 같다. 말하자면 그것이 신체, 자유, 소유물, 명예 중 어떤 것에 대한 것이든 상관없이, 불의는 타인의 훼손이다. 그러나 양에 따르면 그것은 매우 다양할 수 있다. 불의의 크기가 안고 있는 다양성에 관해 윤리학자들이 아직 충분히 연구한 것 같지는 않다. 그렇긴 해도 이 다양성은 실제 생활 속 도처에서 인정된다. 사람들이 그에 대해 내리는 비난의 크기가 불의의 크기에 대응함으로써 말이다. 행위의 정당성에 관해서도 마찬가지다. 예를 들어 아사 직전에 빵 한 조각을 훔치는 사람은 불의를 행하는 것이다. 그러나 그의 불의는 가난한 이의 마지막 소유물을 빼앗는 부자의 불의에 비해 얼마나 작은가. 일용직 노동자에게 일당을 지불하는 부자는 정의롭게 행위하는 것이다. 그러나 이 정의는 주운 지갑을 부자에게 자발적으로 돌려주는 가난한 이의 정의에 비해 얼마나 작은 것인가. 그러나 정의와 불의의 양에서 (질에서 항상 같은) 이 같은 중요한 차이의 척도는 자와 같이 직접적이고 절대적인 것이 아니라, 사인과 탄젠트와 같이 간접적이고 상대적이다. 나는 그에 대해 다음의 공식을 제시한다. 내 행위의 불의의 크기는, 내가 그것을 통해 타인에게 주는 악의 양과 같고, 나 자신이 그것을 통해 얻는 이익의 크기로 나뉜다.── 그리고 내 행위의 정의의 양은, 그 행위로 인해 야기되었을 타인의 훼손이 나에게 가져온 이익의 크기와 같고, 그 훼손으로 인해 그가 당했을 피해의 크기로 나뉜다.── 그러나 이제 이 밖에도 이중의 불의가 있다. 이중의 불의는, 아무리 큰 것일지라도 모든 단순한 불의와 구분된다. 이 사실은, 아무 관계가 없는 목격자의 분노가 이중의 불의에서 유일하게 최고 단계에 도달한다는 점에서 표명된다. 이 분노는 언제나 불의의 크기에 비례적으로 나타나기 때문이다. 누구나 이중의 불의에 격분하고, 그것을 천인공노할 것으로서, 범죄로서, 신들이 그 얼굴을 감출 신성모독으로서 혐오한다. 누군가 분명히 타인을 어떤 점에서 보호할 의무를 떠맡았을 때, 이 의무를 수행하지 않는 것은 이미 타인의 훼손, 따라서 불의일 것이다. 그러나 이제 그가 거기에 덧붙여서 그 타인을, 그가 보호해야 하는 바로 그 점에 있어서 공격하고 훼손한다면 이중의 불의가 발생한다. 이것은 예를 들어청원 경비원, 혹은 수행원이 살인자가 되고, 위임을 부여받은 감시인이 도둑이 되고, 후견인이 피후견인의 재산을 빼앗고, 변호사가 같은 사건에서 양측의 변호를 떠맡고, 판사가뇌물을 받고, 상담자가 피상담자에게 의도적으로 해로운 조언을 하는 경우다.── 이것은 모두 함께 배신이라는 개념을통해 생각되는 것으로서, 세계가 혐오하는 것이다. 이에 상응하여 단테도 배신자를 사탄이 몸소 거하는 지옥의 가장 밑바닥으로 보낸다(《지옥Inferno》, 2권).

이제 여기에서 의무의 개념이 언급되었으므로, 삶에서와같이 윤리학에서 매우 빈번히 등장하지만 지나치게 넓게 사용되는 의무의 개념을 확정할 때다. 우리는 불의가 언제나신체, 자유, 소유물, 명예 중 어떤 것에 대한 것이든 상관없이 타인의 훼손에서 성립된다는 것을 보았다. 여기에서 도출되는 것은, 모든 불의가 적극적 공격, 즉 어떤 행위여야 한다는 것이다. 그런데 그것의 불이행이 불의인 행위들이 있다.그 같은 행위가 의무라 불린다. 이것이 의무 개념에 대한 본래의 철학적 정의다. 이에 반해 지금까지의 도덕의 경우에서와 같이 칭찬할 만한 모든 행위 방식을 의무로 규정하여, 의무가 곧 부채여야 함을 잊는다면, 그것의 모든 고유함을 잃게 될 것이다. 의무le devoir는 따라서 그것의 단순한 불이행으로 타인을 훼손하는, 즉 불의를 범하는 행위다. 분명히 이것은 그 불이행자가 그 같은 행위를 자청해서 떠맡음으로써, 즉 의무를 짐으로써 성립될 수 있는 경우다. 그에 따라 모든 의무들은 동의를 통해 의무를 떠맡는 것에 기인한다. 이것은 보통 명백한 쌍방의 합의다. 예를 들어, 군주와 국민, 정부와 공무원, 주인과 하인, 변호사와 의뢰인, 의사와 환자, 대체로 어떤 방식의 일을 떠맡은 이와 가장 넓은 의미에서 그것을 요청한 이 사이의 합의다. 따라서 모든 의무에는 권리가 주어진다. 누구도 동기 없이, 즉 여기에서, 어떤 이익 없이 의무를 질 수는 없기 때문이다. 합의를 거치지 않고 행위만을 통해 직접적으로 떠맡게 된 것으로서 나는 오직 하나의 의무를 안다. 왜냐하면 이 의무를 떠맡게 될 때 상대방이 아직 없었기 때문이다. 그것은 자식에 대한 부모의 의무다. 자식을 세상에 내보내는 이는, 자식이 스스로를 보호할 수 있을 때까지 그를 보호할 의무를 진다. 그리고 맹인, 불구자, 백치 등등에게 이 시간은 결코 오지 않으므로, 그 의무도 결코 멈추지 않는다. 왜냐하면 단지 도움을 행하지 않는 것만으로, 즉 불이행으로, 그는 아이를 훼손할 것이고, 심지어 몰락으로 이끌 것이기 때문이다. 부모에 대한 자식의 도덕적 의무는 그다지 직접적이고 단정적이지 않다. 그것은, 모든 의무에는 권리가 주어지므로 부모도 자식에 대해 권리를 가져야 한다는 것에 기인한다. 여기에서 이 권리는 복종의 의무에 대한 근거를 마련해주지만, 이 의무도 나중에 그것을 발생시킨 권리와 함께 멈춘다. 그러면 그 자리에 부모가 엄격한 그들의 의무보다 더 행한 것에 대해 감사하는 마음이 일어난다. 그러나 배은망덕이 너무도 추하고 때때로 혐오스러운 악덕일지라도, 감사의 마음이 의무로 불릴 수는 없다. 왜냐하면 그것의 부재가 타인을 훼손하지 않고, 따라서 불의가 아니기 때문이다. 이 외에 선행자는 암암리에 거래 계약을 맺고 있다고 생각할 수밖에 없을 것이다.——아마도 사람들은 끼친 손해에 대한 배상을 직접적으로 일어난 의무라고 주장할 수 있을 것이다. 그러나 이것은 정의롭지 못한 행위 결과의 지양이자 단지 그것을 말소하려는 노력으로서, 그 행위 자체가 일어나지 않았어야 한다는 것에 근거하는 순수하게 부정적인 어떤 것이다.——또한 여기에서 주목할 것은, 공평함이 정의의 적이라는 것이다. 공평함은 때로 정의를 심하게 몰아세우므로 너무 많이 허용되지 말아야 한다. 독일인은 공평함을 좋아한다. 영국인은 공평함을 정의라고 생각한다.

동기화의 법칙은 물리적 인과성의 법칙과 같이 엄격하여, 마찬가지로 어길 수 없는 힘을 동반한다. 이에 상응하여 불의의 행사에는 힘과 간계의 두 방법이 있다. 내가 힘으로 타인을 죽이거나 강탈하거나 나에게 복종하도록 강요할 수 있듯이, 나는 이 모든 것을 간계를 통해서도 해낼 수 있다. 이것은 타인의 지성에 잘못된 동기를 밀어넣는 방법이다. 결과적으로 그는, 이 동기가 없었다면 하지 않았을 것을 해야 한다. 이것은 거짓말을 통해 일어난다. 거짓말의 불법성은 오직 여기에 기인한다. 즉 거짓말이 간계의 도구인 한, 즉 동기화를 통한 강요의 도구인 한에서만, 거짓말에 불법성이 따라붙는다. 이것은 당연한 일이다. 왜냐하면 먼저 나의 거짓말 자체가 동기 없이 일어날 수 없기 때문이다. 이 동기는, 아주 드문 경우 예외가 있겠지만 거의 전부가 부당한 의도다. 그것은 어떤 힘도 갖지 않는 타인을 나의 의지대로 이끌려는, 즉 타인을 동기화를 통해 강요하려는 의도다. 이 의도는 심지어 단순히 허풍떠는 거짓말에도 있다. 그것을 필요로 하는 이가 타인에게, 거짓말을 통해 자신이 갖고 있는 것보다 더 고상한 모습을 보이려고 시도하기 때문이다.── 약속과 계약의 의무는, 그것이 이행되지 않았을 때 가장 참을 수 없는 거짓말이 된다는 것에 근거한다. 타인에게 도덕적 강요를 행사하려는 이 거짓말의 의도는 여기에서, 거짓말의 동기가, 즉 요구된 상대방의 행위가 분명히 나타났을수록 더 명백하다. 속임을 경멸할 만한 것은, 그것이 상대를 공격하기 이전에 위선을 통해 상대에게서 무기를 빼앗기 때문이다. 배신은 그것의 정점이다. 배신은 이중의 불의에 속하므로 깊이 혐오할 만하다. 그러나 내가 불의 없이, 즉 정의롭게, 힘을 통해 힘을 물리칠 수 있듯이, 그렇게 나는, 나에게 힘이 없을 때나 그것이 더 편해 보일 때, 간계를 통해 그렇게 할 수도 있다. 따라서 내가 폭력을 행사할 권리를 갖는 경우에는, 또한 거짓말을 할 권리도 갖는다. 그러므로 예를 들어 강도에 대항하여, 그리고 모든 종류의 부당한 권력자에 대항하여, 나는 간계를 통해 덫으로 유혹한다. 따라서 힘으로 강제된 약속은 구속력이 없다.── 그러나 거짓말의 권리는 사실상 더 나아간다. 그것은 나의 개인적 일이나 업무에 관한, 완전히 자격 없는 모든 물음에 대해 일어난다. 그래서 그것은 주제넘은 물음으로서, 그것에 답변하는 것뿐만 아니라, "나는 말하지 않겠다"라는 거절이 이미 의심을 사는 언행으로서 나를 위험에 빠지게 할 것이다. 여기에서 거짓말은 대부분 그 동기가 호의적이지 않은, 주제넘은 호기심에 대한 정당방위다. 왜냐하면 내가, 추측된 타인의 나쁜 의도에 대해, 그리고 그에 따라 예상된 물리적 힘에 대해, 침해자의 위험에 미리 저항하고, 그래서 예방 조치로서 내 정원의 담을 날카로운 침으로 보호하고, 밤마다 내 안마당에 사나운 개들을 풀어놓고, 심지어 경우에 따라 침입자 자신이 나쁜 결과를 책임져야 하는 덫과 자동 발사 장치를 설치할 권리를 갖듯이, 나는 또한 나를 타인의 공격에 대해 웃음거리로 만드는 일을 모든 방법으로 감출 권리와 이유도 갖는다. 왜냐하면 나는 여기에서도 타인의 나쁜 의지를 아주 쉽게 발생할 수 있는 일로 받아들이고, 그에 대한 예방책을 미리 마련해야 하기 때문이다. 그래서 아리오스토[64]는 말한다.

> *꾸밈이 대부분 비난받고*
> *그 나쁜 의도를 드러낼지라도*
> *그것은 손해와 치욕과 죽음을 예방하여*
> *여러 면에서 분명히 좋은 일을 했다.*
> *왜냐하면 질투로 가득 찬*
> *쾌활한 것보다 훨씬 더 음울한*
> *죽어야 할 삶에서*
> *우리는 언제나 친구들과 말하는 것만은*
> *아니기 때문이다.*
> 《광란의 오를란도*Orlando furioso*》, 4, I)

그러니까 내가 간계에 의해 단순히 예상된 침해에 대해 무엇보다 간계를 대치하는 것은 부당하지 않다. 따라서 자격 없이 나의 사적 관계들을 엿보는 이에게 해명할 필요도 없고, "나는 이것을 비밀로 하겠다"라는 답변으로 나에게는 위험하고 그에게는 아마 유리할, 어쨌든 그에게 권력을 부여하게 될 비밀이 있는 자리를 가리킬 필요는 없다.

사람들은 비밀을 알려고 한다. 그래서 두려운 인물이 되기 위해.

(유베날리스,《풍자》, 3, 113)

그렇다면 나는 오히려 그를 거짓말로 물리칠 권한이 있다. 그 거짓말이 그를 해로운 오류에 빠뜨릴 경우, 그것은 그의 책임이다. 왜냐하면 여기에서 거짓말은 주제넘고 의심스러운 호기심을 대하는 유일한 수단이기 때문이다. 그래서 나는 정당방위의 경우에 놓인다. *"나에게 어떤 것도 묻지 마라. 그러면 나도 너에게 거짓말을 하지 않겠다"*라는 말은 여기에서 올바른 원칙이다. 말하자면 거짓말쟁이라는 비난이 가장 심각한 모욕으로 여겨지고, 그래서 실제로 다른 국민보다 거짓말을 적게 하는 영국인에게는 그에 따라, 타인의 처지에 관한 주제넘은 모든 물음이 무례함으로 여겨진다. 이것은 '*질문을 하기 위한*' 물음으로 표현된다.── 또한 그가 가장 성실한 사람일지라도, 모든 총명한 사람은 위에 제시된 원칙에 따라 행동한다. 그가 예를 들어 멀리 떨어진 곳에서 돈을 벌어 돌아갈 때, 낯선 여행자가 그와 어울려 일상적으로 그렇듯이 먼저, 어디로 가는지, 어디에서 왔는지를 묻는다면, 이에 대해 그는, 무엇이 그를 그곳으로 이끌었건, 강탈의 위험을 피하기 위해 점차 거짓말을 하게 될 것이다. 어떤 이가 구혼하려는 이의 아버지의 집에서 방문 이유에 대해 예기치 않은 질문을 받았을 때, 그가 멍청하지 않다면 서슴없이 거짓 대답을 할 것이다. 그와 같이 이성적인 누구라도 양심의 가책 없이 속이는 경우는 심지어 자주 일어난다. 이 견해만이 가르쳐지는 도덕과 가장 정직하고 선한 이조차 일상적으로 수행하는 것 사이의 엄청난 모순을 제거한다. 그러나 거기에서 정당방위의 경우로 지정된 제약은 엄격히 지켜져야 한다. 왜냐하면 거짓말은 그 자체로 무척 위험한 도구이므로, 다른 경우에 이 주장은 추악하게 오용될 수 있기 때문이다. 그러나 법률은 평화시에도 누구에게나 무기를 소지하고, 말하자면 정당방위의 경우에 사용할 것을 허용하듯이, 같은 경우에, 그러나 또한 오직 이 경우에, 도덕은 거짓말 사용을 허용한다. 폭력과 간계에 대항하는 정당방위의 경우를 제외하면, 모든 거짓말은 불의다. 따라서 정의는 모든 이에 대한 진실성을 요구한다. 그러나 거짓말이 전적으로 무제한적이고 예외 없이 혐오스럽다는 문제의 본질과는 대립적으로, 거짓말이 심지어 의무인 경우가 있다는 것이 언급된다. 이것은 특히 의사들에게서 나타난다. 마찬가지로, 예를 들어《돈 카를로스》에 나오는 포저[65]의 거짓말,《해방된 예루살렘 *Gerusalemme liberata*》[66] 2편 22연에서와 어떤 이가 다른 사람의 죄를 떠맡으려 하는 모든 경우에서와 같이 고결한 거짓말이 있다. 그리고 심지어 예수 그리스도도 언젠가 의도적으로 거짓말을 했다(〈요한복음〉, 7장 8절). 따라서 캄파넬라[67]는《철학시 *Poesie filosofiche*》의 제9합창에서 솔직하게 말한다. "거짓말은 아름답다, 그것이 좋은 것을 가져온다면."――그러나 반대로 정당방위로서의 거짓말에 대해 통용되는 학설은 도덕이라는 초라한 옷에 붙은 가련한 헝겊 조각과 같다.――칸트의 발의로 몇몇 개요에 제시된, 인간의 언어 능력에서 거짓말의 불법성을 도출하는 것은 너무나 진부하고 유치하고 황당무계하여, 사람들은 오직 그것에 반대하기 위해, 악마에게 헌신하고, 탈레랑[68]과 함께 "인간은 *그의 생각을 감출 수 있기 위해 언어를 보존했다*"라고 말하도록 부추길 수 있을 정도다.――칸트는 거짓말에 대한 무조건적이고 무한한 혐오를 기회 있을 때마다 과시한다. 그러나 그의 혐오는 허세나 편견에 기인한다. 《덕론의 형이상학적 기초》의 거짓말에 대한 장에서 칸트는 거짓말을, 비난하는 모든 술어로 꾸짖지만, 그 비난의 어떤 본래적인 근거도 제시하지 않는다. 근거를 제시하는 것이 좀더 효과적이었을 것이다. 미사여구를 늘어놓으며 연설하는 것이 증명보다 더 쉽고, 도덕을 논하는 것이 스스로 정직한 것보다 더 쉽다. 칸트는 그 특별한 노력을 남의 **불행**을 **기뻐하는 마음**을 비난하는 것에 쏟았어야 했다. 거짓말이 아니라 이것이 본래적인 악마적 악덕이다. 왜냐하면 이것이 동정심에 정면으로 대립하기 때문이다. 이것은 타인의 고통을 바라보기는 좋아하지만 그것을 스스로 일으킬 수 없어, 그 대신 그것을 일으켜준 우연에 감사하는 무력한 잔인함에 지나지 않는다.―― 기사도적 명예의 원칙에서, 거짓말에 대한 비난이 무척 중요하고 원래는 비난한 사람의 피로 설욕해야 하는 일로 여겨지는 것은, 거짓말이 불의이기 때문이 아니다. 그렇다면 폭력으로 행사된 불의라는 비난도 마찬가지로 심각하게 모욕적이어야 하겠지만, 알려졌듯이 그렇지 않기 때문이다. 오히려 그 이유는, 기사도적 명예의 원칙에서 정의의 근거가 원래 힘이라는 데에 있다. 그래서 불의를 실행하기 위해 거짓말을 하는 이는, 그에게 힘이나 힘을 사용하는 데 필요한 용기가 없음을 증명하는 것이다. 모든 거짓말은 두려움을 증명한다. 이것이 그를 가혹하게 비판하는 것이다.

18. 인간애의 덕

따라서 정의는 최초의 근본 덕이고, 본질적 근거가 되는 근본 덕이다. 고대의 철학자들도 그것을 그런 것으로서 인정했지만, 거기에 부적합하게 선택한 다른 세 가지를 병렬시켰다. 반면에 그들은 인간애caritas를 아직 덕으로 설정하지 않았다. 도덕에 있어서 가장 탁월한 플라톤조차 자발적이고 사심 없는 정의에까지만 도달했다. 실제로, 그리고 사실상 모든 시대에 인간애는 있어왔지만, 그것이 이론적으로 표현되고 형식적으로 덕으로서, 더욱이 모든 것 중에 가장 위대한 덕으로서 제시되고, 심지어 적에게까지 확장된 것은 기독교에 의해 비로소 이루어졌다. 기독교의 가장 위대한 공로는 바로 여기에서 성립된다. 비록 그것이 유럽에 한한 것이긴 하지만. 왜냐하면 아시아에서는 이미 1,000년 전에 이웃에 대한 무제한적 사랑이 실천의 대상이었던 것과 마찬가지로 학설과 지침의 대상이었기 때문이다. 《베다Veda》[69]와 다르마–사스트라Dharma-Sastra[70], 이티하사Itihasa와 푸라나Purana[71], 또한 석가모니 붓다의 가르침은 지칠 줄 모르고 그것을 설파했다.── 그리고 우리가 그것을 엄격히 받아들이자면, 고대에서도 예를 들어 키케로의 《선과 악의 한계에 대하여De finibus bonorum et malorum》 제5장 23절에서, 심지어 이암블리코스Iamblichos의 《피타고라스의 생애에 대하여De vita Pythagorae》 제33장에 따르면, 이미 피타고라스에게서 인간애를 권고하는 흔적을 찾을 수 있다. 이제 내가 해야 할 일은, 나의 원칙에서 이 덕을 철학적으로 도출하는 것이다.

동정심의 두 번째 단계는 동정심에서 나오는 행위들의 적극적 특성을 통해 첫 번째 단계와 명백히 구분된다. 두 번째 단계에서 타인의 고통은 위에서 사실상 증명된 동정심의 과정──그 근원이 비록 비밀스럽기는 해도──을 매개로 그 자체로서 직접적으로 나의 동기가 된다. 그래서 동정심은 나로 하여금 타인을 훼손하지 않도록 할 뿐만 아니라, 그를 돕도록 재촉한다. 한편으로 앞의 직접적인 관여가 생생하고 마음에서 우러나올수록, 다른 한편으로 타인의 곤궁이 크고 급

박할수록, 나는 순수하게 앞의 도덕적 동기에 의해 크거나 작은 희생을 타인의 결핍이나 필요에 바치게 된다. 그를 위한 이 희생은 나의 육체적 혹은 정신적 힘을, 즉 나의 소유물, 나의 건강, 자유, 심지어 나의 삶을 긴장시킬 수 있다. 따라서 어떤 논증으로 지지되지도, 논증이 필요하지도 않은 이 직접적인 관여에 인간애와 박애의 유일하게 순수한 근원이 놓여 있다. 이것의 준칙은 "할 수 있는 한, 모든 이를 도와라"이고, 여기서 '덕 의무', '사랑의 의무', '불완전한 의무'라는 이름으로 윤리학이 지시하는 모든 것이 나온다. 타인의 고통에 대한 이 완전히 직접적인, 심지어 본능과 같은 관여, 즉 동정심은 도덕적 가치를 갖는 행위들의 유일한 원천이다. 다시 말해서 동정심은 어떤 이기적인 동기도 없는, 바로 그 때문에 우리 자신 안에 내적 만족감을 불러일으키는 행위들의 유일한 원천이다. 이 내적 만족감이 선한 양심, 충족된 양심, 칭송할 만한 양심으로 불린다. 또한 그것은 보는 이에게도 본래적인 동의, 존경, 경탄, 심지어 자신에 대한 굴욕적 반성이라는 부정할 수 없는 사실까지도 불러일으킨다. 이에 반해 어떤 선행이 동정심이 아닌 다른 동기를 가질 때, 그 동기가 결코 악의적이지 않다면, 그것은 이기적일 수밖에 없다. 왜냐하면 위에 제시된 모든 행위의 원초적 동인인 이기주의, 악의, 동정심에 상응하여, 인간을 움직일 수 있는 동기들은 대체로 1. 자신의 행복, 2. 타인의 고통, 3. 타인의 행복이라는 세 가지의 완전히 일반적인 최고 단계로 분류되기 때문이다. 그러면 어떤 선행의 동기가 세 번째 것이 아니라면, 그것은 반드시 첫 번째나 두 번째에 속하는 것이어야 한다. 두 번째는 실제로 때때로 일어나는 경우로서, 예를 들어 내가 누군가에게 선행을 베풀 때, 그것이 내 선행을 받지 못하는 다른 사람을 모욕하거나 그 사람이 자기 고통을 더 느끼도록 하기 위해서, 혹은 선행을 행하지 않은 제3자를 부끄럽게 하기 위해서, 혹은 마지막으로 선행을 통해 선행을 받는 이의 자존심을 상하게 하기 위해서인 경우다. 그러나 처음의 것은 훨씬 더 자주 일어나는 경우로서, 말하자면 내가 어떤 선행에서 나 자신의 행복을 의도하는 경우다. 그것이 무척 멀리 떨어져 있고 멀리 돌아서 얻게 되는 것일지라도. 다시 말해서 그 경우는, 내가 이 세상이나 저 세상에서의 보상과 얻을 만한 존경과 고결한 마음이라는 평판을 고려할 때, 혹은 내가 오늘 돕는 이가 언젠가 나를 다시 돕거나 나에게 필요하고 도움이 될 수 있을 것이라는 생각, 또한 마지막으로 고결한 마음이나 선행의 원칙이, 그래도 한 번은 나에게 이익이 될 수 있으므로 유지되어야 한다는 생각이 나에게 떠오를 때다. 요약하면, 나의 목적이 완전히 유일하게 순수 객관적인 것 이외의 어떤 것인 한에 있어서, 즉 내가 타인을 그의 결핍과 필요에서 해방시키고 그를 그의 고통에서 자유롭게 하려고, 그리고 오직 그것만을 위해서 타인을 도운 것이 아닌, 그런 한에 있어서다. 오직 그 반대의 경우에만 유일하게 나는 인간애와 박애를 실제로 증명한 것이다. 이것을 전파한 것은 기독교의 위대하고 탁월한 공로다. 그러나 "오른손이 하는 일을 왼손이 모르게 하라"(〈마태복음〉, 6장 3절)와 같이 신교가 그의 사랑의 명령에 첨가한 그 비슷한 지침들은, 내가 여기에서 도출해낸 것에 대한 느낌에 근거한다. 그것은 곧, 나의 행위가 도덕적 가치가 있으려면, 다른 어떤 것에 대한 고려가 아니라 타인의 필요만이 전적으로 유일하게 나의 동기여야 한다는 것이다. 같은 곳에서(〈마태복음〉, 6장 2절) 겉치레로 주는 이는 그 보상을 받아간다고 이야기된다. 그러나 《베다》경전들은 여기에서도 우리에게 고도의 신성함을 설파한다. 그것은, 자기 행위의 어떤 보상을 바라는 이는 아직 암흑의 길에 사로잡혀 있으며, 아직 구원에 이를 만큼 성숙하지 않다고 반복하여 확증한다.──어떤 이가 그가 동냥을 줌으로써 거기에서 얻는 것이 뭐냐고 내게 묻는다면, 나는 솔직히 이렇게 답변할 것이다. "그 불쌍한 이의 운명을 쉽게 해주는 것, 그 외에는 어떤 것도 없다. 그런데 그것이 너에게 이익이 되지 않고 원래의 의도가 아니라면, 그렇다면 너는 원래 동냥을 준 것이 아니라 무엇을 사려고 한 것이다. 거기에서 너는 속임수에 넘어가 돈을 빼앗긴 것이다. 그러나 너의 의도가 결핍에 짓눌린 이의 고통을 덜어주려는 것이었다면, 그러면 너는 그가 고통을 덜은 것으로, 그리고 네 동냥이 얼마나 많은 것을 얻었는지를 보는 것으로 바로 너의 목적을 이루었다."

그러나 그렇다면 어떻게 나의 것이 아닌, 나에게 관련되지 않은 고통이 보통 나 자신의 동기만이 그렇듯이 나에게 직접적인 것이 되어 나를 행동하도록 움직일 수 있는가? 그것은 오직 내가 그 고통을 공감하고, 내 안에서가 아니라 타인 안에서이지만, 나의 것으로 느낌으로써 가능하다. 비록 그 고통은 나에게 오직 외적인 것으로서 단순히 외적 직관이나 지식을 통해 주어지지만. 칼데론[72]은 이것을 이미 표현했다.

고통을
보는 것과 고통 받는 것에는
어떤 차이도 없다.
(《두 개의 문은 지키기 어렵다 *No siempre el peor es cierto*》, 2막, 229쪽)

그러나 이것은, 내가 나를 타인과 어느 정도 동일화했고, 그래서 아我와 비-아非-我를 가르는 빗장이 그 순간에 지양되었음을 전제한다. 오직 그럴 때에 타인의 상황, 그의 결핍, 그의 필요, 그의 고통이 직접적으로 나의 것이 된다. 그러면 나는 그를 더 이상, 경험적 직관이 부여한 그의 존재처럼, 나에게 생소한 것, 나에게 무관한 것, 나와 완전히 다른 것으로 바라보지 않고, 그의 피부가 나의 신경을 포함하지 않더라도 그의 내부에서 나는 똑같이 고통받는다. 이를 통해서만 그의 고통, 그의 필요가 나에게 동기가 될 수 있다. 그렇지 않다면 오직 나 자신의 것만 나의 동기일 수 있다. 이 과정은, 반복해서 말하는데, 신비롭다. 왜냐하면 그 과정에 대해 이성이 직접적으로 어떤 설명도 해줄 수 없고, 그것의 근거들이 경험의 방법으로 찾아질 수도 없기 때문이다. 그래도 그 과정은 일상적으로 일어난다. 누구나 그 과정을 자주 체험했고, 심지어 가장 냉정하고 이기적인 사람에게도 그것은 낯설지 않다. 그 과정은 우리의 눈앞에서, 개인에게서, 작은 것에서, 한 인간이 오래 생각하지 않고 직접적인 충동으로 타인을 돕고, 구하려고 달려가는 모든 곳에서 매일 나타난다. 심지어 그가 처음 보는 이를 위해 타인의 큰 필요와 위험 외에 더 이상 생각하지 않은 채 자신의 생명까지도 명백한 위험에 빠뜨리는 경우에도 동정심의 작용은 나타난다. 이 과정은, 오랜 숙고와 심각한 논쟁 후에 도량 넓은 영국 국민이 그들의 식민지에 있는 흑인 노예들에게 자유를 주기 위해 2,000만 파운드의 은화를 내어줄 때, 전 세계의 찬사를 받으며 크게 드러난다. 이 수많은 아름다운 행위의 동인이 동정심이라는 것을 부정하고, 기독교에 그 공을 돌리려는 이는, 비록 그 당시에 노예 제도가 일반적이었다 해도 《신약성서》를 통틀어 노예 제도에 반대하는 어떤 말도 없다는 것과 심지어 1860년 북미에서 어떤 이는 노예 제도를 옹호하기 위해 아브라함과 야곱도 노예를 부렸다는 것을 증거로 끌어들였다는 사실을 숙고하라.

이제 모든 개별적 경우에서 앞의 신비적인 내적 과정의 실천적 결과들이 무엇일 것인지는 덕 의무나 사랑의 의무 혹은 불완전한 의무나 다른 어떤 것에 관한 윤리학의 장과 단락에서 분석될 수 있다. 이 모든 것의 뿌리, 즉 기초는 여기에 제시된 것으로서, 이로부터 "*네가 할 수 있는 한, 모든 이를 도와라*"라는 원리가 나온다. 그리고 이 원리에서 나머지 모든 것이 쉽게 도출된다. 그것은 내 원칙의 첫 부분, 즉 "*누구도 해치지 마라*"에서 정의의 모든 의무가 도출되는 것과 같다. 예상되듯이, 윤리학은 사실상 모든 학문 중에서 가장 쉬운 것이다. 완벽히 구성된 윤리학을 익힐 용기와 인내를 가진 이가 많지 않으므로, 누구나 그것을 스스로 구성하고, 스스로 그의 마음에 근거하는 최고 원리로부터 누구에게나 나타나는 경우를 위한 규칙을 도출할 책임을 갖기 때문이다. 정의와 인간애에서 모든 덕이 흘러나온다. 따라서 이 둘은 근본 덕으로서, 이들에 대한 도출과 함께 윤리학의 초석이 놓아졌다.── 정의는 《구약성서》에 담긴 모든 윤리적 내용이고, 인간애는 《신약성서》의 그것이다. 《신약성서》는 새로운 명령이다(《요한복음》, 13장 34절). 이 안에, 사도 바울에 따르면(《로마인들에게 보낸 편지》, 13장 8~10절), 기독교의 모든 덕이 포함되어 있다.

19. 도덕의 기초에 대한 증명

동정심이 유일하게 비이기적인 동인으로서, 또한 유일하게 참된 도덕적 동인이라는, 방금 언급된 진리는 기이하고 심지어 거의 이해될 수 없을 만큼 역설적이다. 따라서 나는, 이 진리가 경험과 보편적 인간 감정의 표명을 통해 증명된 것임을 보임으로써 독자들의 잘못된 신념을 몰아내겠다.

1. 이 목적을 위해 나는 먼저 임의로 생각해낸 경우를 예로 들겠다. 이 경우는 이 연구에서 결정적 시험으로 간주될 수 있다. 그러나 문제를 사소한 것으로 만들지 않기 위해, 나는 인간애의 경우는 들지 않고, 권리 침해의 가장 극단적인 경우를 들겠다.── 가이우스와 티투스라는 두 젊은이를 상정해보자. 둘 다 각자 다른 소녀들에게 정열적으로 사랑에 빠져 있다. 그리고 둘 다에게 외적 상황으로 보아 더 유리한 경쟁자가 도처에 있다. 둘 다 각자의 경쟁자를 없애버리기로 결심했고, 둘 다 발각되거나, 더욱이 의심받을 염려가 전혀 없다. 그러나 살인을 실행할 때가 다가왔을 때, 둘 다 자기 자신과 싸웠고, 그 이후에 그들은 모두 그 계획으로부터 멀어진다. 자신들의 결심을 포기한 근거들에 대해 그들은 솔직하고 명백히 해명해야 할 필요가 있다.── 가이우스의 해명은 완전히 독자의 선택에 맡겨진 것이다. 그는 신의 의지, 언젠가 올 보복, 미래의 법정 등등과 같은 종교적 근거에 의해 저

지되었을 수 있다.── 혹은 그가 "나는 내 행위의 준칙이 이 경우에 나의 경쟁자를 동시에 목적으로 취급하지 않고, 단순히 수단으로 취급하는 것이겠기에, 모든 가능한 이성 존재를 위한 보편타당한 규칙을 제시하기에 적합하지 않다고 생각했다"라고 말한다고 하자.── 혹은 그는 피히테를 인용하여 "모든 인간 생명은 도덕 법칙의 실현을 위한 수단이다. 따라서 나는 도덕 법칙의 실현에 대해 무관하지 않고, 그것에 기여하기로 결정되어 있는 것을 제거할 수 없다"(《덕론의 체계》, 373쪽)라고 말할 수도 있다. (덧붙여 말하자면, 그는 그의 애인을 얻는 것에서 곧 도덕 원칙의 새로운 도구를 만들어내기를 바람으로써 이러한 양심의 가책을 느낄 수 있다).── 혹은 그는 월러스턴 Wollastone에 따라 "나는 모든 행위가 비진리의 명제의 표현이 될 것임을 고려했다"라고 말할 것이다.── 혹은 그는 허치슨에 따라 "다른 감각들과 같이 더 이상 설명될 수 없는 도덕 감각이 나로 하여금 그것을 그대로 두도록 결정하게 했다"라고 말할 것이다.── 혹은 그는 애덤 스미스에 따라 "나는 나의 행위가 그것을 보는 이에게 나와의 어떤 공감도 일으키지 않을 것이라고 예상했다"라고 말할 것이다.── 혹은 볼프에 따라 "나는 내가 그것을 통해 나 자신의 완성에 대립적으로 수행하며, 타인의 완성도 촉진하지 않을 것이라고 인식했다"라고,── 혹은 스피노자에 따라 *"인간에게 있어 인간보다 더 유용한 것은 없다. 따라서 나는 인간을 죽이고 싶지 않*

았다"(《에티카》, 4부 정의 18) 라고,── 요약하면, 그는 사람들이 원하는 바대로 말할 것이다.── 그러나 나의 몫인 티투스의 해명은 다음과 같다. "그 준비에 이르렀고, 내가 그래서 그 순간 내 열정이 아니라 경쟁자에 몰두했듯이, 거기에서 우선 나에게 정말로 명백해진 것은, 이제 무엇이 그에게 실제로 일어나야 하는가였다. 그러나 이제 동정심과 연민이 나에게 일어났다. 그를 불쌍히 여기는 마음이 나에게 일어났다. 나는 그것을 차마 하지 못했다. 나는 그것을 할 수 없었다.── 이제 나는 공정하고 편견 없는 모든 독자에게 묻는다. 둘 중 누가 더 나은 인간인가?── 둘 중 누구에게 자신의 운명을 기꺼이 맡기겠는가?── 그들 중 누가 순수한 동기에 의해 저지되었는가?── 그렇다면 도덕의 기초는 어디에 있는가?

2. 어떤 것도, 잔인한 행위와 같이 그렇게 가장 깊은 바닥에서부터 우리의 도덕감을 격분시키지 않는다. 다른 모든 범죄를 우리는 용서할 수 있다. 그러나 잔인한 행위만은 그렇지 않다. 잔인성은 동정심의 정반대이기 때문이다. 우리가 어떤 무척 잔인한 행위, 예를 들어 바로 지금 신문이 보도하듯이, 다섯 살 난 아들을 식도에 끓는 기름을 부어 죽였는가 하면, 더 어린 아이는 산 채로 매장한 어떤 어머니의 행위와 같이,── 혹은 방금 알제리로부터 보고된 것으로, 스페인인과 알제리인 사이의 우연한 다툼 끝에 더 힘센 후자가 전자의

아래턱을 그를 살려둔 채 잘라내어 전리품으로 가져간 행위와 같이 잔인한 행위에 대해 우리는 놀라서, "어떻게 그런 짓을 할 수 있는가?"라고 외칠 것이다.—— 이 물음의 의미는 무엇인가? 그것은 혹시 "어떻게 미래의 삶에서의 벌을 그렇게도 두려워하지 않을 수 있는가"인가?—— 그렇지 않을 것이다.—— 혹은 "어떻게 모든 이성 존재에게 보편적 법칙이 되기에 그렇게 전혀 적합하지 않은 준칙에 따라 행동할 수 있는가"인가?—— 분명히 아니다.—— 혹은 "어떻게 그 자신과 타인의 완전성을 그렇게도 무시할 수 있는가"인가?—— 마찬가지로 아니다.—— 이 물음의 의미는 분명히 이것일 뿐이다. "어떻게 그렇게 동정심이 전혀 없을 수 있는가?"—— 따라서 어떤 행위가 심각한 도덕적 비난과 혐오의 대상이 되는 것은, 거기에 동정심이 크게 결여되었을 때다. 따라서 동정심은 본래적인 도덕적 동인이다.

3. 내가 제시한 도덕의 기초와 도덕성의 동인은 그것의 실제적 작용과 광범위한 효과로 인해 일반적으로 칭송받는 유일한 것이다. 철학자들의 쓸데없는 도덕 원칙들에 대해 누구도 그같이 주장하려 하지 않을 것이기 때문이다. 그 원칙들을 실제적 행위에 적용하는 것은 심지어 우스운 측면을 갖게 될 것이다. 왜냐하면 그것들은 인위적 개념 조합 이외의 다른 기초 없이, 추상적이고 일부 궤변적이기조차 한 명제들에서 성립하기 때문이다. 단순히 칸트의 도덕 원칙을 고려하는

데서 수행된 선한 행위는 엄밀히 말하자면 철학적 현학의 작품이거나 자기 기만에 빠질 것이다. 왜냐하면 행위자의 이성이 아마 더 고귀한 다른 동인을 가질 수도 있는 행위를, 정언 명령과 어떤 것에도 근거하지 않는 의무 개념의 산물로 설명하기 때문이다. 그러나 단순한 이론을 목표 삼는 철학적 도덕 원칙뿐만 아니라, 완전히 실천적 목적을 주장하는 종교적 도덕 원칙들에 대해서조차 그 결정적 영향이 증명되는 일은 드물다. 이것은 무엇보다, 지구상의 큰 종교적 다양성에도 불구하고 도덕성이나 비도덕성의 정도가 각각에 대응하는 다양성을 전혀 보이지 않고, 본질에 있어서는 거의 언제나 같다는 점에서 드러난다. 다만 야만과 세련이 도덕성, 비도덕성과 바뀌지 않아야 한다. 그리스인의 종교는 거의 맹세에만 그치는 아주 빈약한 도덕적 경향을 가졌었다. 그것은 어떤 독단도 가르치지 않았고, 어떤 도덕도 공식적으로 설교하지 않았다. 그러나 우리는 그렇다고 그리스인들이 전체적으로 기독교적 세기의 인간들보다 도덕적으로 더 나빴다고 보지 않는다. 기독교의 도덕은 지금까지 유럽에 등장한 여타의 종교들보다 훨씬 고상한 양식을 갖는다. 그러나 그렇다고 해서 유럽의 도덕성이 바로 그만큼 좋아졌고, 적어도 동시대에서는 가장 나은 것이라고 믿으려는 이를 위해, 이슬람교도와 배화교도, 힌두교도와 불교도에게서 기독교를 믿는 민족에게 나타나는 것과 같은 정직, 신의, 관용, 온순한 성품, 선행,

고결한 마음과 자기 희생이 발견된다는 것이 증명될 것이다. 뿐만 아니라 수많은 종교 전쟁, 무책임한 십자군 원정, 수많은 아메리카 원주민의 말살, 그리고 아프리카에서 끌고 온, 부당하게, 그 어떤 권리 증서도 없이, 자기 가족과 자기 조국, 자기 땅에서 찢겨 나와 끝없는 강제 노동을 선고받은 흑인 노예들을[73] 아메리카 대륙에 거주시킨 일, 이교도에 대한 지칠 줄 모르는 박해와 천인공노할 종교 재판, 성 바르톨로메오의 밤[74], 알바[75]의 1만 8,000명의 네덜란드인 처형 등등에서 기독교가 저지른 비인간성의 기나긴 목록은——오히려 기독교에 불리한 일격을 가할 것이다. 그러나 대체로 기독교와 대개의 모든 종교가 설교하는 탁월한 도덕을 그 신자들의 실천과 비교한다면, 그리고 세속적 권력이 범죄를 저지르지 않고, 심지어, 우리가 두려워해야 하는 경우인데, 하루만이라도 모든 법칙이 없어졌을 때 이들이 어떻게 할 것인지를 상상한다면, 종교가 도덕성에 미치는 영향은 원래 매우 빈약하다는 것을 인정해야 할 것이다. 이것의 잘못은 물론 믿음의 허약함에 있다. 이론적으로는, 그리고 선의의 관찰에 머무는 한, 누구에게나 그의 믿음은 확고해 보인다. 그러나 그 일이 그들에게 닥치고, 이제 그 믿음이 큰 체념과 심각한 희생을 통해 증명되어야 할 때, 행위는 우리의 모든 확신에 대한 가혹한 시금석이다. 거기에서 믿음의 허약함이 나타난다. 한 인간이 어떤 범죄를 진지하게 생각할 때, 그는 참되고 순수한 도덕성의 경계를 이미 부수었다. 그러나 그 다음에 그들을 저지하는 것은 무엇보다 먼저 법정과 경찰에 대한 생각이다. 이들을 모면할 희망을 통해 그가 이 생각에서 벗어난다면, 그에게 대립하는 두 번째 장벽은 그의 명예에 대한 고려다. 그러나 그가 이제 이 방어물도 극복한다면, 또 어떤 종교적 독단이 이 두 가지 강력한 저항을 극복한 그의 행위를 저지할 것인가. 많은 사람들은 그 반대에 내기를 걸 것이다. 왜냐하면 가깝고 분명한 위험에도 놀라지 않은 이를, 멀고 단순히 믿음에 기인하는 두려움이 억제하기는 어려울 것이기 때문이다. 더욱이 완전히 종교적 확신에서만 도출되는 선한 행위는 사심 없는 것이 아니라 보상과 벌에 대한 고려에서 나온 것이므로 어떤 도덕적 가치도 갖지 않는다고 반박되기도 한다. 이 통찰은 유명한 바이마르의 카를 아우구스트 대공의 편지에 강력히 표현되어 있다. 대공은 이렇게 쓰고 있다. "종교를 통해 볼 때는 선량하지만 천성적으로는 그런 성향이 없는 사람은 악당임에 틀림없다고, 웨이버스Weybers 경도 생각했다. *포도주에 진리가 있다*"(메르크76에게 보낸 편지, 229쪽).—— 그러면 반대로 내가 제시한 도덕적 동인을 고찰해보라. 누가 감히, 이 동인들이 항상, 모든 민족에게, 삶의 모든 상황에서, 법칙 없는 상황에서도, 혁명과 전쟁의 공포 한가운데서도, 큰일에서나 작은 일에서나, 매일 매시에, 결정적이고 참으로 놀라운 효력을 나타내고, 매일 많은 불의를 저지하고, 심지어 적지 않은 선한 행위를 보상에 대한 어떤 희망도 없이 때때로 전혀 예기치 않게 행한다는 것을 한 순간이라도 부정할 것인가. 그리고 이 동인들이 작용한 행위에 대해, 그리고 이들만이 유일하게 작용한 행위에 대해, 우리는 모두 감동과 존경으로 그것의 참된 도덕적 가치를 반드시 인정한다.

4. 살아 있는 모든 존재에 대한 무제한적 동정심은 도덕적으로 훌륭한 처신을 위한 가장 견고하고 확실한 보증이다. 그것은 결의론을 필요로 하지 않는다. 동정심으로 충만한 사람은 누구도 훼손하지 않고, 누구도 침해하지 않고, 누구에게도 고통을 주지 않고, 오히려 누구에게나 관용을 베풀고, 누구나 용서하고, 할 수 있는 한 누구나 돕고, 그리고 그의 모든 행위들은 정의와 인간애의 특징을 확실히 갖는다. 반면에 누군가 "이 사람은 덕이 있다. 그러나 그는 동정심을 모른다", 혹은 "그는 불의를 행하고 음흉한 사람이다. 그러나 그는 동정심이 무척 많다"라고 한 번이라도 말하려 한다면, 모순이 감지될 것이다.── 취향은 다양하다. 그러나 나는 고대 인도의 연극에서 (예전에 영국 연극이 왕을 위한 기도문으로 끝났듯이) 끝날 때 하는 기도문보다 더 아름다운 것을 알지 못한다. "살아 있는 모든 존재가 고통으로부터 자유롭기를!"

5. 또한 개별적 경향에서 도출되는 것도, 참된 도덕적 근본 동인은 동정심이라는 것이다. 예를 들어 위험 없는 합법

적 술책으로 부자에게서 100탈러[77]를 빼앗는 것은, 가난한 이에게서 빼앗는 것과 마찬가지로 부당하다. 그러나 양심의 비난과 목격자들의 질책은 두 번째 경우에 더 시끄럽고 요란할 것이다. 따라서 "불행한 이에게 불의를 행하는 것은 행복한 이에게 행하는 것보다 더 창피스러운 일이다"(《문제집 *Problemata*》, 29, 2쪽)라고 이미 아리스토텔레스도 말했다. 반면에 그 피해자가 국고라면, 그 비난은 처음 경우보다 더 조용할 것이다. 왜냐하면 이것은 동정심의 어떤 대상도 될 수 없기 때문이다. 직접적인 권리 침해가 아니라, 그것을 통해 타인에게 준 고통이 무엇보다 자신과 타인에게 비난의 근거를 제공한다는 것을 볼 수 있다. 국고에 대한 위의 예에서와 같이, 권리 침해는 그 자체로 양심과 타인에게서 거부된다. 그러나 이것은 다만 그것을 통해, 모든 이의 권리를 존중하라는, 참으로 성실한 사람을 만드는 준칙이 위반되기 때문이다. 따라서 그것은 간접적이고 경미한 정도에서 거부된다. 그러나 그 국고가 위탁된 것이라면, 그 경우는 전혀 다르다. 여기에서는 앞에서 입증된 이중의 불의라는 개념이 그 독특한 특성으로 나타나기 때문이다. 탐욕스러운 공갈범과 합법적 악당이 과부와 고아의 재산을 강탈했을 때 가장 심각하게 비난받는 것은, 여기에서의 분석에 근거한다. 이들은 완전히 무력한 사람들로서, 다른 이들보다 더 동정심을 일으킬 것이기 때문이다. 따라서 동정심의 완전한 결여는 비열한 인간임을 증명하는 것이다.

6. 동정심은 정의보다 인간애의 기초에 더 눈에 띄게 놓여 있다. 모든 측면에서 행복한 이는, 참된 인간애에 의해 보호되지 않는다. 행복한 이는 친척과 친구들의 친절을 몇 배로 얻을 수 있다. 그러나 타인의 처지와 운명에 대한 순수하고 사심 없는 객관적 관여의 표현은 인간애의 작용으로서, 어느 한 측면에서 고통받는 이를 위해 보존되어 있다. 왜냐하면 우리는 행복한 이 자체에게 관여하지 않기 때문이다. 오히려 그는 그 자체로서 우리 마음에 낯선 것으로 머문다. "그가 자기 것을 자신을 위해 보유하게 하라." 심지어 그는, 그가 다른 이에 비해 훨씬 우월하다면, 가벼운 질투를 일으킬 것이다. 이 질투는, 그가 행복의 고지에서 언젠가 추락한다면, 남의 불행을 기뻐하는 마음으로 바뀔 것이다. 그러나 이 위협은 대부분 실현되지 않은 채 남고, 소포클레스가 "적이 승리한다"(《엘렉트라Electra》, 2부)라고 주장한 것에 이르지 않는다. 왜냐하면 행복한 이가 추락하는 즉시, 나머지 사람들의 마음에 우리의 고찰을 위해 교훈적인 거대한 변화가 일어나기 때문이다. 말하자면 무엇보다 먼저 이제, 그가 행복했을 때 친구들이 그에게 가졌던 관심의 종류가 드러난다. "먼저 항아리가 비면, 친구들은 그 나머지를 가지고 도망간다"(호라티우스, 《카르미나Carmina》, 1권, 35장, 26절). 그러나 다른 한편 그가 불행 자체보다 더 두려워한 것은, 그리고 그것을 생각하

는 것이 그에게 견딜 수 없는 것으로 여겨진 것은, 그의 행복을 시기한 이의 환호하는 기쁨, 남의 불행을 기뻐하는 마음의 비웃음이 대부분 멈춘다는 것이다. 질투는 진정되고, 그것은 그 원인과 함께 사라졌다. 그리고 이제 그의 자리에 들어서는 동정심은 인간애를 낳는다. 때로 행복한 이를 시기하는 이와 그의 적들은 그의 몰락을 경험하고 나면, 보호하고 위로하고 돕는 친구로 변한다. 누가 그러한 것을 약한 정도로라도 스스로 체험하지 않았을 것이고, 어떤 불행한 경우에 처했을 때 지금까지 가장 냉정했던 이가, 심지어 그에게 악의를 드러냈던 이가 이제 꾸밈없는 관심으로 다가오는 것을 놀라움으로 보지 않았겠는가! 왜냐하면 불행은 동정심의 조건이고, 동정심은 인간애의 원천이기 때문이다.── 이 고찰과 관련된 것은, 우리의 분노를, 그 분노의 대상에 대해 "불행한 사람이다"라고 말하는 것만큼 빨리 진정시키는 것이 없다는 것이다. 이것은 그 분노가 정당한 것일 때에도 그렇다. 비가 불을 끄듯이, 분노를 끄는 것은 동정심이기 때문이다. 따라서 나는 어떤 것을 후회하지 않으려는 이에게, 그가 어떤 이에 대한 분노에 불타서 그 사람에게 큰 고통을 주려고 할 때── 그가 그 고통을 그 사람에게 방금 부가한 것으로, 그 사람이 이제 정신적·육체적 고통, 혹은 결핍, 빈곤과 씨름하는 것을 본다고 생생하게 떠올리고, 그리고 스스로 "이것은 나의 작품이다"라고 말할 것을 권고한다. 만약 어떤 것이 있다면, 이것이 그의 분노를 완화시킬 수 있다. 왜냐하면 동정심은 분노에 대한 올바른 해독제이기 때문이다. 이 비결로 아직 시간이 있을 때 사람들은 자신을 다스린다.

동정심, 그것의 목소리,
복수한 이후에 그 명령이 들린다.
(볼테르,《세미라미스*Sémiramis*[78]》, 5장 6막)

타인에 대한 미운 감정은 대개, 그가 우리의 동정심을 요구할 어떤 관점을 떠올리는 방법에 의해 가장 쉽게 제거된다.── 심지어 부모가 일반적으로 아픈 아이를 가장 사랑하는 것도 그것이 끝없이 동정심을 일으키는 것에 기인한다.

7. 내가 제시한 도덕적 동인은, 나아가 동물 보호를 위해 채택된다는 점을 통해 참된 동인임이 증명된다. 다른 유럽의 도덕 체계에서 동물들은 너무나 무책임하고 형편없이 다루어진다. 동물들은 권리가 없다는 잘못된 생각, 동물에 대한 우리의 행위가 어떤 도덕적 의미도 갖지 않는다는 망상, 혹은 그 도덕의 언어로 표현되듯이 동물에 대해서는 어떤 의무도 없다는 것은 참으로 서양의 불쾌한 조야함과 야만성으로서, 그것의 원천은 유대교에 있다. 철학에서 그 생각은 인간과 동물 간의 완전한 상이성에 기인한다. 이것은 수많은 반대 증거에도 불구하고 가정된 것이다. 알려졌듯이 이것은 데

카르트에 의해 가장 결정적이고 뚜렷하게, 그의 오류들의 필연적 결론으로 진술되었다. 말하자면 데카르트-라이프니츠-볼프의 철학이 추상적 개념들에서 이성적 심리학을 구축하고 불멸하는 '이성적 동물'을 구성했을 때, 동물 세계의 자연적 권리 주장은 인류의 이 배타적 특권과 불멸성이라는 특허권에 명백히 맞섰다. 그리고 자연은 그런 모든 경우에 그랬듯이 조용히 항의했다. 이제 지식인으로서 양심의 가책을 느낀 철학자들은, 경험적인 것을 통해 이성적 심리학을 유지하려고 시도해야 했다. 따라서 그들은 모든 증거에도 불구하고 인간과 동물을 근본적으로 다른 것으로 묘사하기 위해, 그들 사이에 엄청난 간격, 측정할 수 없는 거리를 두려고 시도해야 했다. 이와 같은 시도에 대해 이미 부알로[79]는 다음과 같이 조롱했다.

동물들, ―그들이 도대체 대학을 갖고 있나?
그들에게서 4대 학부가 꽃피는 것을 사람들은 보는가?
(《풍자Satire》, 8, 165)

그렇다면 결국 동물들은 심지어 스스로를 외부 세계로부터 구분할 수 없고, 자신에 대한 어떤 의식도 자아도 가질 수 없어야 한다! 이와 같은 황당무계한 주장에 대해 사람들은 어떤 동물에게나, 심지어 작고 가장 낮은 단계의 동물에게조차 내재하는 무한한 이기주의를 가리키기만 하면 된다. 이것은 동물들이 세계나 비-아에 비해 얼마나 자신의 자아를 잘 의식하는지를 충분히 증명한다. 그 같은 데카르트주의자가 호랑이의 발톱 사이에 있다면, 그는 그런 동물이 그의 자아와 비-아 사이에 어떤 예리한 차이를 설정하는지를 가장 명백히 알게 될 것이다. 철학자들의 그 같은 궤변들에 상응하여, 우리는 일반적으로 많은 언어에서 특이함을 발견한다. 예를 들어 독일어에서는, 동물들이 먹고, 마시고, 임신하고, 분만하고, 죽는 행위와 그 시체에 대해 완전히 고유한 단어들이 사용된다. 이것은 인간의 그런 행위들을 표현하는 단어들을 사용해야 하는 것을 피함으로써, 단어들의 다양성을 통해 사물들의 완벽한 동일성을 감추기 위해서다. 고대의 언어는 그 같은 표현의 이중성을 알지 못했고, 같은 것을 같은 단어로 숨김없이 표현했으므로, 앞의 빈약한 기교는 의심할 여지 없이 유럽 성직자단의 작품이다. 그들은, 그들의 세속성으로 인해, 모든 동물에게 살아 있는 영원한 존재를 부정하고 모독하는 것이 아주 광범위하게 영향을 끼칠 수 있음을 믿지 않았다. 이를 통해 그들은 유럽에서 일상적인, 동물에 대한 냉혹성과 잔인성의 초석을 놓았다. 고상한 아시아인이라면, 동물에 대한 이 같은 태도를 혐오할 수밖에 없다. 영어에서 우리는 이런 천박한 기교를 발견하지 못한다. 그것은 의심할 여지 없이, 작센인들이 영국을 정복했을 때 아직 기독교도가 아니었기 때문이다. 반면에 영어에서는 동물이 모두 중성이며, 그래서 완전히 생명 없는 사물같이 대명사 '그것'으로 지시된다는 특성에서 유사함이 발견된다. 이것은 특히 개, 원숭이 등과 같은 영장류에게는 완전히 불쾌한 것으로서, 분명히 동물을 사물로 끌어내리려는 성직자들의 술책이다. 전 생애를 종교적 목적에 바친 고대 이집트인들은 한 무덤에 인간의 미라와 새, 악어 등등의 것을 함께 안치했다. 그러나 유럽에서는 충실한 개가 그의 주인의 무덤 옆에 묻힌다면, 이것은 만행이자 범죄다. 그 개는 인류에게서 발견되지 않는 성실성과 충성심에서 그렇게 묻히기 위해 때로는 그 자신의 죽음을 간절히 기다리기도 했다.── 동물과 인간의 본질이 동일하다는 인식은 동물학과 해부학에서 가장 결정적으로 제시된다. 따라서 오늘날 위선적인 동물 해부학자[80]가 뻔뻔스럽게도 인간과 동물 사이의 절대적이고 극단적인 차이를 강요하는 것에 대해, 그리고 성직, 아첨, 사이비 신앙심에서 멀리 떨어지고, 자연과 진리의 손에 이끌려 그의 길을 추구하는 정직한 동물학자를 공격하고 비방하는 것에 대해 무슨 말을 해야 하는가?

동물과 인간의 본질과 핵심이 같다는 것을 인식하지 못하는 이는, 참으로 모든 감각이 멀었거나, 마늘 냄새에 완전히 마취된 것임이 틀림없다. 이 둘을 구분하는 것은, 두 현상의 본래적인 것, 내적 본질, 원칙, 핵심에 누구에게나 있는 개별자의 의지로 놓여 있는 것이 아니라, 오직 이차적인 것인, 지성에서의 인식 능력의 정도에 있을 뿐이다. 인간의 인식 능력은 이성이라 불리는 추상적 인식의 부가적 능력으로 인해 비교할 수 없이 높은 것이지만, 이것은 오직 더 큰 뇌수의 발전을 통해, 따라서 유일하게 뇌의, 특히 양에 따른 신체적 차이를 통해서만 입증된다. 반면에 동물과 인간에게 공통적인 것은 심리적으로나 신체적으로나 비교할 수 없이 더 많다. 그래서 서양과 유대교의 동물 학대자와 이성 숭배자에게 상기시켜야 하는 것은, 그가 그의 어머니의 젖을 먹었듯이, 개도 자기 어미의 젖을 먹었다는 것이다. 칸트조차 동시대 동족의 오류에 빠졌다는 것을 나는 위에서 비판했다. 기독교의 도덕은 동물들을 고려하지 않는다는 결점을 갖는다. 이 결점을 시인하는 것이 유지하는 것보다 낫다. 그리고 사람들은, 기독교의 도덕이 약하게 표현되고 그 극단까지 전개되지 않았을 뿐이지, 나머지에 있어서는 브라만교[81]와 불교와 최대의 일치점을 보일 때, 훨씬 더 놀랄 것이 분명하다. 따라서 인간이 된 신 아바타에 관한 사상이 그렇듯이, 기독교 도덕이 인도에서 유래하여 이집트를 거쳐서 유대로 왔다는 것은 의심할 여지가 거의 없다. 그래서 기독교는 마치 이집트의 몰락에 대한, 인도의 원광原光이 반사된 것과 같다. 그러나 애석하게도 그것은 유대의 땅에 떨어졌다. 인도의 도덕과 대체로 일치하는, 방금 비판한 기독교 도덕의 결점에 대한 적절한 상징으로서, 세례자 요한이 인도의 사니아시Saniassi 방식으로 나타난 상황을 들 수 있다. 그러나 여기에서 그는── 동물 가죽을 입고 있었다! 이것은 주지하듯이 힌두교도에게는 혐오의 대상이다. 왜냐하면 캘커타의 왕실에서조차 《베다》 경전의 견본 가운데 가죽으로 묶지 않은 것만 보존하기 때문이다. 따라서 그들의 도서관에서 《베다》 경전은 유럽식으로 보존되지 않고 비단실로 묶여 있다. 유사한 대비를, 예수에 관한 신약의 역사(〈누가복음〉, 5장)와 이집트의 현자로 봉헌된 피타고라스에 관한 역사가 제공한다. 예수는 배가 가라앉을 정도로 물고기를 가득 채운 기적을 통해 어부 베드로를 축복하지만, 피타고라스는 그물이 아직 물에 놓여 있을 때, 어부들에게서 그물로 잡은 어획물을 사서, 곧바로 잡힌 물고기를 모두 풀어준다(아풀레이우스Apuleius, 《기적에 대하여De magia》).── 동물에 대한 동정심은 선한 성격과 밀접히 관련되어 있어, 동물에게 잔혹한 이는 선한 인간일 수 없다고 확고히 주장할 수 있다. 또한 이 동정심은 인간에 대해 행해지는 덕과 동일한 원천에서 나오는 것으로 입증된다. 그래서 예를 들어 민감한 사람들은 기분이 나쁠 때나 화날 때, 혹은 포도주를 많이 마시고 흥분하여 그들의 개, 말, 원숭이를 이유 없이, 혹은 불필요하게, 혹은 과도하게 학대했다는 것을 기억할 때, 인간에게 행해진 불의에 대한 기억에서 느끼는 것과 동일한 후회와 불만족을 느끼게 된다. 이것은 책망하는 양심의 소리라고 불린다. 나는, 어떤 영국인이 인도에서 사냥 중에 원숭이를 사살했는데, 이 원숭이가 죽으면서 그에게 보낸 눈빛을 결코 잊을 수 없어, 그 이후로 다시는 원숭이를 쏘지 않았다는 이야기를 읽은 기억이 난다. 마찬가지로 진짜 사냥광인 윌리엄 해리스는 단지 사냥을 즐기기 위해 1836년과 1837년에 중부 아프리카 오지를 여행했다. 1838년 봄베이에서 출간된 여행기에서 그는 다음과 같이 이야기한다. 그가 처음으로 암코끼리를 죽이고 나서, 다음 날 아침에 죽은 동물을 찾아봤을 때, 다른 코끼리들은 모두 그 근처에서 도망친 상태였다. 그런데 죽은 코끼리의 새끼가 죽은 어미 곁에서 혼자 밤을 새운 뒤, 모든 두려움을 잊고 사냥꾼들에게 달려와 그들을 작은 코로 감싸고 자기의 절망적인 참상을 생생하고 명백하게 표명하며 도움을 청했다. 해리스는 이때 자기 행위를 진정으로 뉘우쳤으며, 자기가 마치 살인을 저지른 것 같은 기분이 들었다고 말한다. 이 민감한 영국이 다른 나라들보다 앞서 동물에 대한 두드러진 동정심을 표현한 것을 우리는 알 수 있다. 이 동정심은 필요할 때마다 알려졌고, 보통 경멸되는 '냉정한 미신'에도 불구하고, 영국인들로 하여금 입법을 통해 종교가 도덕에 방치한 틈을 메우도록 하는 힘을 갖게 했다. 왜냐하면 이 틈이 바로 유럽과 아메리카에서 동물보호협회가 필요하게 된 원인이기 때문이다. 이 협회 자체는 오직 법과 경찰의 도움을 통해서만 운영될 수 있다. 아시아에서는 종교들이 동물들에게 충분한 보호를 제공한다. 따라서 거기서는 아무도 그 같은 협회를 생각하지 않는다. 그 사이에 유럽에서도 동물의 권리에 대한 의식이 점점 더 깨어나서, 단지 인간의 필요와 즐거움을 위해 존재하게 된 동물세계라는 기이한 개념들은 서서히 빛이 바래고 사라지게 되었다. 이 기이한 개념들은 유럽에서 동물을 야만적이고 매우 가혹하게 취급하게 된 원천이다. 나는《여록과 보유》제2권 177절에서 이런 취급에 대한《구약성서》에서의 기원을 증명했다. 영국인들의 명성을 드높이는 것은, 동물들이 잔혹한 취급을 당하지 않도록 최초로 법을 만들어 주의 깊게 보호했고, 자기 소유일지라도, 동물을 폭행한 악한은 실제로 대가를 치르게 되었다는 사실이다. 심지어 이에 그치지 않고, 동물 보호를 위해 자발적으로 결성된 단체인 '동물학대방지단체'가 런던에 설립되었다. 이 단체는 동물 학대를 저지하기 위해 사적으로 많은 경비를 들여서 많은 일을 한다. 이 단체의 밀사들이 말 못하고 감정 있는 존재를 학대하는 자를 밀고하기 위해 비밀리에 감시하므로, 도처에서 사람들은 그들의 존재를 두려워한다.[82] 이 단체는 한 쌍의 말을 보유하여, 런던의 가파른 다리에서 무겁게 짐을 실은 마차에 무상으로 제공한다. 이것은 아름답지 않은가? 인간에 대한 선행과 마찬가지로 우리의 갈채를 요구하지 않는가? 또한 런던의 자선 단체는 1837년에 동물 학대에 반대하는 도덕적 근거를 가장 잘 설명한 사람에게 30파운드의 상금을 내걸었다. 그러나 이 도덕적 근거는 주로 기독교 정신에서 찾아야 했고, 이는 물론 과제를 더 어렵게 했다. 상은 1839년에 맥내머Mac-Nama 씨에게 돌아갔다. 필라델피아에서 비슷한 목적으로 동물 애호가 모임이 결성되었다. 그 모임의 회장에게 영국인 포스터Thomas Forster는 자신의 책《박애, 동물의 실제 상황에 대한 도덕적 반성과 그것을 개선하는 방법*Philozoia, moral reflections on the actual condition of animals and the means of improving the same*》(Brüssel, 1839) 을 증정했다. 독창적이고 잘 쓴 이 책에서 저자는 인간의 동물 취급에 대한 그의 훈계의 근거를 당연히 성서에서도 찾았으나 어디에서도 찾을 수 없어서, 결국 예수 그리스도가 마구간의 소와 당나귀 곁에서 탄생한 것은, 우리가 동물을 우리의 형제로 보고 그에 맞게 그들을 다루어야 함을 상징적으로 의미한다고 주장했다.── 여기 제시된 모든 것이 증명하는 바는, 논의되고 있는 도덕적 태도가 마침내 서구 세계에서도 감지되기 시작했다는 것이다. 더욱이 동물에 대한 동정심이 브라만교도와 같이 동물을 식량으로 섭취하는 것을 피하는 데까지 나아가야 하는 것은 아니다. 왜냐하면 자연에서는 고통의 능력이 지성의 능력에 보조를 맞추므로, 인간이 육식을 멀리함으로써 받게 될 고통은 동물이 죽음으로 인해 겪는 고통보다 훨씬 클 것이기 때문이다. 동물은 죽음을 예측하지 못한 채 갑작스럽게 맞이하고,

그 고통도 마취제로 완화할 수 있기 때문이다. 반면에 동물을 섭취하지 않는다면, 특히 심한 고통을 받을 북반구의 인류는 잠시라도 존립할 수 없을 것이다. 같은 기준으로 인간은 동물로 하여금 자신을 위해 일하게 한다. 부과된 일의 과도함만이 잔혹한 행위가 된다.

8. 비이기적 행위가 유일하게 도출될 수 있는 동정심의 최종 근거에 대해 혹시라도 가능한 형이상학적인 모든 탐구를 한번 완전히 무시하고, 동정심을 경험적인 관점에서 자연적인 기관으로서만 고찰해보자. 그러면 누구에게나 분명해지는 것은, 모든 존재에 가득 차 있고 때때로 악의로 바뀌는 불타는 이기주의에 대해 마치 균형을 이루려는 듯이 우리의 삶이 노출되어 있는, 이 무수하고 다양하면서 그 누구도 완전히 피할 수 없는 고통을 가능한 한 완화시키기 위해—— 자연은 인간의 마음에 동정심이라는 놀라운 성향을 심는 것보다 더 효과적인 것을 성취할 수 없었다는 것이다. 동정심에 의해 한 사람의 고통이 다른 사람과 공유되고, 동정심에서 상황에 따라 이 "조심해!", 저 "도와줘요!"에 대해 강력하고 분명히 소리치는 목소리가 나온다. 모두의 행복을 위해서는 특정한 이성 고찰과 개념 조합에서 도출되는 보편적이고 추상적인 엄격한 의무 명령보다 동정심에서 도출되는 쌍방의 원조를 통해 분명히 더 많은 것을 바랄 수 있다. 구체적인 것만을 이해하는 야만적 인간에게 보편적 명제와 추상적 진리는

전적으로 이해될 수 없는 만큼, 이런 의무 명령으로부터 기대되는 성과는 얼마 되지 않을 것이다.── 전 인류는 극히 작은 부분의 예외를 제외하고는 항상 야만적이었고, 또 그렇게 머무를 수밖에 없다. 왜냐하면 전체를 위해 꼭 필요한 많은 육체 노동에는 정신의 교육이 허용되지 않기 때문이다. 반면에 사심 없는 행위의 유일한 원천이며, 따라서 도덕성의 참된 기초로 증명된 동정심을 일깨우기 위해서는, 추상적 인식이 아니라 직관적 인식, 구체적 경우에 대한 단순한 이해만이 요구된다. 이 이해에 대해 동정심은 더 이상의 생각 없이 곧바로 반응한다.

9. 우리는 이 마지막 고찰과 전적으로 일치되는 다음과 같은 상황을 발견할 것이다. 윤리학의 증명에 있어서 강단 철학자 중에 나의 선행자는 없다. 심지어 나의 증명은 그들의 학설과 모순된다. 그들 중 몇몇, 예를 들어 스토아 학파(세네카, 《온화함에 관하여 *De clementia*》, 2, 5쪽), 스피노자(《에티카》, 4부 정의 50), 칸트(《실천이성 비판》, 213쪽 ; R. 257쪽)[118쪽]는 동정심을 정면으로 비난하고 질책하기 때문이다. 반면에 나의 증명은 최근의 가장 위대한 도덕학자의 권위를 온전히 갖는다. 그는 의심할 여지 없이 장 자크 루소다. 그는 인간의 심성에 대한 심오한 전문가로서, 책에서 지혜를 얻은 것이 아니라 삶에서 퍼왔고, 강단을 위해서가 아니라 인류를 위해서 학설을 세웠으며, 편견의 적이고, 자연이 그에게만 도덕

을 지루하지 않게 논하는 재능을 부여한 자연의 문하생이다. 이것은 그가 진리를 꿰뚫고 마음을 감동시켰기 때문이다. 따라서 나는 나의 생각을 뒷받침하기 위해, 지금까지 가능한 한 인용을 아껴온 터라, 루소의 책에서 몇 구절을 가져와 제시하겠다.

《인간 불평등 기원론*Discours sur l'origine de l'inégalité parmi les hommes*》91쪽에서 그는 말한다. "*홉스가 전혀 알아차리지 못한 원리가 또 하나 있다. 그것은 어떤 상황에서 인간의 강렬한 자기애가 크게 완화되도록, 또는 이 자기애가 생기기 전에 자기 보존의 욕구가 완화되도록 인류에게 주어진 원리다. 이 원리로 욕구를 완화하게 된다. 인간의 미덕을 아무리 극단적으로 헐뜯는 자라도 인정하지 않을 수 없는 단 하나의 자연적인 미덕을 인정한다고 해서 내가 어떤 모순을 범한다고는 생각하지 않는다. 나는 지금 연민에 대해 말하고 있다⋯⋯.*"[83] ── "*맨더빌Bernard Mandeville은, 만일 자연이 인간에게 이성을 뒷받침하기 위해 연민을 주지 않았다면 인간은 그 모든 도덕을 갖추고 있다 해도 한갓 괴물에 지나지 않았으리라는 점을 충분히 깨달았다. 그럼에도 그는 그가 인간에게서 인정하지 않으려 한 모든 사회적 미덕이 이 유일한 특징에서 비롯된다는 것을 알아차리지 못했다. 사실 너그러움이나 관대함 또는 인간애란 약자나 죄인 또는 인류 일반에 적용된 연민이 아니고 무엇이겠는가? 잘 생각해보면 친절이나 우정까지도 특정한 대상에 쏠린*

변함없는 연민에서 비롯한 것이다. 어떤 사람이 고통받지 않기를 바라는 것은 바로 그 사람이 행복해지기를 바라는 것 아니겠는가?……동정은 고통을 목격하는 동물이 고통을 당하고 있는 동물과 마음속으로 하나가 되면 될수록 더욱 강해질 것이다." (92쪽)[84] "그러므로 연민이 하나의 자연스러운 감정이라는 것은 분명한 사실이다. 연민은 각 개체 안에서 자기애의 작용을 완화하면서 종 전체의 상호적 보존에 기여하는 게 분명하다. 남이 고통받는 모습을 보고 깊이 생각할 여지도 없이 도와주러 나서게 되는 것은 바로 연민 때문이다. 연민은 자연 상태에서 법과 풍속과 미덕을 대신하며, 아무도 그 부드러운 목소리에 저항할 시도를 하지 않는다는 이점을 누린다. 남보다 유리한 상황에서 자신의 먹이를 다른 곳에서 발견할 가능성이 있는 한, 건장한 미개인이 약한 어린아이나 불구의 노인이 힘겹게 획득한 먹이를 빼앗지 않도록 하는 것이 연민이다. '남이 해주길 바라는 대로 남에게 행하라'라는 합리적인 정의의 저 숭고한 원리 대신에, 그다지 완전하지는 못하지만 더 유용하다고 할 만한 저 자연적 착함에 대한 또 하나의 원칙, '타인의 불행을 되도록 적게 하여 너의 행복을 이룩하라'를 모든 사람의 마음속에 품게 하는 것이 연민이다. 요컨대 교육에 관한 여러 가지 원칙과는 별 관계가 없더라도 인간이 악을 행했을 때 느끼는 혐오감의 원인은 교묘한 논거 속보다 오히려 자연의 감정 속에서 찾아야 한다."(94쪽)[85] —— 그러면 그가 《에밀》 115~120쪽(Bip. 엮음)에서 말하는 것을 비교해보라. 그중에서도 특히 그는 이렇게 말한다. "사실상, 우리가 우리 자신을 우리의 밖에 옮겨놓고, 고통받는 존재와 동일화하는 것을 통해서가 아니라면, 그리고 또 우리가 이른바 우리 자신을 희생하고 그를 받아들이는 것을 통해서가 아니라면, 우리가 동정심을 유발하는 것이 어떻게 가능한가? 우리는 거기에서 오직 그것이 고통받는다고 우리가 믿는 정도만큼만 고통받는다. 우리 안에서 고통받는 것이 아니라, 그 안에서 우리는 고통받는다……사람들은 젊은이의 마음을 확장시키는 힘이 작용할 수 있고, 그 마음을 확장시켜 다른 존재에게로 나아가게 하고, 또 자신의 외부 어느 곳에서나 자기를 재발견하도록 만드는 대상들을 젊은이에게 보여주어야 한다. 그러나 사람들은 젊은이의 마음을 좁히고 수축시키는 것, 인간적 자아의 동인을 긴장시킬 수 있는 것, 등등을 신중하게 피해야 한다."――

내가 언급했듯이, 학파의 어떤 권위도 나를 지지하지 않는다. 그러나 나는 중국인들이 다섯 개의 기본 덕을 받아들이고, 그중에서도 동정심을 상위에 세운다는 것을 제시한다. 나머지 네 가지 덕은 정의, 친절, 현명함, 정직[86]이다. 그에 상응하여 인도에서도 죽은 군주를 추모하기 위해 세운 기념비를 보면 인간과 동물에 대한 동정심이 칭송받는 덕의 첫째 자리를 차지하는 것을 볼 수 있다. 아테네에서 동정심은 다음과 같은 형식의 제단을 갖는다. "아테네인들은 광장에 동정심이라는 신의 제단을 갖고 있었는데, 그리스인 중에서 유일하게 아테네인만이 이 제단에 존경을 표시한다. 왜냐하면 이 신이 모든 신들 중에서 인간의 삶과 화복禍福에 가장 많은 영향을 주기 때문이다." 이 제단을 루키아노스Lukianos도 《티몬Timon》 99절에서 언급하고 있다.── 스토바이오스에 의해 우리에게 보존된 포키온Phokion의 잠언은 동정심을 인간에게 있는 가장 숭고한 것으로 묘사한다. "신전에서 제단을 떼어내면 안 되며, 더욱이 인간의 삶에서 동정심을 떼어내면 안 된다." 《판차탄트라Pandschatantra》의 그리스어 번역인 《사피엔티아 인도룸Sapientia Indorum》에는 다음과 같이 씌어 있다. "모든 덕 중에서 최초의 것으로 여겨지는 것은 동정심이다"(제3장, 220쪽). 동서고금을 막론하고 도덕성의 원천을 무척 잘 인식했으나, 오직 유럽만 그렇지 않았음을 볼 수 있다. 이것은 오로지 유럽에서 모든 것을 헐뜯은 유대인foetor Judaicus의 잘못이다. 거기서 도덕성의 원천은 반드시 의무 명령, 도덕 법칙, 명령, 짧게 말하여 복종되는 명령과 지시여야 한다. 그들은 이런 것들에서 벗어나려 하지 않고, 그 기초에는 언제나 이기주의가 있음을 보려 하지 않는다. 소수의 탁월한 이에게서 감지된 진리는 물론 스스로를 드러냈다. 그래서 앞에서 제시했듯 루소가 그것을 말했고, 또 레싱이 1756년의 편지에서 다음과 같이 말했다. "가장 동정심 강한 인간이, 모든 사회적 덕, 가장 명백한 모든 종류의 관용에 관한 한, 가장 좋은 인간이다."

20. 성격들의 윤리적 차이에 대해

제시된 윤리학의 기초를 완성할 마지막 물음은 이것이다. 인간의 도덕적 행동에서 그렇게 큰 차이는 어디에서 연유하는가? 동정심이 모든 참된, 즉 사심 없는 정의와 인간애의 근본동인이라면, 어떤 이는 그것을 통해 움직이지만, 어떤 이는 그렇지 않은 이유는 뭔가?—— 윤리학이 도덕적 동인을 드러냄으로써, 그들도 움직이게 할 수 있을 것인가? 윤리학이 냉정한 인간을 동정심 있는 인간으로, 그래서 정의를 지키고 인간애를 실천하는 인간으로 개조할 수 있는가?—— 분명히 아니다. 성격들의 차이는 선천적이고 근절될 수 없다. 악의적 인간에게 그의 악의는, 뱀에게 독 이빨과 독 거품이 그렇듯이 선천적인 것이어서, 뱀이 그렇듯이 그는 그것을 변화시킬 수 없다. "*의지는 배울 수 있는 게 아니다*"라고 네로의 스승이 말했다. 플라톤은 《메논*Menon*》(96A)에서 덕이 가르칠 수 있는 것인지의 여부를 자세히 고찰했다. 그는 테오그니스[87]의 시에서 한 부분을 인용한다.

악의적 인간은 결코 선한 인간으로 만들어지지 않는다

그리고 다음의 결론에 도달한다. "덕은 선천적인 것도, 가르쳐지는 것도 아니다. 그것은 신적 섭리에 의해 이성 작용

없이, 그것이 배정되는 이에게 주어진다."—— 여기에서 '선천적인 것'과 '가르쳐지는 것' 사이의 구분은 대략 자연적인 것과 형이상학적인 것 사이의 구분으로 표현된 것 같다. 아리스토텔레스의 언급에 따르면, 이미 윤리학의 아버지 소크라테스는, "선하거나 악하게 되는 것은 우리에게 달린 일이 아니다"(《대윤리학Ethica magna》, 1187a7)라고 주장한다. 아리스토텔레스 자신도 같은 의미로 주장한다. "그것이 나타나듯이, 모든 이에게 개별적 성향은 이미 자연으로부터 주어진 것이다. 옳고 절제 있고 용감한, 그 같은 것은 이미 우리에게 나면서부터 고유한 것이기 때문이다"(《니코마코스 윤리학Ethica Nicomachea》, 1144b4). 마찬가지로 우리는 이 확신이—— 혹시 피타고라스학파 아르키타스의 진짜 단편이 아닐지라도—— 스토바이오스가 《잠언집Florilegio》 제1장 77절에 보존한 매우 오래된 단편에 아주 확고하게 언명된 것을 발견한다. 그것은 오렐리오 Orelio가 편찬한 《그리스 덕론 개요Opusculis Graecorum sententiosis et moralibus, edente Orelio》 제2권 240쪽에도 인쇄되었다. 또 도리아의 방언에도 같은 것이 있다. "가르침과 증거들에 근거하는 덕들은 앎으로 표현되어야 하지만, 가장 좋은 것인 윤리적 덕은 오히려 영혼의 비이성적 부분의 한 성향으로 표현되어야 하기 때문이다. 이 성향에 근거하여 우리는 특정한 윤리적 성질들을 갖는 것으로, 예를 들어 관대하고, 정의롭고, 절제하는 것으로 여겨진다." 아리스토텔레스가 《덕과 악덕에 관하여

De virtutibus et vitiis》에 짧은 개요로 요약한 모든 덕과 악행을 조망한다면, 그것들이 모두 선천적 성질로서만 생각될 수 있다는 것, 심지어 그런 것으로서만 참된 것일 수 있다는 것을 알게 될 것이다. 반면에 그것들이 이성적 고찰에 따라 자의적으로 받아들여진다면, 그것은 위장된 것이지 참된 것이 아니게 될 것이다. 그렇다면 절박한 상황에서 그것의 존속과 보존은 절대로 생각될 수 없을 것이다. 인간애의 덕에 관해서도 그것은 다르지 않은데, 이것은 모든 고대인들에게 그렇듯이 아리스토텔레스에게서 찾아볼 수 없다. 비록 회의적 음조를 유지하고는 있지만, 몽테뉴도 같은 의미로 말하고 있다. *"완전히 선해지기 위해서는, 법칙과 이성과 모범 없이 숨겨진 자연적·보편적 성질을 통해야 하는 것이 사실인가?"*《에세이*Essais*》, 제2권, 11장). 그러나 리히텐베르크는 직설적으로 말한다. "결심에서 오는 덕은 그다지 쓸모없다. 느낌이나 습관이 중요하다"(《도덕적 고찰*Moralische Bemerkungen*》,《에세이*Vermischte Schriften*》). 심지어 기독교 본래의 교리도 이 견해에 동의한다. 그것은 〈누가복음〉 6장 45절의 산상수훈에서 언제나 나무에 따라 수확되는 열매를 통해 이 문제가 상징적으로 미리 설명된 후에 나온다.——"선한 이는 그의 마음의 선한 보물로부터 선을 일으키고, 악한 이는 그의 마음의 악한 보물로부터 악을 일으킨다."

그러나 **칸트**는 이 중요한 관점을, 시간 속에서 그리고 행위의 다수성에서 현상으로서 나타나는 경험적 성격에 대해 예지적 성격이 그 근거에 놓여 있다는 그의 위대한 학설에서 처음으로 완벽히 해명했다. 예지적 성격은 앞의 현상에 대해 물자체의 성질이므로, 공간과 시간, 다수성과 변화로부터 독립적이다. 오직 여기에서 성격들의 그 놀랍고 완고한 불변성이 설명된다. 이 불변성은 경험하는 누구에게나 알려진 것이다. 인간을 도덕적으로 개조하려 하고 덕에서의 발전을 언급하는 윤리학의 약속에 대해 실재성과 경험은 이 불변성을 반론으로 제기하여 언제나 이겼으며, 이를 통해 덕은 선천적이고 가르쳐질 수 없다는 것을 증명했다. 성격이 근원적인 것으로서 불변하는 것이 아니고, 따라서 인식의 교정을 통해 개선되기 어려운 것이 아니라면, 오히려 앞의 단순한 윤리학이 주장하듯이, 도덕을 통한 성격 개조와 그에 따른 "선을 향한 부단한 발전"이 가능한 것이라면——그렇다면, 그 많은 종교 기관과 교화 노력이 모두 그 목적을 이루지 못한 것이 아니라면, 적어도 평균적으로는 더 늙은 반절의 인간이 젊은 이들보다 현저히 나아야 할 것이다. 그러나 이것의 흔적은 너무 적어서 우리는 거꾸로, 경험을 통해 더 나빠진 노인들보다 젊은이들에게서 선한 것을 더 기대한다. 어떤 이는 젊었을 때보다 늙었을 때 좀더 낫고, 또 어떤 이는 늙었을 때 더 나쁘게 나타날 수 있다. 그러나 이것은 다만, 늙었을 때는 성숙하고 여러 번 수정된 인식의 결과로 성격이 더 순수하고 명백히 나타나기 때문이다. 반면에 젊었을 때는—— 앞의 논문 50쪽 이하 3[88]의 내용에서 도출되듯이—— 무지와 오류, 그리고 키메라[89]들이 때로는 가짜 동기를 내밀고, 때로는 진짜 동기를 감춘다. 처벌받은 범죄자 중에 노인보다 젊은이가 훨씬 많은 것은, 그 같은 행위 성향이 있는 성격의 젊은이들은 즉시 행위로 성격을 표현할 계기를 발견하고, 그들의 종착지인 갤리선[90]이나 교수대에 도달하기 때문이다. 반대로 오랜 삶의 계기들에도 불구하고 범죄에 빠지지 않은 사람은, 그 후에도 범죄로 향하는 동기와 쉽게 마주치지 않는다. 따라서 노인에게 바쳐지는 존경의 참된 근거는 노인이 오랜 삶의 시험을 통과했고, 그의 결점 없음이 보존되었다는 점에 있는 것 같다. 이것이 그 존경의 조건이기 때문이다.—— 이 견해에 따라 사람들은 실제 삶에서 도덕가들이 앞에서 한 약속에 결코 현혹되지 않고, 오히려 한번 나쁜 것으로 증명된 이를 결코 더 이상 믿지 않고, 한번 증거를 보여준 이의 고결함을, 그가 변했을 수도 있을 모든 것 이후에도 언제나 신뢰하며 기대했다. "행동은 존재에서 나온다"는 스콜라 철학의 유용한 명제다. 세상의 모든 사물은 그의 존재, 그의 본질을 형성하는 자신의 불변하는 성질에 따라 움직인다. 인간도 그렇다. 그가 어떤 존재인지에 따라 그는 행동할 것이고, 행동해야 한다. 그리고 "어떤 측면에서도 영향 받지 않은 자유로운 의지 결정"은 오래전 철학의 유년기에 나온 발명품일 뿐이다. 물론 몇몇 늙은 여자들이 박사 학위모를 쓰고 아직도 그 발명품의 무거운 짐을 질 수는 있다.

인간의 세 가지 윤리적 근본 동인인 이기주의, 악의, 동정심은 사람마다 다르고, 믿을 수 없을 만큼 다양한 관계에 놓여 있다. 이 관계에 따라 동기가 그에게 작용하고 행위가 일어난다. 이기적 성격에 대해서는 이기적 동기만이 힘을 갖고, 여기에서 악의나 동정심에 호소하는 동기는 이기적 동기에 대항하지 않는다. 그는 친구를 돕기 위해 그렇게 자기 이익을 희생하지 않듯이, 적에게 복수하기 위해 자기 이익을 희생하지 않는다. 악의적인 동기를 강력히 수용하는 어떤 다른 이는, 흔히 다른 이를 훼손하기 위해 자신의 큰 손해를 꺼리지 않는다. 타인의 고통을 초래하는 것에서, 자신의 마찬가지로 큰 고통을 능가하는 즐거움을 발견하는 성격들이 있기 때문이다. "타인에게 해를 끼칠 수만 있다면, 그는 자신을 돌아보지 않는다"(세네카, 《분노에 대하여De ira》, I). 이들은 자기들이 가하는 것과 같은 정도로 큰 상처를 입을 것이 예상되는 전투에 정열적 희열을 갖고 들어선다. 심지어 그들은 그들에게 악을 초래한 이를 계획적으로 살인하고, 곧바로, 벌을 모면하기 위해 자신까지도 죽인다. 경험은 이것을 무척 자주 보여주었다. 이에 반해 마음의 친절은 생명 있는 모든 것에 대해 깊이 느껴진 보편적 동정심에서 성립한다. 그러나 그 동정심은 가장 먼저 인간에 대한 것이다. 왜냐하면 고통에 대한 감수성도 지성의 증가와 보조를 맞추기 때문이다. 따라서 인간의 무수한 정신적이고 육체적인 고통은 단지 육체적이면서도 더 둔한 동물의 고통보다 동정심을 훨씬 더 강력히 요구한다. 그에 따라 친절한 성격은 우선 어디에서든지 타인의 모든 훼손을 막을 것이고, 또한 타인의 고통이 나타나는 곳에서 언제나 도우려고 할 것이다. 그리고 여기에서도 악의와 반대 방향으로 마찬가지로 멀리 갈 수 있다. 말하자면 무척 친절한 성격을 가진 이들은 타인의 고통을 자신의 것보다 더 받아들여서 다른 이를 위해 희생하고, 그것을 통해 그가 도운 이보다 더 많은 고통을 당하기에 이른다. 몇몇 혹은 심지어 많은 이가 도움을 받을 곳에서 그들은 필요한 경우에 스스로를 완전히 희생한다. 빙켈리드[91]가 그랬다. 5세기에 아프리카 반달족이 이탈리아를 공격했을 때 놀라Nola의 파울리누스Paulinus 추기경에 대해 요제프 폰 뮐러Joseph von Müller는 다음과 같이 전한다(《세계사Weltgeschichte》, 제10권, 10장). "그는 포로들의 몸값으로 교회의 모든 보물과 그와 친구들의 재산을 내놓은 후에, 외아들이 끌려간 어떤 과부의 참담함을 목격하고는 그 대신 자신이 가겠다고 청했다. 왜냐하면 전사하지 않은 젊은이는 잡혀서 카르타고로 끌려갔기 때문이다."

누구나 이 믿을 수 없이 큰 선천적이고 근원적인 차이에 따라, 그가 우월한 감수성을 갖는 그 동기에 의해서만 유력하게 자극받는 것이다. 어떤 물체는 산성에 대해서만, 어떤 것은 알칼리성에 대해서만 반응하듯이. 이처럼 성격도 변화될 수 없다. 인간애의 동기는 좋은 성격을 위해 강력한 자극이지만, 이기적 동기만을 수용하는 이에게는 어떤 힘도 없다. 그럼에도 불구하고 그가 박애적으로 행위하게 하려면, 그것은 오직 현혹을 통해서 일어날 수 있다. 즉 타인의 고통을 완화시키는 것이 간접적으로 그 자신에게 이익을 준다고 속이는 것이다(대부분의 도덕론이 원래 이 의미에서의 다양한 시도이듯이). 그러나 이를 통해 그의 의지는 오도될 뿐, 개선되지 않는다. 참된 개선을 위해 요구되는 것은, 그가 동기들을 수용하는 모든 방식을 바꾸는 것이다. 예를 들어 어떤 이에게는 타인의 고통이 그 자체로서 더 이상 무관하지 않도록, 다른 이에게는 그 고통의 초래가 더 이상 즐거움이 아니도록, 혹은 또 다른 이에게는 자신의 행복의 가장 미미한 증가조차 다른 모든 동기들을 훨씬 능가하고 쓸모없는 것으로 만들지 않도록 하는 것이다. 그러나 이것은 명백히, 납을 금으로 바꾸는 것보다 훨씬 더 불가능한 일이다. 왜냐하면 그것은 마치 몸에 있는 심장을 뒤바꾸고, 그의 깊은 속을 변형할 것을 요구하는 것과 같기 때문이다. 반면에 사람들이 할 수 있는 모든 것은, 머리를 맑게 하고, 통찰을 바로잡고, 인간을 객관적으로 존재하는 것과 삶의 참된 관련성에 대해 올바로 이해시키는 것이다. 그러나 이를 통해 얻어지는 것은, 그의 의지의 성질이 더 일관적이고 명백하고 단호하게 드러나고,

거짓 없이 표현되는 것뿐이다. 왜냐하면 많은 선한 행위들이 근본적으로 틀린 동기에, 즉 그것을 통해 현세나 내세에서 이익을 얻을 것이라는 선의의 기만에 기인하듯이, 적지 않은 악행도 단순히 인간적 삶의 관련성에 대한 잘못된 인식에 기인하기 때문이다. 아메리카의 교도소 제도는 여기에 근거한다. 그것은 범죄자의 마음을 개선하려는 목적이 아니라, 단지 그의 머리를 바로 놓아서, 그로 하여금 노동과 정직성이 자신의 행복을 위해 나쁜 짓보다 더 확실한, 심지어 더 쉬운 길이라는 통찰에 이르게 하려는 목적을 갖는다.

동기들을 통해 도덕성이 아니라 합법성이 강요된다. 사람들은 행위를 변화시킬 수 있지만, 유일하게 도덕적 가치가 인정되는 본래적 의지를 변화시킬 수는 없다. 사람들은 의지가 추구하는 목표를 바꿀 수는 없고, 오직 목표를 위해 택한 방법을 바꿀 수 있을 뿐이다. 교육은 매개의 선택을 바꿀 수 있지만, 각각의 의지가 그의 근원적 성질에 맞게 설정하는 최종의 보편적 목적의 선택은 바꿀 수 없다. 사람들은 이기주의자에게, 그가 작은 이익들을 포기함으로써 더 큰 것을 얻게 되리라는 것을 보여줄 수 있고, 악한에게는, 타인의 고통을 초래하는 것이 그 자신에게 더 큰 고통을 가져오리라는 것을 보여줄 수 있다. 그러나 이기주의 자체를, 악의 자체를 누구에게서도 앗을 수 없다. 고양이에게서 쥐를 향한 성향을 앗지 못하듯이. 심지어 성격의 선함도 통찰의 증가와 삶의 관련성에 대한 교육을 통해, 즉 머리를 맑게 함으로써, 그 것의 본질을 일관적이고 완벽하게 표현하게 할 수 있다. 그 것은 예를 들어 우리가 그렇게 나쁘다고 여기지 않은 이런저 런 행위에서 시간이 경과하면서 비로소 자라는 고통들과 같 이, 우리의 행위가 타인에게 간접적으로 일어나는 멀리 떨어 진 결과들에 대한 안내를 통해서, 혹은 예를 들어 범죄자의 보호와 같은 선의의 행위의 부정적 결과에 대한 학습을 통해 서, 또한 특히 *"누구도 해치지 마라"*가 *"모든 이를 도와라"*에 대해 갖는 우월성에 관한 교육 등등을 통해서다. 이런 점에 서 무엇보다 도덕적 교육과 교화적 윤리학이 존재하는 것이 다. 그러나 이들은 그 목적을 넘어서지 않고, 그 제약은 쉽게 간파할 수 있다. 머리는 맑아지고, 마음은 개선되지 않은 채 머무른다. 지적인 것과 물리적인 것에서와 같이 도덕적인 것 에서도 본질과 핵심은 선천적인 것이다. 기술技術은 어디에서 나 후원할 뿐이다. 누구나 그가 그것인 바대로 존재한다. *"신 의 은총으로",* 말하자면 신의 섭리에 의해 iure divino.

당신은 결국—— 여전히 당신일 테지요.
몇백만의 고수머리털을 심은 가발을 썼다 해도,
굽이 아무리 높은 신을 신었다 해도
필경 당신은 그대로 당신일걸요.
(괴테,《파우스트》, 제1부, 1806~1809)

그러나 이미 오래전에 나는 독자가 던진 물음을 들었다. 어디에 죄와 공로가 있는가?── 이에 대한 답변으로 나는 10절을 지시한다. 그곳에서, 그렇지 않으면 여기에서 제시되어야 할 것이지만, 그 물음에 대한 답변은 이미 제시했다. 그 것은 자유와 필연성의 양립에 대한 칸트의 학설과 긴밀히 관련되기 때문이다. 따라서 거기에 언급된 것을 다시 한번 읽기를 권한다. 그에 따르면 '행동'은 동기들이 나타나는 곳에서 절대로 필연적이다. 따라서 책임을 통해서만 나타나는 자유는 오직 '존재'에 놓여 있다. 양심의 비난은 비록 처음에 겉으로는 우리가 행동한 것에 관련하지만, 본래적이고 근본적으로는 우리가 무엇인 그것에 관련한다. 우리의 행동이 성격에 대해, 마치 병에 대한 증세와 같은 관계에 놓이는 것은, 이 점에 대한 충분한 증거를 제시한다. 이 '존재'에, 즉 우리가 무엇인 그것에 죄와 공로도 놓여 있어야 한다. 우리가 타인에게서 존경하고 사랑하고, 혹은 무시하고 미워하는 것은 변화하는 것이 아니라 지속적인 것, 언제나 존속하는 것, 그들이 무엇인 그것이다. 그리고 우리가 그들에 대한 생각을 바꾼다면, 우리는 그들이 변했다고 말하지 않고, 우리가 그들을 잘못 생각했다고 말한다. 마찬가지로 우리의 자신에 대한 만족과 불만족의 대상도 우리가 무엇인 그것으로서, 변경할 수 없는 것이고 지속적인 것이다. 이것은 심지어 정신적인 것, 골상학적 성질에까지 미친다. 그러니 어떻게 우리가 무엇인 그것에 죄와 공로가 놓여 있지 않겠는가?—— 항상 완벽해지는 우리 자신에 대한 앎, 점점 더 충족되는 행위에 대한 기록이 양심이다. 양심의 주제는 우선 우리의 행위들이다. 그것은, 적어도 타인을 훼손하지 말라고, 심지어 그들을 돕고 원조하라고 요구된 동정심의 말에 대해, 우리가 이기주의나 악의로 인해 전혀 귀 기울이지 않았거나, 혹은 이 둘을 부정하여 앞의 요청에 따른 행위들이다. 두 경우는 우리가 우리와 타인 사이에 설정한 구분의 크기를 보여준다. 이 구분에 결국 도덕성과 부도덕성의 단계, 즉 정의와 인간애의 단계가 근거한다. 또한 그 반대의 단계도 마찬가지다. 이것과 연관하여 의미 있는 행위들에 대한—— 점점 풍성해지는—— 기억은 우리의 성격에 대한 형상과 우리 자신에 대한 참된 앎을 점점 완성한다. 그러나 이 앎을 통해 우리 자신에 대한, 우리가 무엇인 그것에 대한 만족이나 불만족이 자란다. 이것은 이기주의, 악의, 혹은 동정심이 지배했는지, 즉 우리가 우리 자신과 타인 사이에 그은 구분이 크거나 작았는지에 비례한다. 그 척도에 따라 우리는 마찬가지로 타인을 평가한다. 그들의 성격을 우리는 우리 자신의 것과 마찬가지로 경험적으로 안다. 이 자기 평가에서 만족으로서, 혹은 양심의 가책에까지 이를 수 있는 불만족으로서 통고된 것은 칭찬, 찬양, 존경, 혹은 비난, 불만, 경멸로 나타난다. 우리가 타인에게 하는 비난들도 오직 처음에만 행위에 대한 것이고, 본래적으로는 변화하지 않는 그들의 성격에 대한 것이라는 것, 그리고 덕이나 악행이 내재적이고 지속적인 성질로 여겨지는 것은 무척 자주 나타나는 몇몇 관용구, 예를 들어, *"이제 나는 네가 어떤지 알겠다! Jetzt sehe ich, wie du bist!"*—*"내가 너를 잘못 보았다In dir habe ich mich geirrt"*—*"이제 네가 어떤 사람인지 알겠다Now I see what you are"*—*"네가 그런 사람이구나Voilà! donc, comme tu es!"*—*"나는 그렇지 않다!"*—*"나는 당신을 속일 수 있는 사람이 아니다"* 등등에서, 또한 *"뛰어난 기질을 가진 사람les âmes bien nées"*, 스페인어로 *"태생이 좋은bien nacido"*, *"덕스러운과 덕의 뜻으로εὐγενής, εὐγένεια"*, *"고귀한 정신을 가진 친구generosioris animi amicus"* 등등에서 증명된다.

이성을 통해서만 명백하고 연관된 회상이 가능하므로, 단지 그 이유에서 양심은 이성에 의해 제한된다. 양심은 나중에 비로소 말한다는 것은 사물의 본성이다. 그래서 그것은 또한 정돈하는 양심이라 불린다. 그것은 오직 본래적이지 않은 의미에서, 즉 간접적으로 앞서 말할 수 있다. 말하자면 반성이 유사한 경우들에 대한 기억으로부터 이제 계획된 행위에 대해 미래의 거부를 도출할 때, 양심은 앞서 말한다.── 의식의 윤리적 사실은 그렇게 진행된다. 그 사실 자체는 우리의 과제에 직접적으로 속하지 않지만, 마지막 절에서 언급될 형이상학적 문제로 남아 있다.── 인간의 모든 도덕적 가치가 유래하는 사리사욕, 악의, 그리고 동정심의 동기에 대해 사람들은 다양한 감수성을 갖는다. 양심이 행동을 통해 성립하는, 자신의 불변하는 성격에 대한 앎일 뿐이라는 인식은 다양한 사람들의 다양한 감수성이 내재적·불변적이고, 더 이상 설명되지 않는다는 사실과 완전히 일치한다. 그 감수성은 다른 것을 통해 설명되지 않으며, 교육을 통해 획득되는 것도 아니고, 그래서 시간에 따라 일어나고 변화하는 것도 아니며, 심지어 우연에 의존하는 것도 아니다. 그에 따라 여러 가지 행위로 표현되는 삶의 과정 자체는 내면의 근원적 움직임에 대한 외적인 표시이거나 거울일 뿐이다. 여기에서만 각자의 오성은 그의 본질인 자신의 의지의 성향을 명백히 알 수 있다.

여기와 10절에서 말한 것을 올바로 철저히 사고하기 위하여 노력을 경주한 사람은, 윤리학에 대한 나의 근거에서 하나의 결론과, 다른 근거들에는 부족한 완결된 전체성을 발견할 것이다. 그는 또한 나의 근거에서 경험적 사실과의 일치를 발견할 것이다. 이것은 다른 근거들에 더 부족하다. 왜냐하면 진리만이 대개 자기 자신과 그리고 자연과 일치하기 때문이다. 이에 반해 모든 잘못된 기본 생각은 내적으로는 자신과 싸우고, 외적으로는 매번 조용히 항의하는 경험과 싸운다.

그러나 특히 여기 마지막에 제시된 진리는 깊이 뿌리박은 편견과 착각을, 즉 유행하는 어떤 특정한 유치원용 도덕을 정면에서 심하게 모욕한다는 것을 나는 잘 알고 있다. 그러나 후회나 유감은 없다. 왜냐하면 무엇보다 나는 여기에서 어린이에게나 대중이 아니라 이들을 계몽하는 학술원에게 말하고 있기 때문이다. 학술원의 순수한 이론적 물음은 윤리학의 궁극적 근본 진리를 향해 있다. 그리고 학술원은 매우 심각한 물음에 대해 성실한 답변을 요구한다. 그리고 두 번째로, 나는 사적인 오류, 유용한 오류, 심지어 무해한 오류는 있을 수 없다고 생각한다. 모든 오류는 득보다 무한히 많은 손해를 초래한다.—— 반면에 기존의 편견을 진리의 척도로 삼거나, 설명될 수 없는 경계석으로 삼으려 한다면, 철학부와 학술원을 완전히 폐기하는 것이 좀더 성실한 일일 것이다. 존재하지 않는 것은 현상하지도 않아야 하기 때문이다.

제4장

윤리적 근원 현상에 대한
형이상학적 설명

21. 이 장의 첨가에 대하여

지금까지 나는 도덕적 동인을 사실로서 증명했고, 그 사실에서만 사심 없는 정의와 참된 인간애가 나올 수 있다는 것을 제시했다. 여기에서 두 가지 근본 덕과 나머지 모든 것이 유래한다. 윤리학이 실제로 명백히 존재하는 어떤 것에 반드시 근거해야 하는 한, 그리고 사람들이 적지 않은 나의 선행자들과 같이 단순히 어떤 추상적 명제를 임의로 채택하여 그것에서 윤리적 지침들을 도출하거나, 혹은 **칸트**와 같이 단순한 법칙의 개념으로 그렇게 하려고 하지 않는다면, 이것은 윤리학의 근거를 위해 충분하다. 왕립 학술원이 제시한 과제는 이것을 통해 만족된 것으로 보인다. 그것이 윤리학의 기초에 대한 것이고, 그것의 근거를 밝히기 위해 형이상학을 더 요구하지 않기 때문이다. 그러나 나는 인간 정신이 여기에서 궁극적 만족과 위안을 아직 찾지 못했음을 잘 안다. 모든 연구와 실질적 학문의 결론에서와 같이 여기에서도 인간 정신은 한 근원 현상 앞에 선다. 그것은 비록 그 아래에서 파악되고 거기서 도출된 모든 것을 설명하지만, 스스로는 설명되지 않은 채 머무르고 하나의 수수께끼로 존재한다. 따라서 여기에서도 형이상학에 대한 요구, 즉 근원 현상 자체와 그 총체성으로 받아들여진 세계에 대한 궁극적 설명에 대한 요구가 발생한다. 이 요구는 여기에서, 현존하는 것과 이해된 것이 왜 다른 상태가 아니라 바로 그 상태로 있는가, 그리고 어떻게 사물들의 본질 자체를 통해 설명된 현상들의 특성이 나타나는가라는 물음을 또한 일으킨다. 심지어 윤리학에서 형이상학적 기초에 대한 요구는 철학적 체계들이 종교적 체계와 일치할수록 더욱 절박하다. 이 두 체계에서 행위의 윤리적 중요성은 동시에 형이상학적인 것으로 여겨지기 때문이다. 말하자면 행위의 윤리적 중요성은 사물의 단순한 현상과 경험의 모든 가능성을 넘어서는 것으로서, 따라서 세계의 모든 현존재와 인간의 운명과 긴밀한 관계에 놓여 있는 것이어야 한다고 여겨진다. 현존재의 의미가 일반적으로 끝나는 마지막 정점은 분명히 윤리적인 것이기 때문이다. 또한 죽음에 임박한 모든 이의 사고 과정이, 그가 종교적 독단에 집착하는지의 여부와 무관하게 도덕적 방향을 취하고, 그가 이룬 삶의 여정에 대해 전적으로 도덕적 관점에서 결산하려고 노력한다는 부정할 수 없는 사실을 통해서도 이 마지막 정점은 입증된다. 이에 대해 특히 고대인의 증거들이 중요하다. 왜냐하면 그들은 기독교의 영향 아래에 있지 않기 때문이다. 따라서 나는, 스토바이오스(《잠언집》, 44, 20절)가 우리에게 보존해주는 구절에서 이 사실이 이미 언급되었음을 알린다. 이 구절은 태고의 입법자 찰로이코스Zaleukos의 것으로 간주되지만, 벤틀리Bentley와 헤인Heyne에 따르면 피타고라스학파에서 유래하는 것이다. "누구나 자신이 삶을 떠나야 하는 마지막이 다가오는 시간을 직시해야 한다. 왜냐하면 누구나, 죽어야 할 때, 자신이 행한 불의를 생각하면 회한에 사로잡히고, 모든 경우에서 올바로 행했더라면, 하는 바람이 엄습한다." 마찬가지로 우리는, 역사적 예를 들자면, 페리클레스가 죽음에 임박했을 때 그의 모든 위업에 대해서는 아무것도 들으려 하지 않고, 오직 그가 결코 어떤 시민도 비애에 빠뜨리지 않았다는 얘기만 들었다(플루타르코스, 《페리클레스Pericles》)는 것을 알고 있다. 그런데 매우 이질적인 경우를 동시에 제시하자면, 영국의 법정에서 있었던 진술에 대한 보고가 기억난다. 그것은 열다섯 살 난 미숙한 흑인 소년이 어떤 배에서 방금 패싸움에서 입은 상처로 인해 죽어가면서, 모든 동료들을 급히 불러 자신이 언제 그들 중 누구를 모욕하거나 불쾌하게 한 적이 있는지를 묻고, 그런 적이 없다는 것에서 큰 위안을 얻었다는 것을 알리는 보고다. 일반적으로 경험은, 죽는 이들이 죽음 앞에서 모든 이와 화해하기를 원한다는 것을 가르친다. 우리의 주장에 대해 다른 식의 증거를 제시하는 익숙한 경험도 있다. 말하자면 지적인 업적을 성취한 작가가, 그의 작품들이 세상에서 으뜸가는 걸작이고 그에 대해 보수를 받을 수 있다면, 매우 기꺼이 보수를 받는다. 반면에 도덕적으로 뛰어난 어떤 것을 행한 이는 대부분 보수를 거절한다. 이것은 특히 도덕적 위업의 경우에 그렇다. 예를 들어 어떤 이가 다른 이의, 혹은 심지어 많은 이의 생명을 자신의 생명의 위험을 무릅쓰고 구했을 때, 그는 일반적으로, 심지어 그가 가난할지라도, 절대로 어떤 보수도 받지 않는다. 왜냐하면 그는, 그것으로 인해 그가 한 행위의 형이상학적 가치가 손상된다고 느끼기 때문이다. 뷔르거[92]의 시 〈용감한 사람에 대해Vom braven Mann〉의 끝부분에 이에 대한 시적 묘사가 나온다. 그러나 그것은 실제로도 대부분 일어나는 일이고, 나는 그런 것을 영국 신문에서 자주 보았다.── 이사실들은 보편적이고 종교와 무관하게 나타난다. 이 거부할수 없는 삶의 윤리적-형이상학적 성향으로 인해, 이런 의미에서 주어진 삶에 대해 설명하지 않고는 어떤 종교도 세상에 발붙일 수 없을 것이다. 왜냐하면 종교가 심성에 기반을 두는 것은 그것의 윤리적 측면을 통해서이기 때문이다. 종교는 그 독단을 도덕적 동인의 기초에 놓고, 이 동인과 밀접히 결합하여, 이 둘이 분리될 수 없는 것으로 보이게 한다. 도덕적동인은 모든 인간에게서 느껴지지만, 그로 인해 아직 이해되지 않는 것이기 때문이다. 심지어 성직자는 불신과 부도덕이 하나이자 같은 것이라고 주장하려 한다. '신앙 없는', '무신론의', '비기독교도적', '이단자' 등등과 같은 표현들이 '도덕적으로 나쁜'과 동의어로 사용된다는 것에서 우리가 이미 보듯이, 신자들에게 비신자들이 도덕적으로 나쁜 이와 동일하게 여겨지는 것은 여기에서 유래한다. 종교에서 이 문제는 쉽게 해결되었다. 종교는 믿음에 근거하고, 자신의 독단에 대한 믿음을 절대적으로, 심지어 협박과 함께 요구해도 되기 때문이다. 그러나 철학적 체계에서 이 문제는 그렇게 쉽게 해결되지 않는다. 따라서 모든 체계들에 대한 연구 결과는, 윤리학의 근거와 같이 윤리학과 형이상학의 연결점에 대해서도 언제나 극히 불충분한 증거만이 제시된다는 것이다. 그래도 윤리학이 형이상학에 의지한다는 요구는 피할 수 없다. 이것을 나는 이미 도입부에서 **볼프**와 **칸트**의 권위를 통해 분명히 확인했다.

그러나 형이상학의 문제는 인간 정신을 몰두시키는 모든 문제 중에서도 가장 어려운 것이어서, 수많은 철학자들의 노력으로도 절대로 해명될 수 없는 것으로 여겨진다. 게다가 나의 현재 과제에 있어서는 낡아빠진 학술서의 형식으로 인한 무척 독특한 단점까지 첨가된다. 말하자면 그것은, 내가 신봉하는 어떤 특정한 형이상학적 체계를 가정하는 것이 허용되지 않는다는 것이다. 왜냐하면 나는 그 체계를 설명하거나, 혹은 주어진 확실한 것으로 받아들여야 하지만, 전자는 너무 광범위하고, 후자는 극히 의심스럽기 때문이다. 이를 통해 다시 도출되는 것은, 내가 여기에서 앞에서와 같이 종합적 방법이 아니라 오직 분석적 방법만을 적용할 수 있다는 것, 즉 근거에서 결과로가 아니라, 결과에서 근거로 나아가야 한다는 것이다. 무전제로 진행하고 모두에게 공통적인 견해에서부터만 출발해야 하는 이 가혹한 필연성은, 나에게 이미 윤리학의 기초에 대한 설명을 무척 어렵게 만들어서, 나는 이제 그것을, 마치 누군가 자유롭게 이루어낸 힘든 예술작품을 보듯이 돌아본다. 그렇지 않았다면 그것은 확고한 자료를 바탕으로 해서만 실행되었을 것이다. 더욱이 이제 윤리학적 기초에 관한 형이상학적 설명에 대한 물음이 제기된 곳에서 무전제의 방법에 따르는 어려움은 너무나 압도적이어서, 나는 오직 하나의 출구만을 본다. 그것은 완전히 일반적인 윤곽을 설명하는 것으로 만족하고, 상술하는 것보다 암시를 더 주고, 목표로 이끄는 길을 가리키되 그것을 마지막까지 따라가지는 않고, 내가 다른 상황에서라면 여기에서 표명했을 것들 중 매우 작은 부분만을 말하는 방법이다. 방금 서술한 근거들 외에 이 방법을 취하는 또 다른 이유는, 본래적 과제가 앞절에서 해결되었다는 것이다. 따라서 내가 여기에서 그것을 넘어 더 쓰는 것은, '요구를 넘어서는 일', 즉 마음대로 제시하고 마음대로 받아들이는 부록이다.

22. 형이상학적 기초

이제 우리는 지금까지 우리의 모든 걸음을 지탱해준 경험의 확고한 기반을 떠나야 한다. 그것은 혹시라도 경험이 전혀 도달할 수 없는 곳에서 궁극적인 이론적 만족을 찾기 위해서다. 우리에게 암시만이라도 주어진다면, 즉 우리가 그것으로 어느 정도 안심할 수 있는 피상적 조망이라도 주어진다면 다행일 것이다. 반면에 우리가 버리지 말아야 할 것은 지금까지 써온 방법의 정직성이다. 우리는 이른바 칸트 이후의 철학적 방식과 같이 우리를 망상에 빠뜨리거나, 동화를 들려주거나, 단어들로 감탄을 자아내거나, 독자의 눈에 모래를 뿌리려고 하지 않을 것이다. 우리는 많지는 않지만 정직한 것을 제공하겠다.

지금까지 설명 근거였던 것이 이제 그 자체로 우리의 문제가 될 것이다. 그것은 말하자면 모든 이에게 내재된, 근절할 수 없는 자연적 동정심으로서, 유일하게 도덕적 가치가 부여되는 비이기적 행위의 유일한 원천으로 도출되었다. 많은 근대 철학자들은 선과 악의 개념을 단순한 것으로 다루고, 즉 설명이 필요하지도 않고 설명될 수도 없는 개념으로 다루고, 그래서 '선의 이념'에 대해 대부분 매우 비밀스럽고 의심스럽게 말하여, 그로부터 그 개념을 윤리학의 버팀목으로 만들거나, 적어도 그 빈약함의 구실로 만든다.[93] 나는 여기에서, 이 개념이 선천적으로 주어지지 않은 것은 물론이고, 전혀 단순한 것이 아니라 관계에 대한 표현이며, 일상적 경험을 통해 만들어진 것임을 설명할 필요를 느낀다. 어떤 개별적 의지에 적합한 모든 것은, 이 의지와의 관련성에서 '좋다'고 불리고,── 좋은 음식, 좋은 방법, 좋은 징후── 그 반대는 '나쁘다'고 불린다. 이것은 생명 있는 존재의 경우에는 '악하다'고 불린다. 어떤 이가 그의 성격으로 인해 타인의 노력을 일부러 방해하지 않고, 오히려 그가 할 수 있는 한 돕고 촉진한다면, 그래서 타인을 해치지 않고, 오히려 그들을 그가 할 수 있는 곳에서 돕고 지원한다면, 그는 그들에게 그와 같은 관점에서 좋은 사람으로 불린다. 따라서 '좋다'는 개념은 그와 같은 상대적·경험적·수동적 주체의 관점에서 그에게 적용된다. 그러나 이제 그와 같은 인간의 성격을 단순히 타인과의 관계에서가 아니라 그 자체로서 고찰해보자. 그렇다면 전술한 것에서 우리가 알 수 있는 것은, 타인의 행복과 고통에 대한 완전히 직접적인 관여를 통해 인간에게 있는 정의와 인간애의 덕들이 일어난다는 것이다. 우리는 이 관여의 원천으로서 동정심을 인식했다. 그러나 그 같은 성격의 본질로 돌아가보자. 그렇다면 우리는 부정할 수 없이 그 본질을, 그가 다른 이들보다 자신과 타인을 적게 구분했다는 것에서 발견한다. 이 구분은 악의적 성격의 눈에는 매우 커서, 그에게 타인의 고통은 곧 즐거움이다. 따라서 그는 자신의 이익이 없이도,

심지어 그것에 대립할지라도 그 즐거움을 찾는다. 이 구분은 이기주의자의 눈에 매우 크게 보이므로, 그는 자신의 작은 이익을 얻기 위해, 타인의 큰 손해를 수단으로 사용한다. 이들에게서는 자기 자신에게 한정되는 자아와 나머지 세계를 포괄하는 비-아 사이에 넓은 간격, 거대한 차이가 있다. "세계가 멸망해도 좋다. 내가 구원받을 수만 있다면"이 그들의 원칙이다. 반면에 선한 인간에게 이 차이는 그다지 크지 않다. 심지어 고결한 마음의 행위에서 그 차이는 지양된 것으로 나타난다. 여기에서는 자신의 희생 위에 타인의 행복이 촉진되어, 타인의 자아가 자신의 것과 동일시되기 때문이다. 그리고 많은 타인을 구할 수 있는 곳에서 개별자가 많은 이를 위해 자신의 생명을 내던짐으로써, 본래적 자아는 그들에게 완전히 희생된다.

이제 제기되는 질문은, 좋은 성격의 행위에 기초하고 있는, 자신의 자아와 타인의 자아 사이의 관계에 대한 이와 같은 이해가 잘못된 것으로서 기만에서 유래하는 것인가, 아니면 오히려 이기주의와 악의가 근거하는 그 반대의 이해의 경우가 그런가라는 것이다.——

이기주의의 근거에 놓여 있는 이 이해는 경험적이고 예외 없이 타당하다. 자신과 타인의 차이는 흔히 절대적인 것으로 나타난다. 나를 타인에게서 분리하는 공간의 차이성은 나를 그의 행복과 고통에서도 분리한다.—— 반면에 그래도 우선 주목할 것은, 우리가 자신에 대해 갖는 인식은, 남김없이 파헤쳐진 마지막 근거에 이르기까지 명백한 것이 결코 아니라는 것이다. 우리는 우리 자신의 육체를 뇌가 감각의 자료를 통해 완성하는 직관을 통해 간접적으로 공간에 있는 객체로서 인식한다. 그리고 내적 감관을 통해 외적 동기들로 인해 발생하는 우리의 의도와 의지 작용의 연속되는 계열을 의식한다. 또한 우리는 마지막으로, 모든 내적 느낌들을 일으키는 의지의 약하거나 강한 다양한 움직임을 인식한다. 그것이 전부다. 인식 자체가 다시 인식되지 않기 때문이다. 반면에 이 모든 현상의 본래적인 실체, 우리의 내적 본질 자체, 의욕하고 인식하는 것 자체는, 우리가 접근할 수 있는 것이 아니다. 우리는 외면에 따라서만 본다. 내면은 깜깜하다. 따라서 우리가 우리 자신에 대해 갖는 지식은 결코 완벽하고 남김없이 파헤쳐진 것이 아니라 오히려 무척 피상적인 것이고, 대부분, 심지어 핵심적인 부분에 따르면 우리는 우리 자신에게 알려져 있지 않은 것이고 수수께끼다. 혹은 칸트가 말하듯이, "자아는 스스로를 그것 자체에 따라서가 아니라 오직 현상으로서만 인식한다". 우리의 인식에 들어오는 앞의 다른 부분에 따르면 각자는 비록 타인과 완전히 다르지만, 이것으로부터 누구에게나 감춰지고 알려지지 않은 채로 있는 크고 본질적인 부분에서도 상황이 마찬가지라는 것이 도출되지는 않는다. 적어도 이 부분이 모두에게 하나이고 동일할 가능성은 남아 있다.

존재의 다수성과 수적 다양성은 어디에서 기인하는 가?—— 공간과 시간, 이것에 의해서만 그것은 가능하다. 다수는 서로 나란히 혹은 차례로 잇따른 것으로서 생각되고 표상되기 때문이다. 그러면 동종의 다수는 개별자들이므로, 나는 공간과 시간을, 그들이 다수성을 가능하게 한다는 점에서, 스콜라 철학자들이 그 표현을 같은 의미에서 사용했는지에 개의치 않고, '개별화의 원리principium individuationis'라고 부른다.

세계에 대한 칸트의 경탄할 만한 통찰력이 제시한 해명에 의심할 수 없이 참된 어떤 것이 있다면, 그것은 선험적 감성론, 즉 공간과 시간의 관념성에 대한 학설이다. 그것은 어떤 훌륭한 반박도 싹틀 수 없을 만큼 명백히 증명되었다. 그것은 칸트의 큰 승리이고, 형이상학에서 실제로 증명된 것이자 진정한 획득으로 여겨질 수 있는 지극히 소수의 형이상학적 이론에 속한다. 그에 따르면 공간과 시간은 우리 자신의 직관 능력의 형식으로서, 그것을 통해 인식되는 사물들에 속하지 않고, 따라서 결코 사물들 자체의 어떤 규정일 수 없으며, 오직 사물 자체의 현상에 속하는 것으로서, 신체의 조건들에 결부된 외적 세계에 대한 우리의 의식에서만 가능하다. 그러나 사물 자체에 대해, 즉 세계의 참된 본질에 대해 시간과 공간이 이질적이라면, 그 다수성도 반드시 그렇다. 따라서 이 감각 세계의 무수한 현상들에서 그 본질은 그래도 오직 하나 일 수 있을 뿐이고, 그 하나의 동일한 본질 자체만이 이 모든 것에서 나타난다. 그리고 반대로, 다수로서 시간과 공간에서 나타나는 것은 사물 자체일 수 없고, 현상일 뿐이다. 그러나 이것은 여러 가지 조건들을 통해 제한된, 심지어 어떤 유기 적인 기능에 근거하는 우리의 의식에 대해서만 있는 것이지, 그 의식 밖에는 있지 않다.

이 학설은 물론 칸트보다 오래전에, 심지어 옛날부터 있었 다고 말할 수 있다. 그것은, 다수성이 표면적인 것일 뿐이라 는 것, 이 세계의 모든 개별자들이 그렇게 무한한 수로 차례 로 그리고 나란히 스스로를 나타낼지라도, 그래도 그들 모 두에게 있고 동일한, 참으로 존재하는 오직 하나의 같은 본 질이 드러난다는 학설이다. 무엇보다 그것은 세상에서 가 장 오래된 책인 성스러운 《베다》 경전의 핵심적이고 기본적 인 학설이다. 《베다》 경전의 독단적 부분, 혹은 오히려 비교 秘教적 학설은 《우파니샤드》에서 제시된다.[94] 바로 이 문헌의 거의 모든 쪽에서 우리는 앞의 위대한 학설을 발견한다. 그 것은 무수한 표현에서 쉼 없이 반복되고, 다양한 상징과 우 화를 통해 설명된다. 그것이 마찬가지로 피타고라스의 지혜 의 근거에 놓여 있었다는 것은 그의 철학에 대한 자료가 빈 약하다 하더라도 절대로 의심할 수 없다. 엘레아 학파의 거 의 모든 철학이 오직 이 학설에 함축되어 있었던 것은 잘 알려진 사실이다. 나중에 신플라톤주의는 "모든 사물들의 단일성으로 인해 모든 영혼은 하나다"라고 가르침으로써 그 학설에 사로잡혀 있었다. 9세기에 우리는 그것이 에리게나[95]를 통해 예기치 않게 유럽에 나타난 것을 볼 수 있다. 그는 그 학설에 감동하여, 그것을 기독교의 형식과 표현으로 치장하려고 시도한다. 이슬람교도에게서 우리는 그 학설을 수피교도의 감동적 신비주의로 다시 발견한다. 그러나 서양에서는 브루노Giordano Bruno가 굴욕적이고 고통스러운 죽음으로, 그 진리를 표명하려는 열망에 저항할 수 없었던 대가를 치러야 했다. 그럼에도 우리는 본의 아니게 그 진리에 휩쓸려 들어간 기독교의 신비주의자들을 어디에서나 본다. 스피노자의 이름이 그것과 동일시된다. 칸트가 오래된 독단주의를 제거하여 세상을 놀라게 한 후, 우리 시대에 그 인식은 셸링의 모방 철학에 의해 다시 일깨워졌다. 그는 플로티노스, 스피노자, 칸트, 그리고 뵈메Jacob böhme의 철학을 새로운 자연과학의 성과들과 융합하여 동시대인의 절박한 욕구를 잠시 충족시키는 하나의 전체로 결합했고, 그러고 나서 그것을 변형시켰다. 결과적으로 그 인식은 독일의 학자들 사이에서 일반적 타당성을 얻었고, 심지어 별로 교육받지 못한 이들에게도 널리 유포되었다.[96] 예외는 유일하게 오늘날의 강단 철학자들이다. 그들은 이른바 범신론에 대항하는 어려운 과제를 떠맡았다. 이를 통해 그들은 커다란 곤경과 당혹에 빠져, 강한 두려움 속에서 때로는 가장 빈약한 궤변들에 의지하고, 때로는 가장 과장된 미사여구에 의지한다. 그래서 그들은 어떤 품위 있는 가장 행렬을 짜 맞추고, 인기 있고 허용된 실타래 철학을 그 안에 꾸미려고 한다. 요약하면, '하나이자 모든 것'은 언제나 바보에 대한 조롱이었고 현자들의 끝없는 명상이었다. 그러나 그에 대한 엄격한 증명은 오직 위에 언급된 칸트의 학설에서만 제시된다. 비록 칸트 자신은 이것을 증명하지 않고, 현명한 연사의 방법에 따라 청중에게 결론의 기쁨을 위임하면서 전제들만을 주었지만.

따라서 다수성과 분리가 오직 단순한 현상에 속한 것이고, 모든 살아 있는 것에서 드러나는 것은 하나이자 동일한 존재라면, 그렇다면 자아와 비-아 사이의 구별을 지양하는 그러한 이해는 잘못된 것이 아니다. 오히려 그것과 대립하는 이해가 잘못된 것임이 틀림없다. 또한 우리는 이 후자가 인도에서 마야, 즉 가상, 착각, 환상으로 표현된 것을 발견한다. 전자의 이해는, 우리가 동정심의 현상에 기초로 놓는 것으로서, 심지어 그 현상의 참된 표현으로서 발견된 것이다. 그 이해는 윤리학의 형이상학적 기초일 것이고, 한 개별자가 타인에게서 자신의 참된 존재를 직접적으로 재인식하는 데서 성립할 것이다. 그에 따라 실천적 지혜, 옳은 행위, 선행은 결과적으로 가장 널리 퍼진 이론적 지혜의 심오한 학설과 정확히 만날 것이다. 그리고 실천 철학자, 즉 올바른 사람, 선행자,

고결한 사람은 오직 그 행위를 통해 위대한 통찰과 이론 철학의 힘든 연구 결과와 같은 인식을 표현할 것이다. 그런데 도덕적 탁월성은 모든 이론적 지혜보다 우위에 선다. 이론적 지혜는 언제나 불완전할 뿐이고, 추론들을 통해 더디게 목표에 이른다. 여기에 도덕적 탁월성은 단숨에 도달한다. 그리고 도덕적 귀인은, 그에게 지적 탁월성이 부족할지라도, 그의 행위를 통해 심오한 인식과 최상의 지혜를 드러내어, 가장 천재적이고 가장 학식 있는 이들에게 앞의 위대한 진리가 여전히 낯선 것으로 머무른다는 것이 드러났을 때, 그들을 부끄럽게 한다.

"개별화는 실재이고, 개별화의 원리와 그것에서 유래하는 개별자들의 차이성은 사물 자체의 질서다. 모든 개별자는 다른 모든 것과 근본적으로 다른 존재다. 자신 안에서만 나는 나의 참된 존재를 갖는다. 반면에 다른 모든 것은 비-아이고, 나에게 낯선 것이다."——이것은 육체가 그 진리성의 증거를 제시하고, 모든 이기주의의 기초에 놓여 있는 인식으로서, 그것의 실제적 표현은 애정 없는 행위나 부당한 행위, 혹은 악의적인 모든 행위다.——

"개별화는 단순한 현상이고 공간과 시간에 의해 성립한다. 공간과 시간은 모든 대상의 형식에 지나지 않는 것으로서 나의 뇌의 인식 능력을 통해 제약된다. 따라서 개별자들의 다수성과 차이성도 단순한 현상, 즉 나의 표상에서만 존재하는 것이다. 나의 참된 내적 본질은 생명 있는 모든 것에서, 마치 그것이 나의 자기 의식에서 스스로를 나 자신에게만 알리는 것같이 직접적으로 존재한다." 산스크리트에서 'tat-tvam asi', 즉 '이것은 너다'라는 형식에서 상투적으로 표현되는 이 인식은, 동정심으로 표출되고, 따라서 그것에서 모든 참된, 말하자면 사심 없는 덕이 유래한다. 그것의 실제적 표현은 선한 모든 행위다. 이 인식은 궁극적으로 친절, 인간애, 관용을 위한 모든 항소가 청원하는 곳이다. 왜냐하면 그 같은 인식은, 우리 모두가 하나이고 동일한 존재라는 생각에 대한 기억이기 때문이다. 반면에 이기주의, 시기, 증오, 박해, 냉혹함, 복수, 남의 불행을 기뻐함, 잔혹성은 전자의 인식을 증거로 끌어대고, 그것으로 만족한다. 우리가 어떤 고결한 행위에 관해 들을 때, 더욱이 그것을 주시할 때, 가장 많게는 자신이 그것을 실행할 때 느끼는 감동과 희열의 가장 깊은 근거에서 그 행위는 개별화의 원리를 내놓는 개별자들의 모든 다수성과 분리 너머에 그들의 단일성이 놓여 있다는 확실성을 우리에게 준다. 이 단일성은 참으로 존재하는 것이고, 심지어 우리가 접근할 수 있는 것이다. 왜냐하면 그것이 바로 실제로 일어나는 것이기 때문이다.

각각의 인식 방식이 분명해짐에 따라서, 존재와 존재 사이에 엠페도클레스의 사랑 혹은 미움이 나타난다. 그러나 미움에 사로잡힌 이는 그가 가장 미워하는 적에게 적대적으로 침입하여 그의 가장 깊은 곳에까지 도달할 것이다. 그는 그곳에서 놀랍게도 자신을 발견할 것이다. 꿈에서 우리에게 나타나는 모든 사람에게 우리 자신이 숨어 있듯이, 깨어 있을 때에도 마찬가지이기 때문이다.── 비록 그렇게 쉽게 통찰되지는 않지만. 그러나 '*이것은 너다*'.

앞의 두 인식 방식에서 한 가지나 다른 것의 우세는, 단순히 개별적 행위들에서뿐만 아니라 모든 방식의 의식과 감정에서 나타난다. 따라서 좋은 성격에서의 이 방식은 나쁜 성격에서의 방식과 본질적으로 무척 다른 것이다. 나쁜 성격은 자신과 그 밖의 모든 것과의 사이에서 언제나 강력한 칸막이 벽을 느낀다. 세상은 그에게 절대적 비-아이고, 이것에 대한 그의 관계는 본래적으로 적대적인 것이다. 이를 통해 그의 감정의 지배적 분위기는 미움, 의심, 시기, 남의 불행을 기뻐하는 것이 된다.── 반면에 좋은 성격은 그의 존재와 동질적인 외부 세계에 산다. 타인은 그에게 비-아가 아니라 '또 다른 나'다. 따라서 모든 이에 대한 그의 본래적 관계는 친구 관계다. 그는 모든 존재에게 내적으로 결합된 것으로 느끼고, 그들의 행복과 고통에 직접적으로 관여하며, 확신을 갖고 동일한 관여를 그들에게서 기대한다. 여기에서 그의 내면의 깊은 평화와 태연하고 평온하고 만족한 감정이 자란다. 이로 인해 그의 곁에서는 누구나 행복해진다.── 악한 성격은 곤궁에 처했을 때 타인의 원조를 믿지 않는다. 그가 그것을 청한다면, 그것은 확신 없이 일어나는 것이다.──그가 그것을 얻는다면, 그는 그것을 진정한 감사 없이 받아들인다. 그는 그것을 타인의 어리석음의 결과로 이해할 수밖에 없기 때문이다. 왜냐하면 타인에게서 자신의 존재가 명백히 표명된 이후에도 그는 아직 자신을 낯선 존재 안에서 재인식할 수 없기 때문이다. 여기에서 모든 배은망덕의 괘씸함이 유래한다. 그가 근본적으로, 그리고 불가피하게 처해 있는 이 도덕적 격리는 그를 또한 쉽게 절망하게 한다.──좋은 성격은, 그의 일을 기꺼이 도우려는 태도를 타인에게서 의식할 때, 확신을 갖고 타인의 원조를 청한다. 왜냐하면 언급했듯이 인간 세상은 어떤 이에게는 비-아이고, 다른 이에게는 '또 다른 나'이기 때문이다.──적을 용서하고 악을 선으로 갚는 고결한 이는 숭고하고 최고의 칭찬을 받는다. 왜냐하면 그는 자기 자신의 존재를 그것이 단호히 부정된 곳에서도 인식했기 때문이다.

완전히 순수한 모든 선행과 완전하고 참으로 사심 없는 모든 도움은 그 자체로 오직 타인의 곤궁만을 동기로 갖는다. 우리가 이 도움을 마지막 근거에서까지 연구한다면, 그것은 원래 신비적 행위, 즉 실천적 신비주의다. 그것이 궁극적으로 모든 본래적 신비주의의 본질을 형성하는 인식에서 유래하고, 어떤 다른 방법으로도 참되게 설명될 수 없는 한. 왜냐하면 어떤 이가 단 한 번의 적선을 할 때, 타인을 억압하는 결핍이 완화되는 것 이외의 어떤 다른 것을 목적으로 삼지 않는 것은, 그 자신이 지금 그에게 그 슬픈 모습으로 나타나는 그것이라는 것, 따라서 그가 자신의 본질 자체를 낯선 현상에서 재인식한다는 것을 인식하는 한에서만 가능하기 때문이다. 따라서 나는 앞절에서 동정심을 윤리학에서의 거대한 신비라고 불렀다.

자기 조국을 위해 죽음으로 가는 사람은, 현존이 개인에게 제한한 착각으로부터 자유롭다. 그는 자신의 존재를, 그곳에서 그가 계속 살아 있을 자기 민족에게로, 심지어 그들의 다음 세대들에까지 확장한다. 이들에게 그는 영향을 미친다.──여기에서 그는 죽음을 눈을 깜박거리는 것으로 생각한다. 이것으로 보는 것이 중단되지는 않는다.

다른 모든 것을 언제나 비-아로 생각하는 사람, 심지어 근본에 있어서 오직 자기 자신만을 참으로 실재하는 것으로 여기고, 반면에 타인을 본래적으로 환영이라고 여기는 이는 타인에게 상대적 존재만을 인정한다. 이것은 타인이 그의 목적을 위한 수단이거나 목적에 대립적일 수 있는 한에서다. 따라서 자신과 비-아 사이에 측정할 수 없는 차이와 깊은 간격을 남겨둠으로써 오직 자기 자신 안에서만 존재하는 이는, 죽음에서 그 자신과 함께 모든 실재성과 모든 세계가 침몰하는 것을 본다. 반면에 다른 모든 사람에게서, 심지어 생명을 갖는 모든 것에서 자신의 존재를 인지하고 살아 있는 모든 것의 현존재와 함께 합류한 이는, 죽음을 통해 자신의 현존재의 작은 부분만을 잃는다. 그는, 그 자신이 언제나 인식하고 사랑한 다른 모든 것에서 계속 살아 있다. 그리고 그의 의식을 나머지의 의식에서 분리하는 착각은 사라진다. 비록 전부는 아닐지라도 특별히 선한 사람과 대개의 악한 사람이 죽음의 시간을 받아들이는 방식에서 나타나는 대부분의 차이가 여기에서 유래한다.——

모든 시대에 있어서 가엾은 진리는 자신이 역설적이었다는 것에 대해 스스로 부끄러워해야 했다. 그러나 그것은 가엾은 진리의 죄가 아니다. 진리는 군림하는 보편적 오류의 모습을 가질 수 없기 때문이다. 거기에서 가엾은 진리는 탄식하며 수호신인 시간을 우러러본다. 이 수호신은 그에게 승리와 명성을 약속한다. 그러나 수호신의 날갯짓은 너무 크고 느려서, 개별자는 그 위에서 서서히 죽어간다. 그래서 나도, 윤리적 근본 현상에 관한 이 형이상학적 설명이 서양식으로 교육받아 윤리학에 관해 전혀 다른 방식의 증명에 익숙한 이에게 가져야 하는 역설을 잘 의식한다. 그러나 그 진리를 파괴할 수는 없다. 오히려 내가 나에 대한 이 견해를 통해 할 수 있는 모든 것은, 어떻게 해서 앞에 제시된 윤리학의 형이상학이 이미 수천 년 전에 인도의 지혜의 근본 견해였는지를 인용을 통해 제시하는 것이다. 내가 이것을 소급하여 지시하는 것은, 마치 코페르니쿠스가 아리스토텔레스와 프톨레마

이오스에 의해 밀려난 피타고라스의 세계 체계로 되돌아가 해석하는 것과 같다. 슐레겔[97]의 번역에 따르면,《바가바드-기타》[98] 13장 27, 28절에는 다음과 같이 씌어 있다.

모든 존재에 있는 모든 존재 속에 하나의 최고신이 있으며
그리고 죽을 때, 이것을 보는 자, 살아서 보는 것이다.
모든 곳에서 최고신을 발견한 이는,
자신에 의해 자신은 다치지 않기 때문에
그는 그곳에서 최고의 것에 이르는 그의 길을 얻는다.

나는 윤리학의 형이상학에 대해서도 이 정도 암시로 끝을 맺어야 하겠다. 그러나 거기에서 해야 할 중요한 일이 더 남아 있다. 이것을 통해서만 윤리학이 일보 전진한 것으로 인정된다. 이것은 내가 할 수 없는 일이다. 유럽에서는 윤리학의 최고 목표가 법론과 덕론에 있고, 사람들은 이것을 넘어가는 것을 알지 못하거나 인정하지 않기 때문이다. 따라서 이 불가피한 중단에 덧붙일 것은, 윤리학의 형이상학에 대해 제시된 개요가 아직 멀리에서라도 형이상학의 전 체계의 완결을 파악하도록 해주지 않는다는 것이다. 그것은《신곡 *La divina commedia*》의 본래적 관련성을 간파하게 하지 않는다. 이것은 과제에도 나의 계획에도 없다. 모든 것을 하루 만에 말할 수도 없고, 질문된 것보다 더 대답해서도 안 되기 때문이다.

인간의 지식과 통찰을 장려하는 과정에서는 언제나 시대의 저항이 감지된다. 이것은 마치 끌어당기려는 모든 노력에도 불구하고 바닥을 무겁게 짓누르는 짐의 저항과 같다. 그래도 우리는, 편견이 우리에게 대항하지만 진리는 우리 편이라는 확신을 갖고 스스로 위로해야 한다. 이 진리는 그것의 동맹자인 시간과 만나는 즉시 그 승리를 완전히 확신하게 된다. 그것이 오늘은 아닐지라도. 그래도 내일은.

판정

덴마크 왕립 학술원

1837년에 제시된 현상 과제, "도덕의 근원과 기초를 의식에 (혹은 양심에) 직접적으로 놓여 있는 도덕성의 이념과 이 이념에서 나오는 도덕적 기본 개념들을 분석하는 데서 찾을 것인가? 아니면 다른 어떤 인식 근거에서 찾을 것인가?"에 대해 단 한 사람만이 답변을 시도했다. "도덕을 가르치는 것은 쉽지만, 증명하는 것은 어렵다"라는 모토와 함께 독일어로 쓴 그의 논문을 우리는 수상 자격이 있는 것으로 인정할 수 없다. 왜냐하면 다른 무엇보다 그가, 요구된 과제를 넘어섬으로써, 그 과제가 윤리학의 원칙 설정에 관한 것이라고 믿었기 때문이다. 이로 인해 그는 논문에서, 그가 제시한 윤리학적 원칙과 그것의 형이상학과의 관련성에 대한 해명을 부록에서만 제시했다. 여기에서 그는 요구된 것보다 더 많은 설명을 했다고 생각했다. 그러나 주제는 바로 그 같은 연구를 요구했다. 무엇보다 형이상학과 윤리학의 관련성이 고찰되어야 했다. 저자는 도덕의 기초를 동정심으로 증명하려 했지만, 그는 논문의 형식에서도 우리를 만족시키지 못했고, 문제에서도 그 기초를 충분히 증명하지 못했다. 오히려 그는 그의 주장에 대한 반대 주장까지도 인정해야 할 필요성을 직시했다. 또한 묵과될 수 없는 것은, 최근의 몇몇 탁월한 철학자들이 지나치게 부적절하게 언급되어서, 그에 상응하는 심각한 충돌이 야기될 것이라는 점이다.

해제

이것은 너다

1. 쇼펜하우어의 삶

쇼펜하우어는 1788년 단치히에서 태어났다. 그의 아버지는 단치히에서 가장 부유한 상인 가운데 한 사람이었다. 1793년 단치히가 프로이센에 합병되자 그의 가족은 한자동맹에 가입된 자유 도시 함부르크로 옮겨 갔다. 쇼펜하우어가 유능한 상인이 되길 바란 그의 아버지는 아들이 여행을 통해 세계에 대한 다양한 경험을 하도록 했다. 쇼펜하우어는 어린 시절에 프랑스 혁명 현장의 참혹함, 갤리선 노예들의 고통을 직접 목격했다. 1805년 열일곱 살 때부터는 상인 수업을 받아야 했다. 그러나 그는 상점 일보다 골상학에 대한 책과 강의에 더 관심을 가졌다. 같은 해 4월에 쇼펜하우어의 아버지가 창고 통풍창에서 떨어져 죽는 사고가 일어났다. 우울증을 앓던 그의 아버지는 자살한 것으로 추정된다. 아버지의 사업이 해체된 후, 그의 어머니와 누이동생은 함부르크를 떠나

바이마르에 정착했다.

1807년 쇼펜하우어도 상점을 떠나 고타에 있는 김나지움으로 갔다. 그곳에서 그는 고전어를 배우기 시작했다. 그는 1809년 괴팅겐 대학교에 의학도로 입학했지만, 곧 철학에 더 관심을 갖게 되었다. 당시 괴팅겐 대학교에는 칸트와 라인홀트의 철학에 대한 비판을 통해 에네지뎀-슐체[99]로 알려진 철학자 고틀로프 에른스트 슐체Gottlob Ernst Schulze가 있었다. 슐체는 쇼펜하우어에게 플라톤과 칸트를 읽으라고 충고했다. 쇼펜하우어는 플라톤과 칸트 철학, 그리고 청년기에 이미 접한 인도 철학을 통해 자신의 철학을 형성했다. 1811년 가을에 쇼펜하우어는 피히테가 있는 베를린으로 갔다. 그는 피히테의 강의와 세미나에 열심히 참석했지만, 만족할 수 없었다. 1813년에는 오스트리아, 프로이센, 러시아의 연합군과 프랑스의 나폴레옹 군대 사이에 전쟁이 다시 발발했다. 쇼펜하우어는 베를린을 떠나 바이마르 근처의 루돌슈타트에서 학위 논문 〈충족 이유율의 네 가지 뿌리에 관하여 Über die vierfache Wurzel des Satzes vom zureichenden Grunde〉를 완성했다. 이 논문으로 그는 1813년 예나의 튀링엔 주립대학 철학부에서 박사 학위를 취득했다.

학위 취득 후 쇼펜하우어는 어머니가 있는 바이마르로 갔다. 그곳에서 그는 색채론 문제를 탐구하고 있던 괴테와 교류했다. 또 오리엔탈리스트인 프리드리히 마예르Friedrich

Majer와 교류하면서 인도 철학에 대해 더 자세히 알게 되었다. 1814년에는 드레스덴으로 이주했고, 1816년 괴테와의 교류를 통해 발전시킨 〈시각과 색채에 관하여Über das Sehn und die Farben〉라는 논문을 완성했다. 곧이어 1818년에는 주저 《의지와 표상으로서의 세계Die Welt als Wille und Vorstellung》가 출간되었다. 여기에서 쇼펜하우어는 물자체를 알 수 없다는 칸트의 주장을 비판한다. 피히테와 슐체를 모두 스승으로 모셨던 그는 슐체가 취한 방식으로 물자체의 문제에 접근한다. 슐체는 자신의 신체에 대한 직접적 인식의 가능성을 주장함으로써 '사유하는 나'만을 확실한 것으로 인정하는 관념론적 전제를 비판한다. 쇼펜하우어도 우리 자신의 신체에 대해 우리는 관찰을 통해서가 아닌 직접적인 방식으로 인식할 수 있다고 주장한다. 신체의 행위는 의지의 행위로서 정신적·물리적 측면을 모두 갖기 때문이다. "신체는 다른 표상과는 전혀 다른 방법으로 의식 속에 나타나는 것으로서, 이것은 '의지'라는 말로 표현된다"(《의지와 표상으로서의 세계》, 19장)는 것이다.

1년에 걸친 이탈리아 여행 후 1820년 쇼펜하우어는 베를린 대학교에서 강의 자격을 얻었다. 그는 '철학 일반, 즉 세계와 인간 정신의 본질에 관한 이론'이라는 제목으로, 당시 엄청난 영향력을 행사했던 헤겔의 강의 시간과 같은 시간에 강의를 개설했다. 그의 강의를 듣는 학생은 거의 없었고, 실망한 그는 강단을 떠난다. 1822년에 베를린을 떠나 3년 동안 이탈리아, 뮌헨, 드레스덴을 여행한 그는 다시 베를린으로 갔다. 1831년 콜레라가 베를린을 뒤덮었고, 헤겔이 그해 11월에 콜레라로 사망했다. 쇼펜하우어는 8월에 이미 베를린을 떠나 프랑크푸르트에 정착했다. 이때 그는 45세였다.

이 무렵 그의 저서에 대한 관심이 서서히 일어나기 시작했다. 일상생활에서도 쇼펜하우어는 프랑크푸르트 주민들의 신기한 구경거리였다. 그는 애완견과 함께 산책도 하고, 플루트 연주도 했다──니체는 이 플루트 연주가 그의 염세주의와 어울리지 않는다고 비판했다. 이 시기에 그는 주저에 표현된 자신의 생각을 계속 발전시켰다. 그는 불교를 공부하는 한편, 셰익스피어, 괴테, 칼데론, 뷔르거 등의 문학 작품을 열심히 읽었다. 또 자연과학과 심리학에 관한 독서를 통해 사상을 끊임없이 심화하고 확장했다.

1836년 그는 《자연에서의 의지에 관하여 *Über den Willen in der Natur*》를 출간했다. 여기에서 그는 자연과학의 연구 결과를 자신의 형이상학적 연구와 결합했다. 그는 생리학, 병리학, 비교해부학, 식물생리학, 물리천문학 등에서의 자연과학적 증거들을 통해 의지가 자연 현상과 물리적 과정에서 언제나 작용한다는 자신의 근본 사상을 증명했다. 1838년에는 노르웨이 왕립 학술원이 주최하는 학술 현상 공모에서 〈인간 의지의 자유에 관하여〉라는 논문으로 금상을 받았다. 이어서 1839년에 덴마크 왕립 학술원의 현상 공모에 〈도덕의 기초에 관하여〉라는 논문으로 참여하지만 수상하지 못했다. 이 두 논문은 1841년에 《윤리학의 두 가지 근본 문제》라는 책으로 출간되었다. 그리고 1851년에 짧은 에세이들을 모아 두 권으로 엮은 《여록과 보유Parerga und Paralipomena》가 간행되었다. 생활의 지혜에 관한 내용을 담고 있는 이 마지막 저서를 통해 쇼펜하우어는 대중적인 인기를 얻게 되었다.

그의 이름은 널리 알려지고, 추종자들이 그를 찾았다. 1858년의 70회 생일에 그는 세계 곳곳에서 축하 편지를 받았다. 특히 예술가와 법률가들이 열광적인 지지를 보냈다. 그중 리하르트 바그너는 1854년 〈니벨룽겐의 반지Der Ring des Nibelungen〉의 대본을 쇼펜하우어에게 전했다. 그가 살아 있을 당시에 라이프치히 대학 철학과는 '쇼펜하우어 철학 원리에 대한 해명과 비판'이라는 현상 과제를 제시했다. 또 여러 대학에서 그의 철학에 대한 강의가 개설되었다. 쇼펜하우어의 70회 생일에 베를린의 왕립 학술원은 그를 회원으로 추대했으나, 그는 나이가 많다는 이유로 거절했다. 1860년 9월 21일 금요일 아침, 그는 조반을 먹던 자리에서 숨을 거두었다.

2. 시대적 배경

근대의 철학자들은 전통적 신학의 권위에서 벗어나, 인간 행동의 옳고 그름에 대한 합리적 기준을 제시하려고 했다. 그들은 도덕이 더 이상 종교적 교리에 근거할 수 없다고 보았다. 이성주의적 철학자들은 도덕의 경우 감정보다 이성의 역할을 강조했다. 이들은 증명될 수도 없고, 증명될 필요도 없는 도덕의 자명한 원리들이 존재하며, 이 원리들은 이성에 의해 파악된다고 보았다. 반면에 허치슨F. Hutcheson, 샤프츠버리A. C. Shaftesbury 같은 18세기의 영국 철학자들은 보편적 도덕감을 도덕의 유일한 근거로 받아들였다. 그들은 인간이 본질적으로 이기주의적이라는 홉스의 주장에 반대하면서, 인간은 태어나면서부터 도덕적 가치를 인식하는 감각이나 정서를 지닌다고 주장했다. 인간은 이타적·사회적 성향을 갖는다는 것이다. 이 같은 생각은 공리주의적 윤리관으로 전개되었다. 그 시기에 프랑스 철학자들은 유물론적·무신론적 경향을 보였다. 라메트리J. O. de La Mettrie는 데카르트의 기계론적 해석을 인간에까지 확장했고, 돌바크Paul Henri Dietrich d'Holbach는 인간의 정신이 두뇌의 부수적 현상이라고 주장했다. 그들은 자기 희생, 자선, 동정심 등의 도덕적 이상을 부정하지는 않았지만 인간의 자유를 인정하지 않았다. 인간의 정신 활동이란 뇌의 작용이므로, 자연의 인과 법칙을 따르는 인간에게 자유란 있을 수 없다는 것이다. 자연히 그들에게 윤리학의 문제는 인간의 심성에서 이타적인 행동을 일으키는 동인을 찾아, 그것을 촉진하는 일이었다.

칸트는 경험주의적 도덕관이 타율적 도덕인 행복주의에 근거하고, 보편성을 제시하지 못한다고 비판한다. 그는 자유와 당위를 동시에 함축하는 도덕 철학을 모색한다. 그에게 당위란 자연적인 근거나 감각적 자극에서 오는 것이 아니라, 이성의 명령에서 오는 것이다. "이성은 경험적으로 주어져 있는 근거에 따르지 않고, 현상 속에서 나타나는 것과 같은 그런 사물들의 질서에도 따르지 않고, 완전히 자발적으로 이념에 따라 독자적인 질서를"《순수이성 비판》, B 575f) 만들기 때문이다.

이와 같은 당위는 자유와 동시에 성립할 수 있다고 칸트는 주장한다. 감각적 경험의 세계에서는 결코 자유가 발견될 수 없지만, 도덕의 세계에서는 자유가 이성 자체의 선천적인 사실로 성립한다는 것이다. 선천적 사실로서의 당위는 우리에게 정언 명령으로 나타난다. 정언 명령은 어떤 실질적인 내용이 고려되지 않는 무조건적 명령이다. 개인적 이익과 무관한 이 무조건적 명령을 따라야 하는 근거는 의무에 있다. 의무 때문에 행한 행위만이 도덕적 행위이기 때문이다. 이와 같은 당위, 정언 명령, 의무에서 성립하는 도덕은 경향성이나 가언 명령, 동정심에 근거하는 타율적 도덕에 비해 자율적 도덕이라는 특징을 갖는다. 여기에서 도덕 법칙은 인간에게 주어진 것이 아니라 인간이 스스로 입법하는 것이기 때문이다.

이 같은 칸트의 윤리학은 형식주의라는 비판을 받는다. 칸트 윤리학의 형식주의는, 그것이 실질의 세계에서 어떤 것도 취하지 않는다는 점에 기인한다. 바로 그렇기 때문에 거기에서는 자유가 가능하다고 여겨지는 것이다. 피히테는 현상과 물자체의 구분을 부정하고 실질의 세계를 없앰으로써 칸트 윤리학에 나타나는 형식주의의 문제를 해결하려고 한다. 도덕의 세계, 당위의 세계가 곧 실재하는 세계라는 것이다.

반면에 쇼펜하우어는 실제로 나타나는 현상의 세계에서 인간의 행위들을 분석하는 방법을 통해 도덕적 행위의 근거를 제시하려고 한다. 누구도 시도하지 않은 이 방법을 쇼펜하우어는 콜럼버스의 달걀과 비교하면서 가장 자연스러운 방법이라고 주장한다. 칸트 윤리학의 형식주의를 쇼펜하우어는 정면으로 거부한다. 그러나 쇼펜하우어는 현상과 물자체의 세계를 구분하는 칸트의 견해를 받아들이고, 현상 세계에서 나타나는 도덕적 행위의 근거를 물자체 세계에 대한 인식에서 찾는다. 쇼펜하우어에게 도덕의 문제는 당위나 무조건적 명령의 문제가 아니라, 경험에 기초하는 인식의 문제다. 그러나 경험주의자들이 윤리학을 형이상학에서 독립된 것으로 다루는 데 비해 쇼펜하우어는 경험적 탐구에서 출발하면서도 동정심이라는 도덕적 동인을 형이상학적으로 해명하려고 시도한다. 이것을 위해 그는 칸트의 철학과 인도 철학, 불교 철학의 도움을 얻고 있다.

3. 칸트 윤리학에 대한 비판

〈도덕의 기초에 관하여〉는 칸트 윤리학에 대한 비판과 쇼펜하우어 자신의 윤리학의 근거를 제시하는 것으로 구성된다. 쇼펜하우어는 칸트의 이론 철학, 특히 선험적 감성론을 탁월한 성찰이라고 극찬한 반면, 칸트의 윤리학은 타당한 것으로 인정하지 않는다.

그는 칸트 윤리학의 명령적 형식에 '선결 문제 요구의 오류'가 함축되어 있다고 비판한다. 칸트는 아무런 증명도 하지 않은 채 우리의 행위가 복종해야 하는 법칙이 있다고 전제한다는 것이다. 윤리학에서의 명령적 형식은 모두 신학적 도덕에서 도입되었으므로, 법칙, 명령, 당위, 의무 등 칸트 윤리학의 기본 개념들도 신학적 전제를 떠나서는 어떤 의미도 지닐 수 없을 것이라고 그는 주장한다. 절대적 당위, 무조건적 의무와 같은 개념들은 형용 모순에 지나지 않는다는 것이다. 당위는 벌이나 보상과 관련해서만 의미를 갖기 때문이다. 따라서 절대적 당위를 의미하는 정언 명령이란 있을 수 없고, 이기적 동기에 근거하는 가언적 명령만이 있을 뿐이라고 주장한다. 그런데 이와 같은 조건적 당위에 따른 행위는 도덕적 가치를 지니지 않는 이기적 행위이므로, 가언적 명령이 윤리적 기초 개념이 될 수는 없다는 것이다.

명령적 형식에서의 신학적 전제를 지적한 후 쇼펜하우어는 칸트 윤리학의 기초를 이루는 선천성, 의무, 법칙의 개념을 분석한다. 칸트의 이론 철학에서의 선천성은 경험을 현상의 영역에 제한하는 의미를 갖는다. 그래서 선천적 종합 판단은 현상에 대해서만 타당한 것이다. 그런데 도덕 철학에서도 이 같은 선천성이 근거로 제시된다면, 도덕 법칙도 현상의 법칙에 지나지 않게 될 것이라고 쇼펜하우어는 지적한다. 이 결론은 도덕의 영역을 물자체의 영역으로 간주하는 칸트의 주장과도 모순된다는 것이다.

칸트의 무조건적 의무에 대해 쇼펜하우어는, 그것이 자율적인 의무가 아니라 복종의 의무라고 주장한다. 칸트는 의무가 법칙에 대한 존경심에서 나온다고 주장하지만, 의무는 법칙에 대한 복종심에서 일어나야 하는 행위일 뿐, 어떤 자율성도 함축하지 않는다는 것이다. 그렇다면 칸트의 법칙에는 보편성 자체라는 그것의 형식만이 남는다. 법칙의 내용은 보편성 자체일 뿐이다. 이로부터 실제적 내용을 갖지 않는다는 칸트 윤리학의 또 다른 문제점이 제시된다. 그렇다고 해서 피히테와 라인홀트가 주장하듯이, 정언 명령이 직접적 의식을 통해 나타나는 의식의 사실일 수도 없다. 의식의 사실은, 칸트가 도덕의 기초로 받아들이지 않는 경험적 내용에 속하기 때문이다. 따라서 칸트의 도덕 법칙은 어떤 내용도 경험에서 가져오지 않는, 순수한 형식에 지나지 않는다는 것이다.

쇼펜하우어는 기본 개념들을 분석한 후 칸트 윤리학의 최고 원리인 정언 명령을 분석한다. 정언 명령의 제1형식을 현실화하는 것은 이기주의라고 쇼펜하우어는 주장한다. 이기주의만이 의지를 결정하고, 이기주의는 보편적 법칙으로서 정의와 인간애를 선택하게 하기 때문이다. 다시 말해서 보편적으로 따를 준칙을 결정할 때, 나 자신이 불리한 위치에 놓여 있을 경우도 고려되어야 하므로, 언제나 정의와 인간애가 선택된다는 것이다. 누구나 정의와 인간애의 혜택을 받고 싶어 하기 때문이다. 쇼펜하우어는 보편적 법칙에 대한 칸트 자신의 설명도 이기주의에 근거한다는 것을 밝힌다. 거짓말, 약속 어김, 불친절함의 준칙이 보편적 법칙이 될 수 없는 것은 사람들이 나에게 똑같이 보복할 것이고, 내가 남의 친절을 바랄 수 없기 때문이라고 칸트는 설명한다. 따라서 칸트의 정언 명령은 실제로는 이기주의에 근거하는 가언 명령이라는 결론이 도출된다. 정언 명령의 제2형식에 대해 쇼펜하우어는 '목적 자체'라는 표현을 비판한다. "목적 자체로 존재한다"라는 말은 말이 되지 않는 표현이라는 것이다. 목적이

란 의지의 대상이라는 것을 의미하고, 의지와의 관련성에서
만 이해되므로, '목적 자체'라는 것은 있을 수 없기 때문이다.
정언 명령의 제3형식인 의지의 자율성에 대해 쇼펜하우어는
'관심 없이 원하는 의지'라는 것이 있을 수 있는지를 문제 삼
는다. 나아가 그는 '인간의 존엄성'이라는 개념의 실재성을
검토한다. "무조건적이고 비교할 수 없는 가치"라는 존엄성
에 대한 칸트의 정의를 쇼펜하우어는 그 고귀한 울림으로 인
해 외경의 마음을 일으키지만 실제로는 형용 모순을 함축하
는 텅 빈 과장에 지나지 않는 설명이라고 비판한다. 가치는
상대적 개념일 뿐이어서, 비교될 수 없는, 무조건적 절대적
가치란 생각할 수도 없기 때문이다. 따라서 칸트의 윤리학은
신학적 도덕의 위장에 지나지 않는 것으로서, 이전의 윤리학
과 마찬가지로 어떤 확고한 기초도 갖지 않는다고 쇼펜하우
어는 결론짓는다.

4. 쇼펜하우어 윤리학의 근거

칸트 윤리학의 핵심 개념들을 비판적으로 분석하여 그 문
제점을 드러낸 후, 쇼펜하우어는 자신의 체계를 세운다. 그
때까지 다루어졌던 윤리학의 모든 문제들이 쇼펜하우어의
윤리학 안에서 체계적으로 정리된다. 그는 도덕의 기초를 이

성과 법칙으로 보는 칸트와 달리 동정심을 도덕의 기초로서 제시한다. 나아가 그는 동정심의 근거를 형이상학적으로 해명하여, 윤리학과 형이상학의 관련성을 고찰한다.

쇼펜하우어는 법적 제재나 사람들 사이에서의 명예에 대한 고려가 없다면, 대개의 인간 행동은 이기심이 이끄는 대로 나아갈 것이라고 주장한다. 또한 그는, 종교적 가르침이 인간 행동에 미치는 영향도 지극히 미미하다는 것을 여러 예를 통해 제시한다. 그럼에도 불구하고 도덕적으로 행위하는 이들이 있으므로, 윤리학의 과제는 그들의 행위의 동인이 무엇인지를 탐구하는 것이라고 쇼펜하우어는 생각한다.

그는 우선 도덕적 행위를, 이기적 동기를 갖지 않는 행위라고 정의한다. 그렇다면 이기적 동기를 갖지 않는 행위란 어떤 행위를 의미하는가? 여기에서 쇼펜하우어는 행복주의의 관점을 취한다. 즉 그는 행위의 궁극적인 목적을 쾌락과 고통으로 본다. 행위자 자신의 쾌락을 추구하고 고통을 제거하려는 행위는 이기적인 행위이고, 타인의 쾌락을 추구하고 고통을 제거하려는 행위는 도덕적 가치를 갖는 행위라는 것이다. 그러나 쇼펜하우어는 쾌락의 무한한 추구를 정당화하는 공리주의의 편에 서지 않는다. 그는 행복에 대해 '결핍의 지양'과 '고통의 사라짐'이라는 에피쿠로스적 정의를 받아들인다.

쇼펜하우어는 윤리학의 최고 원리로 "누구도 해치지 마라.

오히려 네가 할 수 있는 한, 모든 이를 도와라"를 제시한다. 이를 통해 그는 정의와 인간애라는 두 가지 근본 덕을 도출해낸다. 이기심에 따라 행동하는 인간에게 이 두 덕이 현실적으로 가능한 것은 동정심을 통해서다. 동정심이 인간의 의식에 있는 유일하게 참된 도덕적 동인라는 것을 쇼펜하우어는 다양한 예를 통해 증명한다. 어떤 다른 근거에서 나온 선한 행위보다 타인의 고통을 저지하려는 동정심에 근거하는 선한 행위야말로 진정하게 도덕적 가치를 갖는다는 것이다. 마찬가지로 그 반대의 경우인 잔인한 행위에 대해서도 사람들은, 그 행위자가 겁이 없다거나 비이성적이라고 말하지 않고 그에게 동정심이 결여되었다고 말한다는 것이다.

동정심은 정의의 덕에서는 약한 정도로 나타난다. 그것은 타인의 고통을 저지하려는 마음에서 표현된다는 것이다. 정의, 불의를 동정심과의 연관성에서 고찰하므로, 쇼펜하우어는 고통을 더 많이 일으킨 불의를 더 큰 불의로 본다. 다른 한편 그는 정의의 원칙이 실정법과 독립적으로 언제 어디에서나 타당하다고 주장한다. 미개인도 불의와 정의를 구분한다는 것이다. 또한 쇼펜하우어는 정의의 덕에 관련된 세부 개념으로 거짓말과 의무 개념에 대해 설명한다. 그는 '의무'를 '그것의 불이행이 타인을 훼손하는 행위'라고 정의한다. 그리고 거짓말에 대한 칸트의 분석이 진부하고 유치하며 황당무계하다고 비판하면서, 힘에 의한 정당방위와 마찬가지로 자신을 타인의 침해로부터 보호하기 위한 거짓말이 정당한 것이라고 주장한다.

　쇼펜하우어의 정의관은 소극적이고 부정적이다. 타인을 훼손하지 않으려는 것이 정의의 덕이다. 이미 존재하는 타인의 고통을 제거하는 것은 쇼펜하우어에게 정의의 문제가 아니라 인간애의 문제다. 여기에서 동정심은 더 강력한 정도로 표현된다. 개인의 동정심은 타인의 고통을 제거하기 위해 자신을 희생하기에 이른다. 어떻게 이기적인 인간이 자기 희생에까지 이를 수 있나라는 물음이 여기에서 일어난다. 그것은 나와 타자의 동일화를 통해 가능하다고 쇼펜하우어는 생각한다. 즉 고통받는 타자 속에서 나 자신을 인식하므로, 그의 고통을 함께 느낄 수 있다는 것이다. 그러나 어떻게 타자에게서 나를 인식할 수 있는가? 이 주장을 쇼펜하우어는 그의 윤리학을 완결하는 형이상학적 설명에서 물자체와 현상을 구분하는 칸트의 이론에 근거하여 설명한다. 즉 현상적 존재는 시공간적 제약을 받는 존재로서 시공간적으로 분리된 수많은 개별자로 나타난다. 그러나 칸트가 주장하듯이, 시공간적 존재는 나의 현상에 지나지 않는 것이다. 수많은 개별자의 배후에 있는 본질은 시공간의 제약을 받지 않는 것으로서 모든 개별자에 동일하게 존재한다고 쇼펜하우어는 주장한다. 이 인식이 바로 동정심으로 표현되는 것이다. 동정심을 갖는 이와 그렇지 않은 이의 차이는 자아와 비-아를 얼마나 뚜렷하게 구분하는가의 차이다. 동정심을 일으키는 인식을 쇼펜하우어는 '이것은 너다tat-tvam asi'라고 표현한다. 타인에게서 자신을 인식하는 이는 모든 것에서 살아 있다. 반면에 자신 안에서만 사는 이에게 자신의 육체의 죽음은 곧 세계의 소멸을 의미한다.

그렇다면 윤리학이 동정심 개발에 기여할 수 있는가라는 물음이 일어난다. 이에 대해 쇼펜하우어는 부정적으로 답변한다. 성격은 선천적인 것이어서 변하지 않기 때문이다. 종교적 교화, 도덕 교육은 성격을 바꾸기 위한 것이 아니라, 머리를 맑게 하고, 통찰을 바로잡고, 객관적으로 존재하는 것과 삶의 참된 관련성에 대한 올바른 이해를 제공하기 위한 것이다. 따라서 우리의 행위는 자유롭지 않으며, 우리는 행위에 대해 책임을 질 수 없다. 우리의 행위는 성격으로부터 필연적으로 도출되기 때문이다. 이것으로 쇼펜하우어는 윤리학의 모든 문제를 체계적으로 정리했고, 윤리학을 위한 자신의 근거가 완결된 전체성과 함께 경험적 실재성을 갖는다고 주장한다.

5. 학술원 판정에 대한 반박

쇼펜하우어는 〈도덕의 기초에 관하여〉로 덴마크 왕립 학술원의 현상 공모에 단독으로 참여하지만, 학술원은 그의 논문을 당선시키지 않았다. 덴마크 학술원은 그의 논문에 대한 판정을 발표했다. 그는 이 판정에 대해 《윤리학의 두 가지 근본 문제》(1841)의 서문에서 상세한 반론을 제기한다.

그는 학술원의 비판을 세 가지 논점으로 구분하여, 각 논점을 상세히 반박한다. 그중 핵심적인 첫 번째 논점은, 쇼펜하우어가 물음을 잘못 이해했다는 것이다. 즉 원래의 핵심 물음은 윤리학과 형이상학의 관계에 관한 것이었지만, 쇼펜하우어가 이것을 윤리학의 원리를 세우는 물음으로 오해했다는 것이다. 현상 과제의 핵심적인 의미가 윤리학의 기초와 원천에 관한 것이었는지, 형이상학과의 관련성에 관한 것이었는지 그는 상세히 분석한다.

우선 물음의 도입부에서 말하는 것은, 학문과 실제적 삶에 도덕성의 이념이나 도덕 법칙의 원초적 개념이 있다는 것이고, 현상 과제는 바로 이 개념들의 원천과 기초를 어디에서 찾을 수 있는가라는 것이다. 따라서 이 물음은 명백히 도덕의 실제적인 인식 근거에 관한 것으로서, 모든 도덕적 선행의 최종 근거에 관한 물음이다. 학술원은 이 사실을 부정함으로써, 그들이 명백히 물은 것을 묻지 않았다고 부인하고, 형이상학과 도덕의 관계가 현상 과제의 핵심 문제였다고 주장한다. 그러나 과제에는 형이상학에 대한 어떤 암시도 없었다고 쇼펜하우어는 반박한다. 일상적 도덕 판단들의 근거로서도 일상적인 삶에서 일어나는 도덕적 판단들에 대한 경험적 고찰이 촉진될 뿐, 형이상학에 대한 어떤 암시도 없었다. 또한 의식에 놓여 있는 선천적인 이념으로서 심리학적 사실이 하나의 예로 찾아졌을 뿐, 형이상학적 이론이 요구되지는 않았다. 따라서 학술원이 의식의 사실이건 외부 세계의 사실이건, 사실을 통한 증명을 기대했지, 형이상학적 증명을 기대하지는 않았다는 것이다.

따라서 학술원이 실제로 제기한 물음에 대해 자신이 완벽히 답변했다고 쇼펜하우어는 주장한다. 그는 먼저 부정적 부분에서, 칸트 윤리학이 윤리학의 참된 기초를 제시하지 않는다는 것을 증명했고, 그러고 나서 긍정적 부분에서, 도덕적으로 칭찬받을 만한 행위들의 참된 원천을 드러냈으며, 이것이 유일한 원천일 수 있음을 증명했다는 것이다. 또한 그는 마지막으로, 윤리학의 이 원천이── 학술원이 오해하듯이 그의 형이상학이 아니라── 가장 오래되고 참된 형이상학적 체계에 공통적인 보편적 근본 사상과 맺는 관계를 제시했다고 주장한다.

그의 논문 형식이 불만족스럽다는 학술원의 두 번째 비판은 학술원의 주관적 판단에 근거한 것이므로, 쇼펜하우어는 더 이상 언급하지 않겠다고 한다. 그러나 그 뒤의 지적, 즉 문제에 있어서도 그 기초가 충분히 증명되지 않았다는 비판에 대해 쇼펜하우어는, 자신의 증명이 수학적 증명에 가까울 정도로 엄격하고 신중하게 이루어졌다고 반박한다.

　학술원은 마지막으로, 쇼펜하우어의 논문에서 몇몇 탁월한 당시의 철학자들이 부적절하게 언급되어, 심각한 충돌이 야기된다고 주장한다. 이에 대해 쇼펜하우어는, 그가 피히테와 헤겔을 심한 표현으로 비판한 것은 인정하지만, 그들이 탁월한 철학자라는 학술원의 평가에는 동의할 수 없다고 말한다. 헤겔의 철학은 후세에게 우리 시대에 대한 조롱거리를 제공하는 하나의 거대한 속임수일 뿐이기 때문이라는 것이다. 그의 속임수는 모든 정신력을 마비시키고, 모든 현실적 사고를 질식시키고, 무도한 언어의 오용으로, 언어의 자리에 공허하고 무의미한 쓸데없는 말을 늘어놓은 사이비 철학이라고 쇼펜하우어는 주장한다. 그것은 허공에서 가져온 모호한 착상으로, 근거도 결말도 없이, 즉 어떤 것을 통해 증명되지도 않고, 어떤 것을 증명하거나 설명하지도 않고, 게다가 독창성도 없이 스콜라 철학적 실재론과 스피노자 철학의 단순한 모방을 보여줄 뿐이라는 것이다. 이 '탁월한 철학자'에게는 일상적 인간 오성이 결여되어 있지만, 학술원은 "일상적 인간 오성을 갖지 않는 철학자가 탁월한 철학자인가?"라는 물음을 제기하지 않는다고 쇼펜하우어는 지적한다.

6. 쇼펜하우어 윤리학의 현대적 의미

쇼펜하우어의 영향은 철학의 주된 흐름에 속해 있던 이들 보다는 그 밖의 분야에서 활동하던 이들에게서 두드러지게 나타났다. 철학 밖의 지식인들과 예술가들에게서 쇼펜하우 어만큼 찬사와 열광을 받은 철학자는 없을 정도로 그의 영 향력은 광범위한 것이었다. 그의 철학은 소설이나 오페라 무 대에 자주 소재로 등장했으며, 생생한 문학적 글쓰기로 인해 프루스트Marcel Proust, 만Thomas Mann 등의 작가들에게 큰 호 소력을 발휘했다. 바그너는 그의 철학을 통해 음악적 성찰 을 얻었고, 새로운 영감을 받았다. 그의 영향은 특히 바그너 의 오페라 〈트리스탄과 이졸데Tristan und Isolde〉에서 두드러 지게 표현된다. 또한 쇼펜하우어의 무의식 개념은 심리학의 영역에서 무의식과 성욕에 관한 연구에 막대한 영향을 미쳤 다. 그리고 그는 비트겐슈타인Ludwig Wittgenstein에게 영향을 준 몇 안 되는 철학자에 속한다. 쇼펜하우어의 철학에서 가 장 직접적인 영향을 받은 철학자는 니체다. 니체는 쇼펜하우 어를 윤리와 예술의 가장 심층적인 근원 문제를 다루는 '진 정한 철학자'라고 평가한다. 또한 그는 쇼펜하우어가 일반적 진리를 간단하고 솔직하게 표현하면서도, 엄격한 글쓰기의 전형을 보여준다고 극찬한다.

쇼펜하우어는 윤리학의 문제를 엄격한 학문의 방식으로

작업하는 것이 가능하다는 것을 보여주었다. 그는 참된 도덕적 가치를 지니는 행위가 실제로 있는지를 경험적으로 탐구하고, 그것을 통해 인간 본성에 놓여 있는 도덕적 동기를 찾아내려고 시도한다. 이로써 그는 인간 행위의 동기와 목적을 합리화하고, 그 논리적 구조를 재구성하여 그 의미를 평가하려는 철학적 시도의 선두에 서 있다. 또한 그는 인간의 이기적 합리성과 정의가 공존할 수 있음을 보여줌으로써 합리적 이기심에 근거하는 정의론을 주장한 롤스John Rawls의 선구자로 인정될 수 있다. 다시 말해 쇼펜하우어는 칸트의 정언명령의 제1형식인 보편성의 원리를 이기주의적 동기에 근거하여 해석한다. 이기주의적 동기에서 보편성의 원리를 받아들여야 하는 것은, 내가 수동적 입장, 즉 피해자의 입장에 설수도 있기 때문이라는 것이다. 따라서 이기심을 전제하더라도 정의와 인간애의 덕이 도출되는 것을 쇼펜하우어는 보여준다. 이것은 롤스의 '무지의 베일'에 함축된 생각이다. 프랑크푸르트학파의 철학자들도 계몽주의자로서의 쇼펜하우어를 높이 평가한다. 호르크하이머Max Horkheimer는 칸트에 이르기까지 근대 철학의 근본 동인이 된 근원적 이원론을 유지하여 경험주의적 입장에 대립하면서도 세계 자체를 신격화하지 않은 것을 쇼펜하우어의 획기적인 철학적 업적으로 본다. 영원한 맹목적 의지에 관한 그의 이론은 과거의 형이상학이 세상에 제시한 기만적인 금빛 환상을 제거했고, 부정성에 대한 그의 노골적인 표현은 인간들 사이에 연대 의식의 동인을 제공했다는 것이다. 무엇보다 쇼펜하우어는 현대의 윤리학적 논의에 있어서 주축이 되는 칸트의 법칙론적·의무론적 윤리학이 극복해야 하는 문제를 지적했다는 점에서 의미를 지닌다. 그러면서도 그는 도덕의 경험적 기초만을 고집하지 않고, 동서양의 사고방식이 통합된 새로운 길을 통해 윤리학과 형이상학의 관련성을 제시하고 있다.

1 (옮긴이주) 강조는 원문에 따른 것이다.

2 (옮긴이주) 볼프Christian Wolff(1679~1754)는 독일의 계몽주의 철학자다.

3 (옮긴이주) 예언자 솔로몬Salomo Koheleth.

4 (옮긴이주) 치머만Johann Georg Ritter von Zimmermann(1728~1795)은 스위스의 작가이자 의사다.

5 (옮긴이주) 불필요한 것을 행한다는 뜻이다.

6 (옮긴이주) 1798년에 나왔다.

7 (저자주) *"나는 말할 수 없다.*

   어떤 재난으로, 혹은 어떤 불운으로,
   단순하고 명백한 진리보다
   속임수가 더 쉽게 믿음을 얻는지를."

   ─카스티Casti

8 (옮긴이주) 동일률Satz der Identitaet은 모든 것은 그 자체와 동일하다는 원리로서 A=A라는 공식으로 표시된다. '행복은 덕이다'는 두 개념의 일치를 의미하는 것으로, 동일률에 따른 판단이다. 그리고 이유율Satz des Grundes은 모든 것에는 이유가 있다는 원리로, '행복은 덕으로부터 온다'는 이유율에 따른 판단이다.

9 (저자주) 자세한 서술은《의지와 표상으로서의 세계*Welt als Wille und Vorstellung*》(제3판), 제1권, 16절, 103쪽 이하와 제2권, 16장, 166쪽 이하에 있다.

10 (옮긴이주) 칸트 인용문 중의 강조는 쇼펜하우어 자신이 한 것이다.

11 (저자주) 그 논쟁은 나 자신으로부터 유래하는 것이다. 그렇지만 나는 여기에서 익명을 사용한다.

12 (옮긴이주) 카토Marcus Porcius Cato Minor(기원전 95~46)는 스토아 철학의 추종자로, 자살했다.

13 (옮긴이주) 코케이우스 네르바Marcus Cocceius Nerva는 기원전 36년경 로마의 집정관을 지냈고, 스스로 굶어 죽었다. 그와 이름이 같은 황제 네르바Marcus Cocceius Nerva는 그의 증손자로, 96~98년에 로마를 통치한, 오현제 중 최초의 황제다.

14 (옮긴이주) 아리아Arria와 파이투스Paetus는 부부로서, 41~54년에 통치한 로마 황제 클라우디우스Claudius에 대해 모반하려다 실패해 42년에 함께 자살했다.

15 (저자주) 그것은 금욕적 근거들이다. 내 주저 제1권, 4장, 69절에 제시했다.

16 (옮긴이주) 티소Samuel Auguste Tissot(1728~1797)는 독일 의사다.

17 (옮긴이주) '신의 존재'를 뜻한다.

18 (저자주) 멕시코의 신.

19 (저자주) 그로티우스Hugo Grotius는 이것을 세베루스Flavius Valerius Severus 왕에게로 소급한다.

20 (옮긴이주) 이 책 제목 중 '기초 놓기Grundlegung'라는 단어가 '기초 Grundlage'로 잘못 씌어 있다.

21 (옮긴이주) 괴테의 번역으로 1805년에 나온, 디드로Denis Diderot의 독일어 판《라모의 조카 *Rameaus Neffe*》.

22 (옮긴이주) 리히텐베르크Georg Christoph Lichtenberg(1742~1799)는
    독일의 물리학자, 풍자가다.

23 (옮긴이주) Georg Christoph Lichtenberg, Vermischte Schriften
    (Göttingen, 1844), 제1권, 169쪽.

24 (옮긴이주) 허치슨Francis Hutcheson(1694~1746)은 영국의 철학자로,
    인간의 심성에 보편적인 도덕 감각이 있다고 주장했다.

25 '카드로 만든 집'이란 실제적이지 않다는 의미다. 실제적 인간 행위
    가 아니라 선천적 법칙에서 도덕의 기초를 찾으려 하는 칸트의 윤리
    학적 시도를 비유적으로 표현한 말이다.

26 (옮긴이주) 실러의 말이다.

27 (옮긴이주) 피히테의《덕론의 체계System der Sittenlehre》(Jena · Leipzig
    : Gabler)는 1798년에 출간되었다.

28 (저자주) "나도 그것을 생각했다. 더 답변할 이성적인 것을 알지 못
    한다면, 재빨리 그것을 누군가의 양심에 밀어 넣어라." 실러,《Die
    Philosophen》.

29 (저자주) "순수한 인식은 육체적 형상에 관계하지 않는 것이다." 르
    네 데카르트,《성찰Meditationes》, 188쪽.

30 (옮긴이주) 무라토리Lodovico Antonio Muratori(1672 1750)는 이탈리
    아의 역사가, 법률가, 철학자, 문학이론가다.

31 (옮긴이주) Della forza della fantasia umana(Venedig, 1745).

32 (옮긴이주) "Hic Rhodus, hic salta." '네가 할 수 있는 것을 여기에서
    보여라'라는 의미다.《이솝 우화》에 따르면 이 말은 어떤 5종 경기
    선수에게 요구된 것이다. 그는 고향에 와서 자신이 넓이뛰기 시합에
    서 거둔 탁월한 기록을 계속해서 자랑하고 다녔다. 그의 자랑에 신
    물이 난 이웃들이 그가 한 것을 여기에서 지금 다시 해보라고 요구
    했다.

33 (옮긴이주) 찬달라는 고대 인도의 카스트 사회에서 천민 계급을 일
    컫던 말이다.

34 (옮긴이주) 플레차는 야만인을 뜻하는 산스크리트. 아리아인이 아니
    고, 산스크리트를 말하지 못하며, 일반적인 인도 관습을 따르지 않
    는 자를 경멸하여 부르는 말이다.

35 (옮긴이주) 라인Linie은 1인치의 10분의 1~12분의 1이다.

36 (옮긴이주) 루트Rute는 2.8~5.3미터다.

37 (옮긴이주) 유베날리스Decimus Junius Juvenalis(58~127)는 로마의 풍
    자 시인이다. 그는 보존된 다섯 권의 《풍자》에서 도미티아누스 황제
    시대의 로마의 타락상을 노래한다.

38 (저자주) 최초로 '인간의 존엄성' 개념을 명확하고 배타적으로 윤리
    학의 초석으로 놓고, 윤리학을 그에 따라 상술한 것은 블로크G. W.
    Block의 《도덕 철학의 새로운 정초Neue Grundlegung zur Philo-sophie der
    Sitten》(1802)인 것 같다.

39 (옮긴이주) 로마 신화의 신의 사자. 그리스 신화의 헤르메스에 해당
    한다.

40 (옮긴이주) 돌바크Paul Henri Dietrich d'Holbach(1723~1789)는 계몽
    시대에 무신론적 유물론을 주장한 프랑스 철학자다.

41 (옮긴이주) 프리스틀리Joseph Priestley(1733~1804)는 영국의 철학자,
    신학자, 화학자, 연상심리학자다. 《물질과 정신에 관한 연구Disquisi-
    tions Relating to Matter and Spirit》에서 정신 작용이 물질적 법칙의 지배
    를 받는다고 주장했다.

42 (옮긴이주) 포르피리오스Porphyrios(232~305)는 신플라톤주의 철학
    자, 역사가다.

43 (저자주) 언급된 것에 대한 증거로 나는 여기에서 몇몇 구절만을 인
    용하겠다. 196쪽 : "도덕적 성향은 절대적이다. 그것은 그 자신 외의

어떤 다른 목적 없이, 절대적으로 요구한다."——232쪽 : "이제 도덕 법칙에 따라 경험적 시간 존재는 근원적 자아에 대해 정확히 각인되어야 한다."——308쪽 : "모든 인간은 도덕 법칙의 수레다."——342쪽 : "나는 오직 도덕 법칙의 도구, 단순한 수단이지, 절대로 목적이 아니다."——343쪽 : "누구나 이성을 현실화하는 수단으로서의 목적을 갖는다 ; 이것이 그의 현존재의 궁극적 최종 목적이다 : 이것을 위해서만 그는 존재하고, 이것이 일어나지 않는다면, 그는 존재할 필요가 전혀 없다."——347쪽 : "나는 감각 세계에서 도덕 법칙의 도구다."——360쪽 : "육체를 부양하는 것, 그것의 건강을 촉진하는 것은 도덕 법칙의 지시다 : 이것이 이성적 목적의 촉진을 위한 유용한 도구이기 위한 것 이외의 의미와 목적으로 발생할 수 없다는 것은 자명하다"(371쪽 참조).——376쪽 : "각각의 인간적 육체는 이성적 목적의 촉진을 위한 도구다 : 따라서 그것을 위한 각 도구의 가능한 최대한의 유용성이 나의 목적이어야 한다 : 그에 따라 나는 모든 이에게 주의를 기울여야 한다." —— 이것이 인간애에 대한 그의 추론이다. ——377쪽 : "나는 오직 내가 도덕 법칙의 도구이므로, 그리고 그런 한에서만, 나 자신을 위해 염려할 수 있고, 염려해도 된다." ——388쪽 : "생명의 위험을 안고 쫓기는 이를 보호하는 것은 절대적 의무다—— 인간의 생명이 위험에 처한 즉시, 너희는 너희 자신의 안전성을 생각할 권리를 더 이상 갖지 않는다." ——420쪽 : "나의 이웃에 대해서는 그가 이성의 도구라는, 도덕 법칙의 영역에서의 어떤 견해도 없다."

44 (옮긴이주) '숭고한 것과 우스운 것으로서'라는 뜻이다.

45 (저자주) 나는 이것을 최근 철학서의 한 부분을 통해 입증한다. 헤겔주의자인 포이어바흐는 그의 책《피에르 베일, 철학사에 대한 기고문*Pierre Bayle, ein Beitrag zur Geschichte der Philosophie*》(1838) 80쪽에서

"그러나 칸트의 것보다 더 숭고한 것은, 피히테가 덕론과 다른 저술들에서 분산하여 언급한 그의 이념들이다. 기독교는 숭고함에 있어서 피히테의 이념들 옆에 세울 수 있는 어떤 것도 갖지 않는다"라고 말한다.

46 (옮긴이주) 기원전 3세기경에 피론Pyrrhon of Elis의 학설을 따랐던 회의주의자들을 말한다.

47 (옮긴이주) 티몬Timon of Phlios(기원전 325~235)은 피론의 제자다.

48 (옮긴이주) 섹스토스 엠피리쿠스Sextos Empiricus(대략 200년경)는 그리스의 의사이며 피론적 회의주의자다.

49 (저자주) 《의지와 표상으로서의 세계》, 제1권, 62절과 제2권, 47장을 참조하라.

50 (옮긴이주) '프리메이슨freemason'이란 1717년에 영국 런던에서 석공石工들의 친목 도모와 교육을 목적으로 설립된 단체다. 이 단체는 18세기 중엽에 영국에서 인간과 사회의 개선을 추구하는 엘리트들의 사교 클럽으로 변했고, 점차 윤리나 도덕 같은 철학적인 문제까지 다루면서 지식인들이 주도하는 비밀 결사로 발전했다.

51 (옮긴이주) 엘베시우스Claude-Adrien Helvetius(1715~1771)는 프랑스의 유물론 철학자다. 인간 행동을 쾌와 불쾌로 설명했고, 사회 환경을 변화시키는 일이 교육에 선행한다고 주장했다.

52 (옮긴이주) 달랑베르Jean Le Rond D'Alembert(1717~1783)는 프랑스의 수학자다.

53 (옮긴이주) 결의론자決疑論者란 문자에 구애되는 사람을 뜻한다.

54 (저자주) '반윤리적antiethisch'이라는 말은 여기에서 눈에 띄지 않을 것이므로, 나는 규칙에 위배되는 단어 조합을 감행한다. 요즘 유행하는 '윤리적-비윤리적sittlich-unsittlich'이라는 말은 '도덕적-비도덕적moralisch-unmoralisch'을 대체하는 말로 좋지 않다. 왜냐하면 우선

'moralisch'이라는 말은 나의 주저 제2권 12장 134쪽 이하에 있는 근거들에서 볼 때(옮긴이주 : 쇼펜하우어는 《의지와 표상으로서의 세계》 2권 12장에서 라틴어가 더 이상 유럽 공통의 학문적 개념이 아니게 됨으로써 초래되는 문제점들을 열거한다. 그것은 학자들이 한 개념을 여러 가지 언어로 반복해서 익혀야 하는 번거로움, 그리고 그리스어나 라틴어의 특성이 무리한 번역을 통해 전달되지 않는 문제 등이다), 그리스어나 라틴어가 어울리는 학문적 개념이기 때문이다. 그리고 두 번째로 'sittlich'는 약하고 온건한 표현이어서 통속적으로 '점잔빼는zimperlich'이라고 불리는 '예의 바른sittsam'과 구분하기 어렵기 때문이다. 독일 정신의 지나친 강조를 용인하면 안 된다.

55 (옮긴이주) 페트라르카Francesco Petrarca(1304~1374)는 이탈리아의 시인이다.

56 (옮긴이주) 밀턴John Milton(1608~1674)은 셰익스피어와 함께 영국 문학을 대표하는 시인이다. 실명한 상태에서 종교 서사시 《실락원 *Paradise Lost*》을 1667년에 완성했다.

57 (옮긴이주) 단테Alighieri Dante(1265~1321)는 이탈리아의 시인이다. 불멸의 고전 《신곡*Divina Commedia*》을 통해 인류 문화가 지향할 목표를 제시했다.

58 (옮긴이주) 빙켈리드Arnold von Winkelried는 스위스 독립의 영웅이다. 스위스 독립에 결정적인 역할을 한 젬파흐 전투(1386)에서 "자유를 위해 길을 만들겠다"라고 말한 뒤 합스부르크 군대의 전열을 붕괴시키기 위해 혼자 적진에 뛰어들었고, 그 틈을 이용해 스위스군이 승리했다. 그의 행위는 전체를 위해 자신을 희생하는 희생 정신의 모범으로 통한다.

59 (옮긴이주) 카시나Ubaldo Cassina(1736~1824)는 이탈리아의 철학자다.

60 (옮긴이주) 세네카Lucius Annaeus Seneca는 고대 로마의 극작가, 정치가, 철학자다. 네로 황제의 명령으로 65년에 자살했다.

61 (옮긴이주) 그로티우스Hugo Grotius(1583~1645)는 네덜란드의 법학자다. 근대 자연법의 원리에 입각한 국제법의 기초를 확립하여 자연법의 아버지, 국제법의 아버지로 불린다.

62 (옮긴이주) 쿠르티우스Quintus Curtius Rufus는 로마의 역사학자다.

63 (저자주) 상술한 정의론은《의지와 표상으로서의 세계》제1권 62절에 있다.

64 (옮긴이주) 아리오스토Ludovico Ariosto(1474~1533)는 이탈리아의 르네상스를 완성한 시인이다. 주요 작품인 서사시《광란의 오를란도Orlando furioso》는 이탈리아 르네상스의 예술 경향과 정신 자세를 가장 완벽하게 표현한 것으로 평가된다.

65 (옮긴이주) 포저Marquis Posa는 실러의 희곡《돈 카를로스Don Carlos》(1787)에 나오는 인물이다. 양심의 자유와 인간 이상의 숭고함을 대변한다.

66 (옮긴이주) 이탈리아 시인 타소T. Tasso(1544~1595)의 장편서사시다.

67 (옮긴이주) 캄파넬라Tommaso Campanella(1568~1639)는 이탈리아의 철학자다.

68 (옮긴이주) 탈레랑Charles Maurice de Talleyrand(1754~1838)은 프랑스의 정치가다. 정치적 선견지명을 지닌 인물로 알려졌다.

69 (옮긴이주)《베다Veda》는 인도의 종교 지식을 집대성한 문헌이다.

70 (옮긴이주) 고대 인도의 법전. 기원전 5세기경부터 제작되었다. 브라만 승족에 의해 산스크리트로 씌었으며, 힌두교의 생활 규범과 법규범으로 존중되었다. 종교적인 의무, 생활 규범, 왕의 직무, 법률, 속죄 등의 분야를 다루었다.

71 (옮긴이주) 이타하사와 푸라나는 힌두교 성전을 총체적으로 칭하는

말이다. 우주 창조, 신들의 계보, 여러 왕조의 역사를 기록한 문헌으로 일급 문학에 속한다. 현존하는 것은 대부분 4~14세기의 것으로 추정된다.

72 (옮긴이주) 칼데론Pedro Calderon de la Barca(1600~1681)은 스페인의 극작가다. 1635년 궁정에 초대되어 희곡을 쓰기 시작했으며, 궁정이나 교회, 일반 극장에서 공연할 희곡, 가면극, 오페라 등을 창작했다. 세속적 주제를 다룬 희곡과 성체 축일을 위한 야외극 등 많은 작품을 썼다.

73 (저자주) 벅스턴Buxton의 《아프리카 노예 무역*The African slavetrade*》(1839)에 따르면, 지금도 매년 약 15만 명의 아프리카인이 들어온다. 그들을 잡는 과정과 여행 중에 다른 20만 명이 비참하게 죽는다.

74 (옮긴이주) 1572년 8월 24일 성 바르톨로메오 축일의 밤에 파리에서 일어난 신교도 살육 사건.

75 (옮긴이주) 알바Alba 공작(1507~1582)은 스페인의 장군이자 정치가다. 1567년 스페인의 지배를 받던 네덜란드에서 일어난 반란을 '피의 법정'이라고 불리는 잔인한 방법으로 진압하여 스페인 국왕 카를로스 1세(신성로마제국 황제 카를 5세)의 신임을 받았다.

76 (옮긴이주) 메르크Johann Heinrich Merck(1741~1791)는 독일의 작가, 비평가다.

77 (옮긴이주) 탈러는 15~19세기에 사용된 독일의 은화로, 1탈러는 360페니히다. 1871년의 독일 제국 수립 이후에 탈러는 마르크로 서서히 교체되었지만, 1907년까지 3마르크에 해당하는 것으로 유통되었다.

78 (옮긴이주) 기원전 9세기의 전설적인 바빌론의 여왕. 시리아의 여신 데르케트와 카유스트로스 사이에서 태어났으나 버려져서 비둘기와 양치기에 의해 길러졌다. 나중에 바빌론을 지배했고, 죽은 후에는

비둘기로 변신했다고 한다.

79 (옮긴이주) 부알로Boileau(1636~1711)는 프랑스의 시인이자 비평가
    다. 시《풍자Satire》(1666)를 썼고 풍자 시인으로 유명하다.

80 (옮긴이주) 생리학자이자 인류학자인 바그너Rudolph Wagner(1805~
    1864)를 말한다.

81 (옮긴이주) 인도 아리아인이 기원전 1,500년경에 인도에 침입한 이
    후 신봉한 민속 종교로 넓게는 힌두교에 속한다.

82 (저자주) 이 문제가 얼마나 심각하게 받아들여지는지는, 내가《버밍
    엄 저널Birmingham-Journal》1839년 12월호에서 번역한 다음의 최근
    사례가 보여준다. "한 단체가 84명의 개 몰이꾼 체포"—— 어제 버밍
    엄 방향의 폭스슈트라세Fuchsstrasse에 있는 경기장에서 개 몰이 대회
    가 열린다는 것을 알고, 동물 보호 단체는 예방 조치를 취하여, 경찰
    의 개입을 확실히 했다. 경찰에서 파견한 강력한 부대가 경기장으
    로 진군했고, 부대가 들어오자마자 그 자리에 있던 사람들은 모두
    체포되었다. 그러고 나서 가담자들은 두 명씩 서로 손이 묶였고, 전
    체가 긴 줄로 연결되어 가운데로 모아졌다. 그렇게 해서 그들은 경
    찰서로 보내졌고, 그곳에서 시장이 시의회와 함께 사건을 심리했다.
    두 명의 주동자는 모두 1파운드 8.5실링의 벌금형이나 14일의 징역
    형에 처해졌다. 나머지는 석방되었다.—— 그런 고상한 즐거움에 결
    코 빠지지 않는 멋쟁이들은 재판 중에 무척 난처해하는 것 같아 보
    였다.—— 더 엄격한 최근 사례가 1855년 4월 6일자《타임스Times》
    6면에 실려 있다. 그것은 어떤 부유한 스코틀랜드 남작의 딸에 대
    한 소송에 관한 보도다. 그녀는 자신의 말을 몽둥이와 칼로 무척 잔
    혹하게 괴롭혀서, 5파운드의 벌금형에 처해졌다. 그러나 그런 처벌
    이 그 소녀에게는 아무것도 아니라서, 만약《타임스》가 정당하고 민
    감한 견책을 이어서 내놓지 않았다면 소녀는 전혀 처벌받지 않은 채

그 죄에서 벗어났을 것이다. 《타임스》는 소녀의 이름과 성을 대문자로 두 번씩 쓰면서 다음과 같이 주장한다. "우리가 말하지 않을 수 없는 것은, 몇 개월의 징역형과 약간의 비공개적인, 그러나 햄프셔에서 가장 힘센 여자의 채찍질이 N. N.양에게 훨씬 더 적합한 처벌이 되었으리라는 것이다. 이런 식의 재난이 그녀의 성에 속한 모든 배려와 특권을 박탈할 것이다. 우리는 그 소녀를 더 이상 여자로 볼 수 없다."── 나는 이 신문 기사를 이제 독일에 창설된 동물 학대 방지 단체에 특별히 헌정하여, 어떤 것을 성사시키려면 어떻게 공격해야 하는지를 그들이 보게 한다. 그렇지만 나는, 이 분야의 선행에 완전히 헌신했고, 그 선행의 촉구를 독일 전체에 확산시킨 뮌헨의 호프라트 페르너Hofrat Perner의 걸출한 열정을 무엇보다 존중한다.

83 (옮긴이주) 장 자크 루소, 《인간 불평등 기원론》, 주경복 · 고봉만 옮김(책세상, 2003), 80쪽 이하.

84 (옮긴이주) 장 자크 루소, 《인간 불평등 기원론》, 82쪽.

85 (옮긴이주) 장 자크 루소, 《인간 불평등 기원론》, 83쪽 이하.

86 (저자주) "Journal Asiatique", vol. 9, 62쪽. Stanislas Julien (ed.), Meng-tse(1824), 제1장, 45절 참조.

87 (옮긴이주) 테오그니스Theognis(대략 기원전 570~490)는 고대 그리스의 시인으로 메가라 출신이다. 정치적 분쟁으로 국외로 도피했다. 그의 시는 전통적 귀족의 교양과 근본 원칙을 다루고 있다.

88 (옮긴이주) 〈인간 의지의 자유에 관하여Über die Freiheit des Willens〉(1839)에서 쇼펜하우어는 인간의 성격을 1. 개인적indivi-duell, 2. 경험적empirisch, 3. 불변적konstant, 4. 선천적angeboren이라고 구분하여 표현한다.

89 (옮긴이주) 그리스 신화에 나오는 괴물로 머리는 사자, 몸은 염소, 꼬리는 뱀의 모습을 하고 있다.

90 (옮긴이주) 중세에 지중해에서 주로 노예가 노를 저어 움직이던
     군함.

91 (옮긴이주) 16절, 주 58을 참조하라.

92 (옮긴이주) 뷔르거Gottfried August Bürger(1747~1794)는 독일 낭만주
     의 발라드 문학을 창시한 시인 중 한 사람이다. 유럽 낭만주의의 발
     전에 큰 영향을 주었다.

93 (저자주) "선의 개념은 그것의 순수성에서, 그 내용을 무한한 것에서
     잃어버리는 하나의 근본 개념, 절대적 이념이다"(부터베크Friedrich
     Bouterwek, 《실천적 격언들Praktische Aphorismen》 54, 110쪽). 그가 단
     순한, 참으로 사소한 선의 개념에서 사원에 우상을 세울 수 있도록
     기꺼이 하늘에서 떨어진 것(신상)을 만들려고 한다는 것을 우리는
     본다.

94 (저자주) 《우파니샤드Oupnekhat》의 순수성은 이슬람교 필경사에 의
     해 본문에 첨가된 몇 가지 주석으로 인해 논박된다. 그것은 오직 산
     스크리트 학자 빈디슈만Friedrich Heinrich Hugo Windisch-mann(아들)
     에 의해, 그의 《산카라, 혹은 베다의 성전聖典에 관하여Sancara, sive de
     theologumenis Vedanticorum》(Bonn, 1833) 19쪽에서, 마찬가지로 보생
     제Bochinger에 의해 《힌두교도의 관조적인 삶에 대하여De la vie con-
     templative chez les Indous》(Strasbourg, 1831) 21쪽에서 원상태로 회복
     된다.──산스크리트를 잘 알지 못하는 독자조차 《우파니샤드》 하
     나하나에 대해 로이Rammobun Roy, 폴리Poley, 그리고 심지어 콜브룩
     Colebrooke의 번역과 또한 루어Roeer의 최근 번역들을 비교함으로써
     술탄Sultan의 《다라샤코Daraschakoh》가 완전하고 완벽한 이해를 근
     거로 한다는 것을 명백히 확인할 수 있다. 안쿠에틸Anquetil은 이에
     대한 메르티러Maertyrer의 페르시아어 번역을 자구에 맞춰 엄격히
     라틴어로 옮겼다. 반면에 앞의 다른 것들은 대부분 암중모색과 추측

으로 이루어진 것이어서, 분명 훨씬 더 부정확하다.――《여록과 보유*Parerga und Paralipomena*》제2권 16절과 184절에서 이 문제를 자세히 다루었다.

95 (옮긴이주) 스코투스 에리게나Johannes Scotus Erigena(810~877)는 아일랜드의 철학자, 신학자다.

96 (저자주) "사람들은 오랫동안 우리 인간의 지혜로부터

　　　이성을 차단할 수 있다.

　　　그러나 그것이 능숙하게 들어오는 즉시,

　　　그것은 집에 머문다.

　　　그리고 그 안에서 그것은 곧 주인이다."

　　　― 볼테르

97 (옮긴이주) 슐레겔A. W. v. Schlegel(1767~1845)은 독일의 비평가이자 번역가, 동양어학자다.

98 (옮긴이주) 《바가바드-기타*Bhagavad-Gita*》는 고대 인도의 종교 사상과 실천의 개요를 제시하는 종교시로서 대화 형식으로 돼 있다. '거룩한 신의 노래'를 뜻하며, 윤리 문제에서 출발하여 신의 본질과 신에 대한 인식의 문제를 다룬다.

99 (옮긴이주) 슐체는 헬레니즘 시대의 회의학파인 피론주의에 속하는 에네지뎀Aenesidemus의 이름을 딴 저서 《에네지뎀, 혹은 예나의 라인홀트 교수가 제시한 요소철학의 기초에 관하여*Aenesidemus oder Über die Fundamente der von dem Herrn Prof. Reinhold in Jena gelieferten Elementar-Philosophie*》(1792)에서 칸트와 라인홀트의 관념론적 입장을 비판한다. 그는 이 책에서 에네지뎀의 회의주의적 정신과 방법을 따름으로써 에네지뎀-슐체Aenesidem-Schulze로 알려졌다.

1. 쇼펜하우어의 저작

쇼펜하우어, 《의지와 표상으로서의 세계》, 곽복록 옮김(을유문화사, 1994)

1819년에 출간된 쇼펜하우어의 주저로서 총 4권으로 구성되어 있다. 1권에서는 칸트의 방식으로 표상으로서의 세계에 대해 언급한다. 우리가 알고 있는 세계는 우리가 지니고 있는 정신 능력에 따를 수밖에 없다는 것이다. 2권에서는 표상이 아닌 세계의 다른 측면, 즉 의지로서의 세계에 대해 기술한다. 의지는 신체의 활동으로 나타나는 것으로서 직접적으로 인식될 수 있다고 주장한다. 3권에서는 플라톤의 이데아론을 통해 쇼펜하우어 자신의 예술론을 전개한다. 그는 의지의 '가장 적절한 객관성'인 이데아를 고찰하는 인식 방식이 예술이며, 그 고찰 방식은 이성적인 것이 아니라 천재적인 것이라고 본다. 4권에서는 윤리학의 문제를 다룬다. 1844년의 증보판에서 쇼펜하우어는 4권에 많은 내용을 추가했다.

쇼펜하우어, 《논쟁에서 이기는 38가지 방법》, 김재혁 옮김(고려대학교 출판부, 1997)

쇼펜하우어의 수기 유고Der handschriftliche Nachlass에 있는 원고인데, 그 자신이 생전에 깨끗이 정서해두었으나 출판하지 못했다. 제목이 말해주듯이 논쟁에서 이기기 위한 모든 방법을 38가지로 정리한 책이다. 쇼펜하우어는 〈도덕의 기초에 관하여〉에서 상대방의 폭력이나 간계에 대해 마찬가지로 간계와 거짓말로 대처하는 것이 정당하다고 주장하는데, 간계에 대한 이와 같은 관점이 이 책에서도 표현된다. 그는 논쟁에 나타나는 부정직한 요령들을 분석하는 것이 학문적 토론술의 목적이라고 여긴다. 그래서 이 책에서 그는 상대방의 간계를 미리 파악하여, 진리를 따르는 자신의 주장을 관철시키는 방법을 제시한다. "그렇게 함으로써 우리는 실제의 논쟁에서 그러한 부정직한 요령들을 금방 알아차리고 그것들을 물리칠 수 있을 것이다"라고 그는 말한다. 따라서 이 책은 그의 윤리학에 언급된 기본 입장을 구체적으로 실행하기 위한 지침서라고 할 수 있다.

쇼펜하우어, 《성애론》, 조규열 편역(문예출판사, 1999)

1851년에 출간된 쇼펜하우어의 《여록과 보유》에서 생식과 결혼, 유전, 여성 등 성애에 관해 언급한 부분을 뽑아 수록한 책이다. 쇼펜하우어는 개인의 행복보다 종족의 목적이 우선이라고 생각한다. 염세주의자, 냉소주의자로 알려진 19세기의 한 철학자에게 미친 플라톤 철학의 영향이 이 책에서 구체적으로 드러난다. 개별자의 분리성과 다수성은 본질이 아니라 현상이라는 윤리학에서의 주장이 성애에 관한 고찰에서 예시된다. 인간의 본질 자체는 불멸하며, 다음 세대를 통해 영원히 존속한다고 쇼펜하우어는 생각한다. 인간은 성애를 위해 일신에 관계되는 모든 관심을 등한시하며, 성애는 다음 세대를 위한 것이므로 인간의 본질은 개체보다 종족 속에 깃들어 있다는 것이다. 그래서 사람은 개체보다 종족 속에서 한층 더 직접적으로 생존한다고 그는 주장한다. 이로부터 연애 결혼이 종족의 이해를 위한 것인 반면, 부모의 권유에 의한 중매 결혼은 개인의 행복을 위한 것이라는 주장도 도출된다. 유전에 관한 장에서 쇼펜하우어는 윤리학에서 언급한, 성격이 선천적이라는 주장을 입증하는 구체적인 사례들을 제시한다. 또한 그는 결혼, 동성애, 피부색 등에 관해 기발하고 흥미진진한 분석을 보여준다. 그의 악명 높은 여성관도 수록되어 있으며, 마지막 장에 쇼펜하우어의 생애가 무척 자세히 기술되어 있다.

쇼펜하우어, 《행복의 철학》, 프랑크 볼피 엮음, 정초일 옮김(푸른숲, 1999)
쇼펜하우어의 수기 유고와 자필 원고에 근거하여 이탈리아 파두아 대학의 철학 교수인 프랑크 볼피가 재구성한 어록이다. 삶의 원칙 50개 항목이 제시되어 있다. 쇼펜하우어는 이 어록으로 행복에 관한 소책자를 구상했으나 완성하지 못했다. 그는 '영혼의 평온'이라는 행복에 대한 헬레니즘적 정의를 받아들이면서도, 스토아주의는 체념과 결핍의 길을 가르치는 것이어서, 의지로 충만한 평범한 인간이 따를 수 있는 길이 아니라고 생각한다. 기본적 욕구가 충족되어야 한다는 에피쿠로스의 쾌락주의가 인간에게 가능한 행복론이라고 그는 주장한다. 쇼펜하우어는 쾌락을 부정적인 것으로, 고통을 긍정적인 것으로 생각한다. 고통이야말로 삶의 행복을 가늠하는 척도이며, 고통이 없으면 행복하다는 것이다. 그는 인간의 욕구 중에서 반드시 충족되어야 하는 욕구를 그렇지 않은 욕구와 구분한다. 반드시 충족되어야 하는 욕구는 삶의 원칙을 수립함으로써 쉽게 충족될 수 있다고 보고, 그 욕구 충족을 위해 삶의 원칙 50가지를 제시한다. 아울러 그는 이 책에서 "명랑한 마음으로 현재를 즐겨라", "명랑하기 위해서는 몸이 건강해야 한다" 등, 평온한 삶을 이끌어가기 위한 실용적 지침들도 제시한다.

Arthur Schopenhaur, *Über die vierfache Wurzel des Satzes vom zureichenden Grunde, (Hg.) Arthur Huebscher, Arthur Schopenhauer. Sämtliche Werke*, Bd. 7(Leipzig : Brockhaus, 1941)
쇼펜하우어가 1813년 예나 대학에 제출한 박사학위 논문이다. 쇼펜하우어는 자신의 주저《의지와 표상으로서의 세계》를 이해하기 위해서는 그 서론에 해당하는 이 책을 읽어달라고 요구한다. 이 책에서 그는 모든 것은 반드시 존재의 이유를 갖는다는 주장을 펼치면서 그 이유를 네 가지로 나눈다. 즉 생성 변화의 충족 이유율, 인식의 충족 이유율, 존재의 충족 이유율, 행위의 충족 이유율을 말하는데, 모든 대상은 이 네 가지 근거에 의거해 설명될 수 있다는 것이다. 1847년에 출간된 증보판이 주로 읽히고 있다.

Arthur Schopenhaur, *Über den Willen in der Natur(1836), (Hg.) Arthur Huebscher, Arthur Schopenhauer. Sämtliche Werke*, Bd. 4 (Leipzig : Brockhaus, 1938)

《의지와 표상으로서의 세계》가 출간되고 나서 18년의 공백 기간을 거친 뒤에 나온 저서다. 이 책에서 쇼펜하우어는 자신의 주저에 표현된 철학적 입장을 자연과학을 비롯한 여러 학문의 새로운 성과를 통해 입증한다. 즉 생리학, 병리학, 비교해부학, 식물생리학, 물리천문학, 언어학, 생물의 자기磁氣와 마법, 중국학, 윤리학의 연구 결과를 통해 모든 자연 현상에 의지가 작용한다는 것을 보여준다. 중국학의 장에서 쇼펜하우어는 도교, 유교, 불교의 지혜를 탐구하고, 기독교의 폐쇄성에 비해 이들 종교가 지니는 장점을 부각한다. 그리고 윤리학의 장에서는 칸트의 정언명법을 비판하고, 의지의 자유에 대해서도 짧게 언급하고 있다.

Arthur Schopenhauer, *Über die Freiheit des Willens(1839), (Hg.) Arthur Huebscher, Arthur Schopenhauer. Sämtliche Werke*, Bd. 4 (Leipzig : Brockhaus, 1938)

1839년 노르웨이 왕립 학술원 공모에서 수상한 논문이다. 쇼펜하우어는 인간의 행위가 그의 성격과 동기들에서 필연적으로 도출되므로, 모든 행동은 결정된 것이며, 의지의 자유란 있을 수 없다고 주장한다. 도덕의 기초에 관한 논문에서도 언급되는 이 주장은 의지의 자유에 관한 이 논문에서 더욱 치밀한 논증으로 뒷받침된다. 인간이 무엇이든 선택할 수 있는 완전한 자유를 갖는다고 생각한다면, 물도 마찬가지로 그렇게 생각할 수 있다는 것을 쇼펜하우어는 예시한다. 인간이 수많은 가능성 가운데 한 가지를 자유로이 선택했다고 생각하듯이 물도 폭포, 바다, 분수 같은 다양한 가능성 중에서 연못에 고요히 머무르기로 자유롭게 선택했다고 생각할 수 있다는 것이다. 〈도덕의 기초에 관하여〉와 함께 묶여 1841년《윤리학의 두 가지 근본 문제》라는 제목으로 출판되었다.

2. 참고 도서

발터 아벤트로트, 《쇼펜하우어》, 이안희 옮김(한길사, 1998)
독일 로볼트Rowohlt 출판사에서 1967년에 출간된 책으로, 쇼펜하우어의 삶과 철학 전반에 관한 평이한 안내서다. 그의 삶의 과정에 따른 사상의 형성 과정이 주저들에 대한 자세한 인용과 함께 소개되어 있으며, 그의 유고집에서도 많은 부분이 인용되어 있다. 사진과 화보도 많이 실렸고, 쇼펜하우어의 일상생활과 주변인물들, 추종자들에 대해서도 자세히 소개하고 있다.

브라이언 매기, 《위대한 철학자들》, 수선철학회 옮김(동녘, 1994)
1987년에 영국 BBC 텔레비전으로 방송된 내용에 기초해 대화체로 쓴 책이다. 열다섯 편의 대화 중에서 열 번째가 쇼펜하우어에 관한 것이다.

《쇼펜하우어의 철학*The Philosophy of Schopenhauer*》(Oxford, 1983)을 쓰기도 한 이 책의 저자 매기는 코플스턴과 나눈 대화에서 쇼펜하우어 철학의 핵심 문제와 니체, 프로이트, 비트겐슈타인에게 끼친 그의 영향을 간략하게 소개하고 있다. 그녀는 쇼펜하우어의 사상사적 의미를 다음과 같은 말로 표현한다. "그가 살았던 시대에 속하는 19세기 전반에 그는 거의 전적으로 무시되었습니다. 그런데 19세기 후반에는 가장 유명하고 영향력 있는 철학자들 가운데 한 사람이 되었습니다. 그러나 20세기 전반에 그는 너무 난해하다고 무시되었고, 대부분의 철학 교사들조차 더 이상 그의 저서를 읽으려 하지 않았습니다. 그러나 오늘날 그는 다시 주목받고 있습니다. 그는 특별히 20세기의 모든 철학자들 가운데 가장 중요한 한 사람인 비트겐슈타인에게 명백한 영향을 끼쳤기 때문입니다."

수잔네 뫼부스, 《의지와 표상으로서의 세계》, 공병혜 옮김(이학사, 2000)
쇼펜하우어의 주저 《의지와 표상으로서의 세계》에 대한 해설서다. 이 책의 저자에 따르면 쇼펜하우어 철학의 핵심 주제는 인간의 고통의 근원을 철학적으로 탐구하여, 동정심을 통해 타자와의 연대감을 일으키고 궁극적으로는 도덕적 삶으로 가는 길을 제시하는 것이다. 그는 쇼펜하우어의 주저가 이 핵심 과제를 인식론, 의지의 형이상학, 미학, 윤리학의 문제와 함께 해명하고 있다고 본다. 이 책에서는 원문의 주요 구절을 인용하고, 그것을 해석하는 방식으로 쇼펜하우어의 과제와 그 해결 과정을 소개하고 있다. 또 이와 같은 철학적 사고가 형성되는 데 중요한 역할을 한 삶의 체험들도 쇼펜하우어 자신의 기록과 일기를 통해 제시된다.

이마누엘 칸트, 《도덕 형이상학을 위한 기초 놓기》, 이원봉 옮김(책세상, 2002)
칸트가 도덕 철학에 관해 쓴 최초의 저술로서 1785년에 출판되었다. 2년 뒤 완성된 《실천이성 비판》에서 칸트는 이성에서 실천적인 법칙들을 연역하는 방법을 택한 반면, 이 책에서는 일상적 도덕의식에서 출발해 그것을 분석함으로써 보편적 원칙을 발견하는 방법을 택한다. 어떤 방법을 택하든 칸트가 도달하는 결론은 같다. 도덕 원칙은 보편성을 지녀야 하므로, 개인에 따라 다양한 방식으로 받아들여지는 행복, 쾌락, 고통과 같은 경험적 내용이 도덕적 행위의 기준이 될 수 없다는 것이다. 쇼펜하우어는 이와 같은 칸트 윤리학의 핵심이 이 책에 가장 체계적이고 간결하고 예리하게 묘사되어 있다고 보고, 이 책에 근거하여 칸트의 도덕 철학을 비판한다. 그래서 그는 칸트의 도덕 철학에 대한 자신의 비판을 이해하기 위해서는 먼저 이 책을 주의 깊게 읽어 내용을 완전히 파악하라고 독자에게 당부한다.

크리스토퍼 제너웨이, 《쇼펜하우어》, 신현승 옮김(시공사, 2001)

저자 제너웨이는 런던의 버크벡 칼리지 선임강사로서 《쇼펜하우어 철학에서의 자아와 세계 *Self and World in Schopenhauer's Philosophy*》(1989)를 비롯해 쇼펜하우어의 철학에 관한 다수의 책과 논문을 썼다. 그는 이 책에서 삶에 대한 의지, 자아, 무의식, 성욕, 예술의 가치, 고통, 죽음, 의지의 부정, 염세주의 등 쇼펜하우어가 다룬 모든 문제를 주제별로 간략하게 소개한다.

김미영garamoe@empal.com

이화여대 문리대에서 사회학을 전공하다가 근본부터 공부해야겠다는 생각으로 철학의 길을 걷게 되었다. 칸트의 인식론에 관한 논문으로 이화여대 대학원에서 석사 과정을 마친 뒤, 독일의 뮌스터 대학에서 사회학, 언어학과 함께 철학을 공부했다. 칸트의 철학과 그 이후의 철학적 전개 과정을 주로 연구하면서 피론주의, 에피쿠로스주의 등의 헬레니즘 철학에도 관심을 두었다. 쇼펜하우어의 스승이었고 칸트의 철학에 대한 동시대의 비판자였던 슐체에 관한 논문으로 뮌스터 대학에서 박사 학위를 받았다. 귀국 후 여러 대학에서 강의했고, 미국 뉴욕 주립대에서 객원 연구원을 지냈으며, 지금은 인천대학교에서 강의하고 있다. 칸트의 철학과 회의주의, 쾌락주의 등을 다룬 여러 논문을 썼고, 헬레니즘 철학에서 우리가 배울 것이 무엇인지를 찾고 있으며, 쇼펜하우어의 철학에서도 많은 것을 배우고 있다. 앞으로 윤리학에 관한 쇼펜하우어의 다른 논문들을 번역해 국내에 소개하고, 염세주의적 쾌락주의가 우리에게 의미하는 바를 찾아내 소개하려고 한다.

도덕의 기초에 관하여

초판 1쇄 펴낸날 | 2004년 8월 20일
초판 5쇄 펴낸날 | 2016년 12월 15일
개정 1판 1쇄 펴낸날 | 2019년 11월 20일

지은이 | 아르투어 쇼펜하우어
옮긴이 | 김미영
펴낸이 | 김현태
펴낸곳 | 책세상

서울시 마포구 잔다리로 62-1, 3층 (우편번호 04031)
전화 | 02-704-1251(영업부) 02-3273-1333(편집부)
팩스 | 02-719-1258
이메일 | bkworld11@gmail.com

홈페이지 | chaeksesang.com
페이스북 | /chaeksesang
트위터 | @chaeksesang
인스타그램 | @chaeksesang
네이버포스트 | bkworldpub

등록 1975. 5. 21 제1-517호

ISBN 979-11-5931-397-4 04100
     979-11-5931-221-2 (세트)

• 이 도서의 국립중앙도서관 출판시도서목록(CIP)은 서지정보유통지원시스템 홈페이지
(http://seoji.nl.go.kr)와 국가자료공동목록시스템(http://www.nl.go.kr/kolisnet)에서
이용하실 수 있습니다.(CIP제어번호 : CIP2019044063)

책세상문고·고전의 세계

- **민족이란 무엇인가** 에르네스트 르낭 | 신행선
- **학자의 사명에 관한 몇 차례의 강의** 요한 G. 피히테 | 서정혁
- **인간 정신의 진보에 관한 역사적 개요** 마르퀴 드 콩도르세 | 장세룡
- **순수이성 비판 서문** 이마누엘 칸트 | 김석수
- **사회 개혁이냐 혁명이냐** 로자 룩셈부르크 | 김경미·송병헌
- **조국이 위험에 처하다 외** 앙리 브리사크·장 알만 외 | 서이자
- **혁명 시대의 역사 서문 외** 야콥 부르크하르트 | 최성철
- **논리학 서론·철학백과 서론** G. W. F. 헤겔 | 김소영
- **피렌체 찬가** 레오나르도 브루니 | 임병철
- **인문학의 구조 내에서 상징형식 개념 외** 에른스트 카시러 | 오향미
- **인류의 역사철학에 대한 이념** J. G. 헤르더 | 강성호
- **조형예술과 자연의 관계** F. W. J. 셸링 | 심철민
- **사회주의란 무엇인가 외** 에두아르트 베른슈타인 | 송병헌
- **행정의 공개성과 정치 지도자 선출 외** 막스 베버 | 이남석
- **전 세계적 자본주의인가 지역적 계획경제인가 외** 칼 폴라니 | 홍기빈
- **순자** 순황 | 장현근
- **언어 기원에 관한 시론** 장 자크 루소 | 주경복·고봉만
- **신학-정치론** 베네딕투스 데 스피노자 | 김호경
- **성무애락론** 혜강 | 한흥섭
- **맹자** 맹가 | 안외순
- **공산당선언** 카를 마르크스·프리드리히 엥겔스 | 이진우
- **도덕 형이상학을 위한 기초 놓기** 이마누엘 칸트 | 이원봉
- **정몽** 장재 | 장윤수
- **체험·표현·이해** 빌헬름 딜타이 | 이한우
- **경험으로서의 예술** 존 듀이 | 이재언
- **인설** 주희 | 임헌규
- **인간 불평등 기원론** 장 자크 루소 | 주경복·고봉만
- **기적에 관하여** 데이비드 흄 | 이태하
- **논어** 공자의 문도들 엮음 | 조광수
- **행성궤도론** G. W. F. 헤겔 | 박병기
- **성세위언—난세를 향한 고언** 정관잉 | 이화승
- **에밀** 장 자크 루소 | 박호성
- **제3신분이란 무엇인가** E. J. 시에예스 | 박인수

책세상문고 · 고전의 세계

- **대중 문학론** 안토니오 그람시 | 박상진
- **문화과학과 자연과학** 하인리히 리케르트 | 이상엽
- **황제내경** 황제 | 이창일
- **과진론 · 치안책** 가의 | 허부문
- **도덕의 기초에 관하여** 아르투어 쇼펜하우어 | 김미영
- **남부 문제에 대한 몇 가지 주제들 외** 안토니오 그람시 | 김종법
- **나의 개인주의 외** 나쓰메 소세키 | 김정훈
- **교수취임 연설문** G. W. F. 헤겔 | 서정혁
- **음악적 아름다움에 대하여** 에두아르트 한슬리크 | 이미경
- **자유론** 존 스튜어트 밀 | 서병훈
- **문사통의** 장학성 | 임형석
- **국가론** 장 보댕 | 임승휘
- **간접적인 언어와 침묵의 목소리** 모리스 메를로 퐁티 | 김화자
- **나는 고발한다** 에밀 졸라 | 유기환
- **아름다움과 숭고함의 감정에 관한 고찰** 이마누엘 칸트 | 이재준
- **결정적 논고** 아베로에스 | 이재경
- **동호문답** 이이 | 안외순
- **판단력 비판** 이마누엘 칸트 | 김상현
- **노자** 노자 | 임헌규
- **다수 문명에 대한 사유 외** 로버트 콕스 | 홍기빈
- **여성의 종속** 존 스튜어트 밀 | 서병훈
- **법학을 위한 투쟁** 헤르만 칸토로비츠 | 윤철홍
- **개인숭배와 그 결과들에 대하여** 니키타 세르게예비치 흐루시초프 | 박상철
- **법의 정신** 샤를 루이 드 스콩다 몽테스키외 | 고봉만
- **에티카** 베네딕투스 데 스피노자 | 조현진
- **실험소설 외** 에밀 졸라 | 유기환
- **권리를 위한 투쟁** 루돌프 폰 예링 | 윤철홍
- **사랑이 넘치는 신세계 외** 샤를 푸리에 | 변기찬
- **공리주의** 존 스튜어트 밀 | 서병훈
- **예기 · 악기** 작자 미상 | 한흥섭
- **파놉티콘** 제러미 벤담 | 신건수
- **가족, 사적 소유, 국가의 기원** 프리드리히 엥겔스 | 김경미
- **모나드론 외** G. W. 라이프니츠 | 배선복